百見不如一打
백견불여일타

이젠 프로젝트다!

스프링 부트
쇼핑몰 프로젝트
with JPA

百見不如一打
백견불여일타

수백 번 본들 한번 만들어봄만 하랴!

백견불여일타 이젠 프로젝트다!

스프링 부트 쇼핑몰 프로젝트 with JPA

지은이 변구훈 **1판 1쇄 발행일** 2021년 9월 7일 **1판 5쇄 발행일** 2024년 7월 24일

펴낸이 임성춘 **펴낸곳** 로드북 **편집** 조서희 **디자인** 이호용(표지), 심용희(본문)

주소 서울시 동작구 동작대로 11길 96-5 401호

출판 등록 제 25100-2017-000015호(2011년 3월 22일)

전화 02)874-7883 **팩스** 02)6280-6901

정가 30,000원 **ISBN** 978-89-97924-89-9 93000

이메일 chief@roadbook.co.kr **블로그** www.roadbook.co.kr

百見不如一打

코드를 한번 쳐보고 실행해보는 것이
프로그래밍을 익히는 으뜸 공부법이라는
철학을 담았습니다.

지은이의 말

처음으로 이커머스에 관심을 갖게 된 것은 취업 준비를 하던 때였습니다. 커머스 관련 회사의 공고를 보고 지원하여 백엔드 개발자 과제 준비를 한 것이 계기입니다. 스프링 부트로 회원 가입, 로그인, 상품 구매 기능 등 작은 쇼핑몰을 만들어서 제출하는 것이 과제였죠.

그 당시에는 웹 개발 자체에도 익숙하지 않았고, 스프링 부트를 사용해 본 것도 처음이었습니다. 결과는 물론 탈락이었죠. 하지만 과제를 준비하는 동안 MVC 패턴, 데이터베이스, HTML, CSS, 자바스크립트 등 웹 애플리케이션 개발을 위한 기본기를 많이 배울 수 있었습니다. 그러다 보니 이커머스 개발 자체에 흥미가 생겼고 정신을 차리고 보니 이커머스 업계에 발을 담그게 되었습니다.

주니어 개발자일 때, 스프링 프레임워크를 공부하기 위해서 몇 백 쪽이나 되는 스프링 프레임워크 책만 붙들고 공부했습니다. 이제 와서 생각해 보면 막 입문하는 초보 개발자가 이해도 못 하는 책을 붙잡고 씨름하던 것은 꽤 비효율적이었습니다. 프레임워크를 배우기 위해서 가장 좋은 방법은 일단 작은 서비스를 만들어 보는 것이 가장 빠르고 확실한 방법이었음을 깨닫게 됩니다.

서비스를 만들어서 직접 배포하고 사람들에게 홍보도 하다보면 개발의 즐거움을 느끼실 수 있을 것입니다. 그렇게 즐거움을 느끼다 보면 스스로 더 깊게 공부를 하고 싶다는 욕심이 생깁니다.

이 책은 제가 주니어 개발자일 때부터 지금까지 쌓아온 노하우들을 담았습니다. 기본 예제를 통해서 Thymeleaf, Spring Data JPA의 기본 사용법을 익히고 스프링 부트 위에서 상품, 주문, 장바구니 도메인 로직을 구현해보는 구성입니다. 끝까지 따라가 보신다면 앞으로 다른 프로젝트를 시작할 때 기반이 될 수 있으며, 이커머스에 관심이 많은 초보 개발자 여러분의 포트폴리오 제작에도 도움이 될 것이라고 생각합니다.

기회가 된다면 출판을 해봐야겠다는 생각을 실제로 이룰 수 있게 도와주시고, 작성한 원고를 직접 따라해 보시면서 꼼꼼하게 피드백 주신 임성춘 편집장님께 감사 인사를 드립니다. 그리고 원고를 만들면서 교정을 정말 많이 했는데 꼼꼼하게 반영해주신 조서희 편집자님께도 감사 인사를 드립니다.

오픈마켓 개발 프로젝트 와중에도 원고를 피드백해주신 김지영, 정선민 선임 개발자에게 고마운 마음을 전하고 싶습니다. 마다하지 않고 베타 리뷰에 참여해 주신 권샘찬 님에게도 감사 인사를 드립니다. 마지막으로, 책이 나올 때까지 격려와 응원을 해주신 가족들에게 감사를 전합니다.

베타테스터의 말

이커머스는 코로나를 등지고 자타공인 핫이슈로 떠올랐습니다. 이커머스에 도전하는 주니어 개발자들은 어디부터 이커머스를 공부해야 할지 갈피를 잡기가 어려울 것 같습니다. 이 책은 바로 그런 분들의 이정표입니다. 가장 대중적인 스프링 부트부터 강력한 데이터 관리를 위한 JPA, 어려운 로그인을 쉽게 구현할 수 있는 스프링 시큐리티, 쉽고 효과적이고 경제적으로 유지보수할 수 있는 Thymeleaf까지, 꼭 필요하고 대중적으로 기업에서 활용하는 최신 기술을 이커머스 업무 흐름과 함께 담아낸 것이 이 책의 장점입니다. 내용을 꼼꼼히 읽어보면서 예제를 꼭 '직접' 코딩하는 것이 이 책을 이해하는 핵심입니다. 끝까지 모두 학습하시고 이커머스의 세계로 들어오세요. 저희는 언제나 환영합니다!

에스에스지닷컴_김지영

실무에서 개발을 하다 보면 비즈니스 로직에만 집중해 내가 개발하고 있는 프로젝트의 구성 또는 설정을 잘 들여다 보지 않게 됩니다. 이 책을 읽다 보면 프로젝트 패키지 구성부터 메이븐을 통한 빌드 구성과 같이 기초부터 시작해 실무에서는 몰랐던 내용들을 배울 수 있습니다. JPA와 Thymeleaf의 기본적인 설명부터 실습까지 담겨 있어 초보자도 쉽게 따라 할 수 있습니다. 저자는 대형 온라인 쇼핑몰 서비스를 개발·운영하며 커머스에서 필요한 데이터 모델을 익히 알고 있습니다. 그 경험과 노하우가 이 책에 녹여 있다고 생각합니다. 실습을 모두 따라 하면 흔히 볼 수 있는 쇼핑몰의 기능을 모두 구현할 수 있어서 재미도 느낄 수 있을 겁니다. 스프링 부트를 사용하면서 재미있게 익히고 싶은 분들께 꼭 한번 읽어보시길 추천합니다.

에스에스지닷컴_정선민

스프링을 공부하려고 책을 고르다 보면 너무 깊게 들어가서 손대기를 포기하게 되거나 혹은 너무 간단해서 많은 도움이 되지 않는 책이 대부분입니다. 이 책은 꼭 필요한 개념을 적절히 학습하면서 쇼핑몰까지 구현해볼 수 있다는 점이 커다란 매력입니다. 현업에서 처음 개발을 해보는 주니어 개발자 분들은 개념은 알지만 실제로 어떻게 구현해야 할지 고민을 많이 하게 되는데, 스프링 부트의 기본 개념부터 JPA, Thymeleaf, Test(Junit) 등 여러 가지 개념이 현업에서 실제로 어떻게 사용되는지 배울 수 있습니다. 기본적인 개념을 설명한 뒤 구현된 코드를 보여주고 그 코드에 개념이 어떻게 녹아 있는지 설명하는 방식이기 때문에 처음 프로젝트를 시작하시는 개발자 분들도 쉽게 학습할 수 있을 것입니다.

키위스튜디오_권샘찬

일러두기

프로젝트 개발 환경

1. 운영체제: Window 10

2. 통합개발환경(IDE): 인텔리제이(IntelliJ)

3. JDK 버전: JDK 11

4. 스프링 부트 버전: 2.5.2

5. 데이터베이스: MySQL

6. 빌드 툴: 메이븐

이 책에서 구현하는 최종 프로젝트 모습

상품등록, 상품 관리, 장바구니, 구매이력, 로그인/로그아웃 등 쇼핑몰 프로젝트를 스프링부트 & JPA 기반으로 만들어본다.

예제 다운로드

책에서 진행하는 예제의 소스코드는 다음 깃허브 주소에서 확인할 수 있습니다. 장별로 브랜치를 만들어 두었으니 해당 장의 소스코드를 이용하려면 해당 브랜치로 이동한 후 참고해 주십시오. 6, 7, 8장은 뷰를 만들기 위한 HTML 코드 내용이 길고, 지면에서 긴 코드를 확인하기에 가독성의 한계가 있습니다. 소스코드를 복사해서 인텔리제이 에디터를 통해 책의 설명을 함께 보시기를 권합니다.

- 깃허브 주소: https://github.com/roadbook2/shop

책의 스프링 부트 버전은 2.5.2 버전 기준으로 작성되었고 스프링 부트 2.7.1버전 기준으로 업데이트한 소스코드는 깃허브와 네이버 카페 백견불여일타 스프링 부트 with JPA 질의응답 게시판 공지사항을 참고하기 바랍니다.

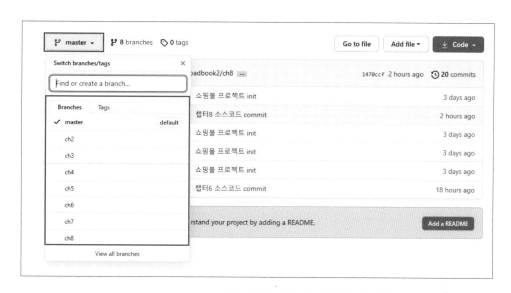

따라하다 잘 안 되면 깃허브 소스로 문의하기

> 장별로 소스코드를 깃허브에 올려두었으니 해당 소스와 먼저 비교해서 확인해 주십시오.

1단계: 자신의 깃허브 페이지를 만듭니다.

2단계: 인텔리제이에 자신의 깃허브 페이지를 등록합니다(VCS > Get from Version Control 메뉴).

3단계: 프로젝트를 커밋한 후 푸시합니다.

4단계: 자신의 깃허브 URL을 문제점과 함께 저자에게 문의합니다.

(자세한 절차는 백견 카페를 확인합니다)

이 책의 주요 특징

[함께 해봐요] 예제는 단계별로 따라할 수 있게 순서대로 진행했습니다. 괄호 안에 어느 위치에 소스 파일을 만들어야 하는지 구체적으로 명시했고, 중요한 소스는 하단에 별도로 설명하였습니다.

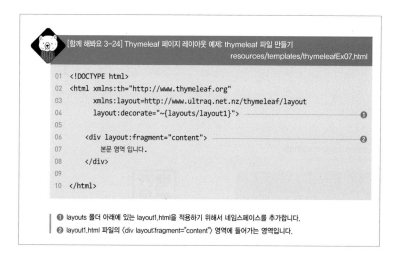

중요한 메소드는 따로 참고할 수 있도록 별도의 표로 정리를 해두었습니다만, 자세한 내용은 해당 도큐먼트를 참고하기를 바랍니다.

[표 2-5] JPAQuery 데이터 반환 메소드

메소드	기능
List<T> fetch()	조회 결과 리스트 반환
T fetchOne	조회 대상이 1건인 경우 제네릭으로 지정한 타입 반환
T fetchFirst()	조회 대상 중 1건만 반환
Long fetchCount()	조회 대상 개수 반환
QueryResult<T> fetchResults()	조회한 리스트와 전체 개수를 포함한 QueryResults 반환

각 단계마다 주요 내용과 주의사항을 언급하며 시작하여 독자가 학습하면서 실수를 줄일 수 있도록 배려하였습니다.

2.7 Spring DATA JPA Querydsl

@Query 어노테이션을 이용한 방법에도 단점이 있습니다. @Query 어노테이션 안에 JPQL 문법으로 문자열을 입력하기 때문에 잘못 입력하면 컴파일 시점에 에러를 발견할 수 없습니다. 에러는 가능한 빨리 발견하는 것이 가장 좋습니다. 이를 보완할 수 있는 방법으로 Querydsl를 알아보겠습니다.

백견불여일타 카페에서 함께 공부합시다

백견불여일타 시리즈는 "만들어 보는 것만이 학습의 가장 빠른 지름길"이라는 콘셉으로 만들어진 실습 위주의 책입니다. HTML5와 안드로이드 앱 개발에서 없어서는 안 될 파이어베이스, C#, Vue.js, 파이썬 생활밀착형 프로젝트 등의 다양한 주제로 많은 독자분들이 백견불여일타 카페에서 도움을 받고 있습니다. 외롭게 홀로 고군분투하며 어렵게 학습하는 입문자들에게 힘이 되는 공간으로 발전시켜 나가겠습니다.

백견불여일타 네이버 카페 주소 : cafe.naver.com/codefirst

목차

1장 개발 환경 구축

2장 Spring Data JPA

3장 Thymeleaf 학습하기

6장 상품 등록 및 조회하기

7장 주문

8장 장바구니

개발 환경 구축

 학습목표

1. 웹 애플리케이션 개발을 위해서 사용하는 스프링부트의 특징을 알아본다.

2. 개발 환경 구축을 위해서 자바, 인텔리제이, MySQL을 설치한다.

1.1 스프링 부트의 특징

이 책에서는 스프링 부트를 이용하여 쇼핑몰 애플리케이션을 만들기 위해 여러가지 예제를 진행합니다. 이를 통해 웹 서비스 개발을 경험해 볼 수 있도록 구성했습니다. 실무에서도 신규 프로젝트는 모두 스프링 부트 기반으로 만들고 있습니다. 스프링 부트의 특징을 먼저 알아봅니다.

스프링 프레임워크를 사용하다가 스프링 부트를 사용하게 되면 정말 많은 것들이 편리합니다. 스프링 부트는 기존의 스프링 프레임워크보다 더 봄이 왔다는 뜻으로 '스프링 부트'라는 이름이 지어졌습니다. 스프링 프레임워크는 '설정이 절반'이라는 말이 있을 정도로 복잡합니다. 스프링 부트는 최소한의 설정으로, 실행 버튼을 누르면 바로 애플리케이션이 실행되는 독립 실행 애플리케이션을 지향합니다.

스프링 부트의 특징을 정리해보면 다음과 같습니다.

1. 내장 서버를 이용해 별도의 설정 없이 독립 실행이 가능한 스프링 애플리케이션
2. 톰캣, 제티 또는 언더토우와 같은 웹 애플리케이션서버(WAS) 자체 내장
3. 빌드 구성을 단순화하기 위한 'Spring Boot Starter' 의존성 제공
4. XML 설정 없이 단순 자바 수준의 설정 방식 제공
5. JAR를 이용해 자바 옵션만으로 배포 가능
6. 애플리케이션의 모니터링과 관리를 위한 스프링 액추에이터 제공

톰캣, 제티, 언더토우와 같은 웹 애플리케이션서버(WAS) 자체 내장

스프링 부트는 디폴트 내장 서버로 톰캣Tomcat을 사용하고 있습니다. 내장 웹 서버에 대한 설정을 자동으로 처리하기 때문에 스프링 부트 사용자는 웹 서버와 관련된 설정을 하지 않아도 프로젝트 내부에 포함하게 됩니다. 제티Jetty나 언더토우Undertow와 같은 내장 웹 서버를 사용하기 위해서는 pom.xml에 설정 값을 작성하는 것만으로 쉽게 변경이 가능합니다.

빌드 구성을 단순화하기 위한 '스프링 부트 스타터' 의존성 제공

스프링 부트에서 스타터staIer란 설정을 자동화해주는 모듈을 의미합니다. 프로젝트에서 설정해야 하는 다양한 의존성을 사전에 미리 정의해서 제공합니다. 따라서 프로젝트에서 설정해야 하는 다수의 의존성들을 스타터가 이미 포함하고 있기 때문에 스타터에 대한 의존성만 추가하면 프로젝트를 쉽게 진행할 수 있습니다.

XML 설정 없이 단순 자바 수준의 설정 방식 제공

스프링 부트는 XML에 설정을 작성할 필요 없이 자바 코드로 설정할 수 있습니다. XML은 문법이 틀리거나 선언이 선언을 잘못하면 원인을 찾기 힘듭니다. 자바 코드는 컴파일러의 도움을 받기 때문에 오타 등의 설정 정보 오류를 미리 알 수 있습니다. 또한 클래스 단위로 설정하기 때문에 쉽게 관리할 수 있습니다.

애플리케이션의 모니터링과 관리를 위한 스프링 액추에이터 제공

서비스를 운영하려면 서비스 개발뿐 아니라 서비스가 정상적으로 동작하고 있는지 상태를 모니터링해야 합니다. 스프링 액추에이터Spring Actuator는 스프링 부트 애플리케이션에서 제공하는 여러 가지 정보를 손쉽게 모니터링 할 수 있도록 도와주는 라이브러리입니다. 배포한 기능이 장애가 있는지 모르는 상태로 몇 달이 흐르고 그로인해 회사가 큰 손실을 얻는다면 그때 겪을 상실감은 상당합니다!

1.2 JDK 설치

자바 애플리케이션을 만들기 위해서 JDK(Java Development Kit)를 설치하겠습니다. JDK 는 자바 환경에서 돌아가는 프로그램을 개발하는 데 필요한 툴을 모아놓은 소프트웨어 패키지입니다.

우리가 진행할 쇼핑몰 프로젝트의 개발 환경을 소개합니다. 빌드 툴은 범용적으로 많이 사용하는 메이븐Maven으로 진행하겠습니다. JDK가 이미 깔려있다면 1.8 이상의 버전을 사용하시면 됩니다. 인텔리제이 설치 후 자바의 환경 변수 수정 및 인텔리제이에서 프로젝트의 SDK 버전을 변경하시면 됩니다.

프로젝트를 진행하면서 사용할 개발 환경입니다.

1. 운영체제: Window 10
2. 통합개발환경(IDE): 인텔리제이(IntelliJ)
3. JDK 버전: JDK 11
4. 스프링 부트 버전: 2.5.2
5. 데이터베이스: MySQL
6. 빌드 툴: 메이븐

자바 버전은 JDK 11을 사용하겠습니다. https://www.oracle.com/java/technologies/javase/jdk11-archive-downloads.html 사이트로 접속해 자신의 운영체제에 맞는 JDK 설치 파일을 다운로드한 후 실행해 설치를 완료합니다. 해당 주소는 시간이 지나면 변경될 수 있습니다. 그때는 오라클 사이트에 접속하여 JDK를 내려받으면 됩니다.

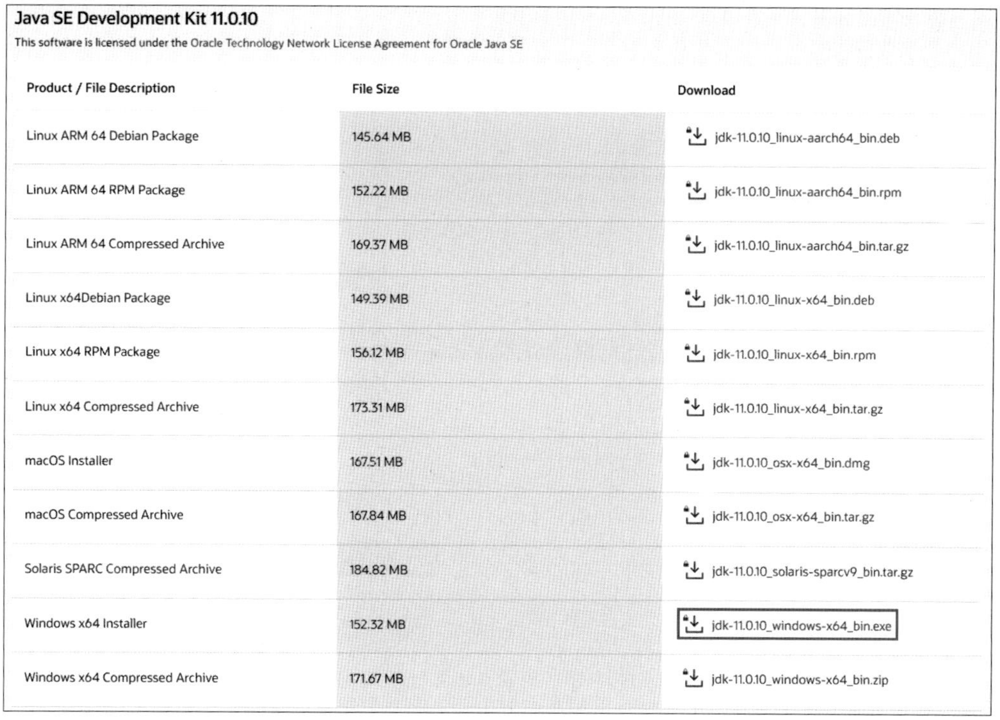

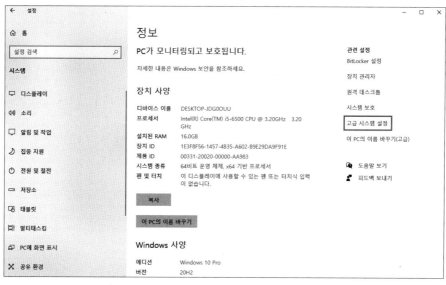

Java SE Development Kit 11.0.10

This software is licensed under the Oracle Technology Network License Agreement for Oracle Java SE

Product / File Description	File Size	Download
Linux ARM 64 Debian Package	145.64 MB	jdk-11.0.10_linux-aarch64_bin.deb
Linux ARM 64 RPM Package	152.22 MB	jdk-11.0.10_linux-aarch64_bin.rpm
Linux ARM 64 Compressed Archive	169.37 MB	jdk-11.0.10_linux-aarch64_bin.tar.gz
Linux x64Debian Package	149.39 MB	jdk-11.0.10_linux-x64_bin.deb
Linux x64 RPM Package	156.12 MB	jdk-11.0.10_linux-x64_bin.rpm
Linux x64 Compressed Archive	173.31 MB	jdk-11.0.10_linux-x64_bin.tar.gz
macOS Installer	167.51 MB	jdk-11.0.10_osx-x64_bin.dmg
macOS Compressed Archive	167.84 MB	jdk-11.0.10_osx-x64_bin.tar.gz
Solaris SPARC Compressed Archive	184.82 MB	jdk-11.0.10_solaris-sparcv9_bin.tar.gz
Windows x64 Installer	152.32 MB	jdk-11.0.10_windows-x64_bin.exe
Windows x64 Compressed Archive	171.67 MB	jdk-11.0.10_windows-x64_bin.zip

[그림 1-1] JDK 11 다운로드

설치가 끝나면 어떤 경로에서든 자바 명령어를 사용할 수 있도록 환경 변수인 Path에 JDK의 경로를 넣어줍니다.

[제어판] - [시스템 및 보안] - [시스템]에서 오른쪽의 고급 시스템 설정으로 들어갑니다.

[그림 1-2] 자바 환경 변수 설정 1단계

시스템 속성창에서 〈환경 변수〉 버튼을 클릭합니다.

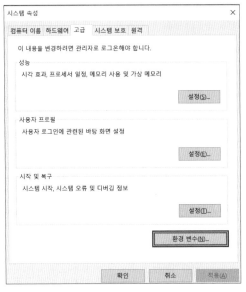

[그림 1-3] 자바 환경 변수 설정 2단계

시스템 변수창에서 〈새로 만들기〉 버튼을 누르면 시스템 변수를 추가할 수 있습니다.

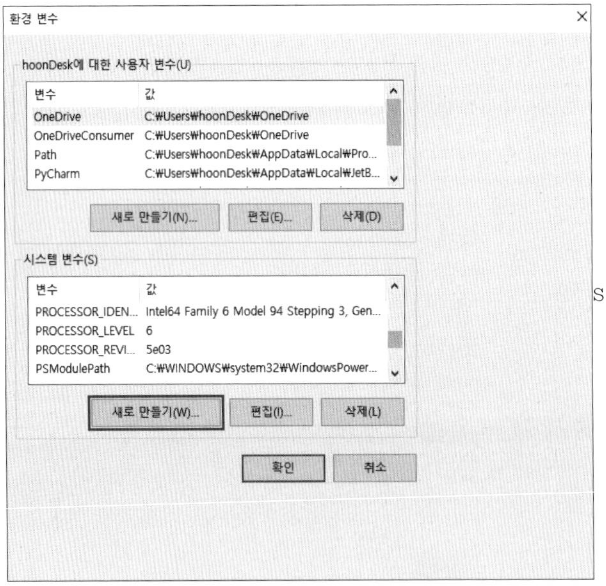

[그림 1-4] 자바 환경 변수 설정 3단계

설치한 JDK 11 디렉토리의 경로를 JAVA_HOME 환경 변수의 변수 값으로 설정합니다.

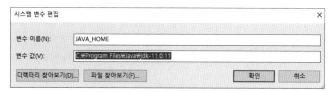

[그림 1-5] 자바 환경 변수 설정 4단계

JAVA_HOME 시스템 변수 추가 후, 시스템 변수 목록에 있는 Path를 더블 클릭합니다.

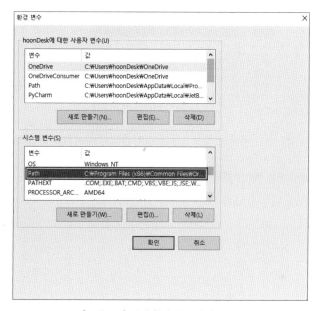

[그림 1-6] 자바 환경 변수 설정 5단계

오른쪽 상단의 〈새로 만들기(N)〉를 누른 후 [그림 1-7]과 같이 값을 추가합니다.

[그림 1-7] 자바 환경 변수 설정 6단계

명령 프롬프트(CMD)창을 열고 자바가 정상적으로 설치됐는지 버전을 확인합니다.

```
java -version
```

1.3 인텔리제이 설치

스프링 부트 프로젝트를 생성하기 위한 통합 개발 환경(IDE)으로 젯브레인스(JetBrains)에서 개발한 인텔리제이를 사용하겠습니다. 기존에는 이클립스로 많이 개발했지만, 최근에는 인텔리제이의 인기가 높은 추세입니다.

브라우저에서 https://www.jetbrains.com/ko-kr/idea/download로 접속하면 인텔리제이를 다운로드할 수 있는 화면이 나타납니다. Ultimate 버전과 Community 버전이 있는데, 무료 버전인 Community 버전으로 프로젝트를 진행합니다. Ultimate 버전은 Community 버전에 비해 더 많은 기능을 제공합니다.

	IntelliJ IDEA Ultimate	IntelliJ IDEA Community 에디션 ⓘ
Java, Kotlin, Groovy, Scala	✓	✓
Android ⓘ	✓	✓
Maven, Gradle, sbt	✓	✓
Git, SVN, Mercurial	✓	✓
디버거	✓	✓
프로파일링 도구 ⓘ	✓	✕
Spring, Java EE, Micronaut, Quarkus, Helidon 및 그 외 다양한 지원 ⓘ	✓	✕
Swagger, Open API 사양	✓	✕
JavaScript, TypeScript ⓘ	✓	✕
데이터베이스 도구, SQL	✓	✕

[그림 1-8] IntelliJ Community Ultimate 버전 비교

Ultaimate 버전은 30일까지 무료로 사용이 가능하며, 대학생이라면 이메일 인증을 통해 교육 라이선스를 받아 무료로 사용할 수 있습니다. [그림 1-9]와 같이 자신에게 맞는 운영체제를 선택한 후 〈Community 다운로드〉를 클릭합니다.

[그림 1-9] IntelliJ Community 버전 다운로드

설치 파일을 다운로드하고 실행합니다. 〈Next〉를 클릭합니다.

[그림 1-10] IntelliJ Community 버전 설치 1단계

인텔리제이를 설치할 경로를 선택하고 〈Next〉, 4가지 항목을 선택 후 〈Next〉를 클릭합니다.

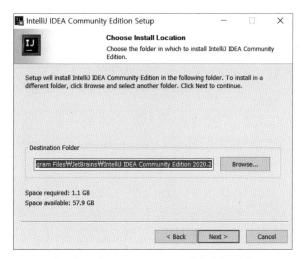

[그림 1-11] IntelliJ Community 버전 설치 2단계

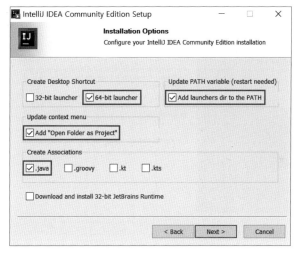

[그림 1-12] IntelliJ Community 버전 설치 3단계

〈Install〉을 클릭한 후 설치를 완료하기 위해서 컴퓨터를 한 번 재부팅합니다.

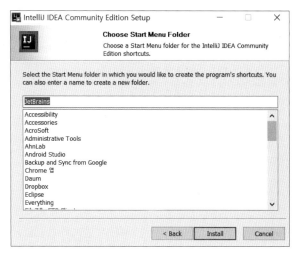

[그림 1-13] IntelliJ Community 버전 설치 4단계

[그림 1-14] IntelliJ Community 버전 설치 5단계

1.4 애플리케이션 실행하기

프로그래밍 언어를 연습할 때 가장 먼저 해보는 "Hello World!"를 출력하는 애플리케이션을 만들어 봅니다.

1.4.1 Spring Boot Project 생성하기

스프링부트 프로젝트를 쉽게 만들기 위해서 Spring Initializr 사이트에서 템플릿을 다운로드해 임포트하겠습니다. https://start.spring.io/에 접속한 후 프로젝트의 옵션들을 선택합니다. 이니셜라이저는 스프링 프로젝트를 생성할 때마다 여러분의 프로젝트 조건에 맞게 내려 받아서 사용합니다. 이니셜라이저는 애플리케이션에 필요한 의존성을 쉽게 추가할 수 있는 방법을 제공하며 많은 설정을 수행합니다.

앞으로 의존성이라는 말이 계속 등장할 텐데 메이븐Maven에서 의존성을 추가한다는 것은 다른 라이브러리를 사용하기 위해서 추가하는 것이라고 생각하시면 됩니다. 의존성 추가를 위해서 [그림 1–15]와 같이 오른쪽 상단에 〈ADD DEPENDENCIES〉 버튼을 눌러 'Spring Web'을 선택합니다. 스프링 웹에는 웹 애플리케이션을 만들기 위한 각종 라이브러리 정보가 담겨 있습니다. 아티팩트artifact는 일반적으로 소프트웨어 분야에서 개발 프로세스에 의해 생산되는 산출물을 뜻합니다. 아티팩트의 id로 spring–demo를 입력해줍니다. 패키지의 이름은 com.example로 정하겠습니다. 아티팩트의 이름을 수정하면 Package name 뒤에 spring–demo가 자동으로 입력되는데 삭제하겠습니다.

프로젝트 설정

- 빌드 툴 – 메이븐
- 언어 – Java 11
  (기존에 사용하던 Java 1.8 이상의 버전이 있을 경우 해당 버전 선택 가능)
- 스프링 부트 버전: 2.5.2
- 패키징: Jar
- 의존성: Spring Web

[그림 1-15] 스프링부트 프로젝트 생성 1단계

설정 완료 후 〈GENERATE〉 버튼을 누르면 아티팩트의 이름과 같은 spring-demo.zip 파일이 다운로드됩니다. 자신이 사용하는 워크스페이스(작업 공간, 예를 들어 C 드라이브의 test 디렉토리를 프로젝트 디렉토리로 사용하겠다고 하면 C:\test가 작업공간임)에 알집을 풀어줍니다. 제 작업공간은 C:\Users\dksek\IdeaProjects 입니다. 그리고 이전에 설치했던 인텔리제이를 실행합니다. [그림 1-17]에서 〈Open or Import〉 버튼을 클릭해 spring initializr에서 다운로드한 프로젝트를 열도록 하겠습니다.

처음 인텔리제이를 실행하면 [그림 1-16] 화면이 나타날 수 있는데 'Do not import settings'를 선택하고 〈OK〉 버튼을 클릭합니다.

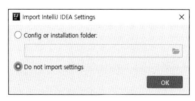

[그림 1-16] 스프링부트 프로젝트 생성 2단계

〈Open or Import〉를 클릭합니다.

[그림 1-17] 스프링부트 프로젝트 생성 3단계

[그림 1-18]과 같이 알집을 풀어준 폴더를 선택하고 〈OK〉를 선택합니다.

[그림 1-18] 스프링부트 프로젝트 생성 4단계

인텔리제이에서 spring-demo 프로젝트가 띄워진 모습을 확인할 수 있습니다.

[그림 1-19] 스프링부트 프로젝트 생성 완료

생성된 프로젝트의 기본 패키지 구조를 간단히 살펴보겠습니다.

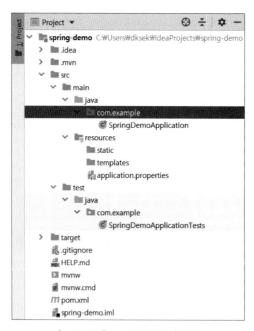

[그림 1-20] 프로젝트 패키지 구조

1: src/main/java패키지 아래에는 자바 소스코드를 작성합니다.

2: src/main/resources 디렉토리 아래에는 HTML, CSS, JS, 이미지 파일 등의 정적 리소스를 저장합니다.

3: 쇼핑몰 제작 프로젝트를 진행하면서 사용할 템플릿 엔진인 thymeleaf는 기본적으로 뷰를 src/main/resources/templates에서 찾습니다. 해당 디렉토리 아래에 HTML 파일들을 작성하고, Controller Class에서 반환한 뷰와 동일한 이름의 html 파일을 찾아서 웹 브라우저에 띄워줍니다.

4: src/test/java 패키지 아래에는 테스트 코드를 작성합니다.

1.4.2 빌드 도구

메이븐이란 자바 프로젝트의 빌드를 자동화해주는 빌드 툴입니다. 개발 과정 중에 많은 라이브러리들이 필요한데 pom.xml 파일에 필요한 라이브러리를 적어주면 메이븐이 알아서 네트워크를 통해서 다운로드하고 경로까지 지정해 줍니다. 메이븐 같은 빌드 툴이 없었다면 필요한 jar 파일들을 일일이 받아서 직접 프로젝트에 넣어줬어야 했을 것입니다.

```xml
                                                                  pom.xml
01  <?xml version="1.0" encoding="UTF-8"?>
02  <project xmlns="http://maven.apache.org/POM/4.0.0"
            xmlns:xsi="http://www.w3.org/2001/XMLSchema-instance"
03      xsi:schemaLocation="http://maven.apache.org/POM/4.0.0
                            https://maven.apache.org/xsd/maven-4.0.0.xsd">
04      <modelVersion>4.0.0</modelVersion>
05      <parent>                                                        ❶
06          <groupId>org.springframework.boot</groupId>
07          <artifactId>spring-boot-starter-parent</artifactId>
08          <version>2.5.2</version>
09          <relativePath/> <!-- lookup parent from repository -->
10      </parent>
11      <groupId>com.example</groupId>
12      <artifactId>spring-demo</artifactId>
13      <version>0.0.1-SNAPSHOT</version>
14      <name>spring-demo</name>
15      <description>Start Spring Boot Project</description>
16      <properties>
17          <java.version>11</java.version>
18      </properties>
19      <dependencies>
20          <dependency>                                                ❷
21              <groupId>org.springframework.boot</groupId>
```

```
22          <artifactId>spring-boot-starter-web</artifactId>
23      </dependency>
24
25      <dependency>  --------------------------------------------- ❸
26          <groupId>org.springframework.boot</groupId>
27          <artifactId>spring-boot-starter-test</artifactId>
28          <scope>test</scope>
29      </dependency>
30  </dependencies>
31
32  <build>
33      <plugins>
34          <plugin>
35              <groupId>org.springframework.boot</groupId>
36              <artifactId>spring-boot-maven-plugin</artifactId>
37          </plugin>
38      </plugins>
39  </build>
40
41 </project>
```

❶ 스프링부트 최상위 모듈로서 스프링부트에 필요한 의존성(dependency)를 자동으로 추가
❷ 웹 애플리케이션에 필요한 라이브러리
❸ Spring Test Framework 라이브러리

[그림 1-21]과 같이 인텔리제이 오른쪽에 [Maven]이라는 항목을 볼 수 있습니다. [Maven] 탭을 누른 후 'Dependencies'를 클릭하면 pom.xml에 추가한 'spring-boot-starter-web'과 'spring-boot-starter-test' 의존성이 들어와 있는 것을 확인할 수 있습니다.

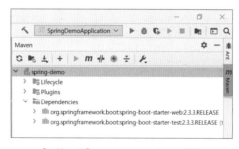

[그림 1-21] maven dependency 확인

이렇게 메이븐을 통해서 받은 파일들은 Local repository에 저장됩니다. 직접 경로를 확인해보기 위해서 'Build Tools Settings'를 클릭합니다. 그러면 2가지의 옵션이 나오는데 [Maven Settings]를 선택하겠습니다.

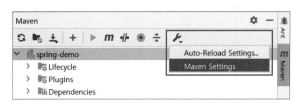

[그림 1-22] maven settings

[그림 1-23]과 같이 자신의 컴퓨터의 Maven Local repository 경로를 확인할 수 있습니다.

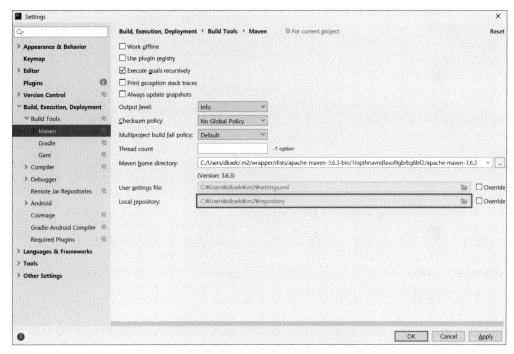

[그림 1-23] local maven repository 위치 확인

실제 저 경로로 들어가보면 메이븐을 통해 설치한 라이브러리들이 저장돼 있음을 볼 수 있습니다. 여러 가지의 프로젝트를 동시에 진행하면 메이븐의 의존성이 서로 꼬일 수 있으므로 프로젝트별로 다른 폴더를 Local repository를 지정하기를 권합니다.

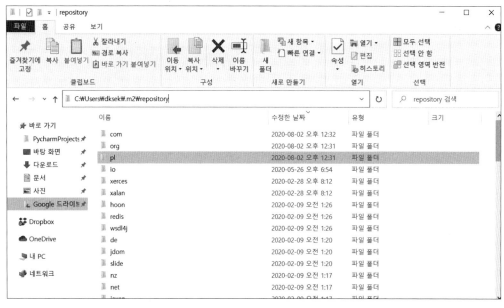

[그림 1-24] local maven repository

1.4.3 설정 파일(application.properties)

스프링 부트 애플리케이션 실행 시 사용하는 여러 가지 설정값들을 정의하는 파일입니다.

'src/main/resources' 폴더 아래에 자동으로 생성되며 바로 설정 파일로 이용이 가능합니다. 만약 자동으로 생성되지 않았다면 직접 생성해주셔도 됩니다.

개발 환경, 테스트 환경, 운영 환경에 따라서 연결해야 할 데이터베이스, port, debug level 등을 나눠야 한다면 다음 명명 규칙으로 설정 파일을 만듭니다.

```
application-{profile}.properties
```

가령, 개발 환경의 설정 파일은 application-dev.properties로 만들고 운영 환경의 설정 파일은 application-prod.properties로 만듭니다. 실행되는 환경에 따라서 어떤 설정 파일을 사용할지를 jar 파일 실행 시 VM 옵션 등을 통해 지정할 수 있습니다.

또한 application.properties에 설정해 둔 값을 자바 코드에서 사용해야 한다면 @Value 어노테이션을 통해서 읽어올 수 있습니다.

[함께 해봐요 1-1] application.properties 설정하기

```
01  server.port = 80 ─────────────────────────────────────────── ❶
02  application.name = spring-demo ─────────────────────────────── ❷
```

❶ 애플리케이션의 실행할 포트를 설정합니다. 따로 설정하지 않으면 기본 포트는 8080입니다. 80포트는 url 뒤에 포트 번호를 생략할 수 있습니다.

❷ 애플리케이션의 이름을 'spring-demo'로 설정했습니다. 설정해둔 애플리케이션의 값을 읽어와서 자바 코드에서 사용해야 하면 @Value 어노테이션을 통해서 읽어올 수 있습니다.

> **참고 | 어노테이션이란?**
>
> 어노테이션(Annotation)은 주석이라는 사전적 의미가 있습니다. JDK5부터 등장했으며 메타데이터(데이터를 위한 데이터)라고도 불립니다. 클래스나 메소드, 변수 등을 선언할 때 '@'를 붙여서 사용합니다. 어노테이션은 컴파일러에게 정보를 알려주거나, 실행할 때 별도의 처리가 필요할 때 등 매우 다양한 용도로 사용할 수 있습니다. 자바에서 가장 쉽게 볼 수 있는 어노테이션의 예시로 @Override가 있습니다. 해당 메소드가 부모 클래스에 있는 메소드를 오버라이드했다는 것을 컴파일러에게 알려줍니다. 만약 메소드를 제대로 오버라이드하지 않았다면 에러가 발생합니다.

애플리케이션 설정 파일을 만드는 다른 방법으로 application.yml 파일을 사용할 수 있습니다. application.properties 파일과 비교했을 때 들여쓰기를 통해 설정 값들을 계층 구조로 관리할 수 있기 때문에 가독성을 향상시킬 수 있다는 장점이 있습니다.

```
server:
  port: 9091
```

단점으로는 문법이 좀 더 엄격하다는 것입니다. 예를 들어서 콜론 다음에 값을 쓸 때 공백이 한 칸 있어야 해당 설정이 정상적으로 동작합니다. 띄어쓰기를 잘못했을 때는 예제가 정상적으로 동작하지 않을 수 있어서 원활한 예제 진행을 위해서 application.properties 파일로 진행하도록 하겠습니다.

1.4.4 Hello World 출력하기

웹 애플리케이션을 만들기 위한 기본적인 설정을 마쳤습니다. "Hello World"를 출력하는 애플리케이션을 실행해보겠습니다.

 [함께 해봐요 1-2] Hello World 출력하기

com.example.SpringDemoApplication.java

```java
01  package com.example;
02
03  import org.springframework.boot.SpringApplication;
04  import org.springframework.boot.autoconfigure.SpringBootApplication;
05  import org.springframework.web.bind.annotation.GetMapping;
06  import org.springframework.web.bind.annotation.RestController;
07
08  @RestController
09  @SpringBootApplication
10  public class SpringDemoApplication {
11
12      public static void main(String[] args) {
13          SpringApplication.run(SpringDemoApplication.class, args);
14      }
15
16      @GetMapping(value = "/")
17      public String HelloWorld(){
18          return "Hello World";
19      }
20
21  }
```

@RestController

@RestController는 Restful Web API를 좀 더 쉽게 만들기 위해 스프링 프레임워크 4.0에 도입된 기능입니다. @Controller와 @ResponseBody를 합쳐 놓은 어노테이션입니다. 클래스 이름 위에 @Controller 어노테이션을 선언하면 해당 클래스를 요청을 처리하는 컨트롤러로 사용합니다. @ResponseBody 어노테이션은 자바 객체를 HTTP 응답 본문의 객체로 변환해 클라이언트에게 전송합니다. 이를 통해 따로 html 파일을 만들지 않아도 웹 브라우저에 "Hello World"라는 문자열을 출력할 수 있습니다.

@GetMapping

컨트롤러 클래스에 @GetMapping 어노테이션을 이용해 클라이언트의 요청을 처리할 URL을 매핑합니다. 현재는 서버의 루트로 오는 요청을 처리할 수 있도록 value="/"로 선언했습니다.

[그림 1-25]와 같이 인텔리제이 오른쪽 상단을 보면 애플리케이션을 실행할 수 있는 버튼이 있습니다. 삼각형 모양의 버튼을 클릭하거나, 그 옆에 벌레 모양을 클릭하면 디버깅 모드로 애플리케이션을 실행할 수 있습니다. 개발할 때 디버깅할 일이 많기 때문에 디버깅 모드로 실행하겠습니다.

[그림 1-25] 프로젝트 디버깅 모드 실행

웹 애플리케이션을 처음 실행할 때 실행 버튼이 활성화돼 있지 않을 수 있는데 그럴 때는 main 함수를 마우스 오른쪽으로 클릭한 후 디버그 모드로 실행이 가능합니다.

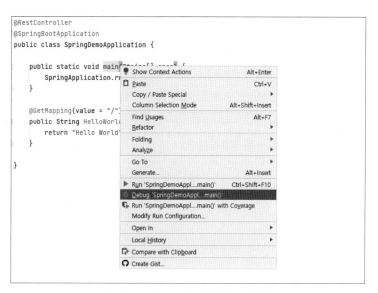

[그림 1-26] 프로젝트 디버깅 모드 실행

애플리케이션이 실행되면서 콘솔창에 로그가 뜨는 것을 볼 수 있습니다. 'Tomcat started on port(s)∶ 80'이라는 로그를 볼 수 있는데 application.properties에서 포트를 80으로 설정했기 때문에 80포트로 실행되는 것을 볼 수 있습니다.

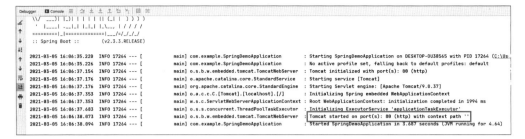

[그림 1-27] 프로젝트 실행 시 포트 번호 확인

웹 브라우저 url 창에 http://localhost를 입력하면 "Hello World"라는 문자열이 출력됩니다.

[그림 1-28] Hello World 예제 실행 결과

 [함께 해봐요 1-3] 애플리케이션 포트 변경하기

다른 포트로 애플리케이션을 실행하고 싶다면 application.properties에 설정한 포트 값을 8000으로
수정하고 다시 실행해 http://localhost:8000으로 접속하면 같은 결과를 볼 수 있습니다. 기본적으로
포트 번호를 입력하지 않고 url에 접속하면 80포트로 접속되므로, 웹 애플리케이션을 다른 사용자들
이 접근하지 못하도록 숨기기 위해서 포트를 관계자들만 알 수 있도록 바꿀 수 있습니다. 물론 중요한
시스템이라면 로그인 등의 인증 기능은 필수입니다.

```
server.port = 8000
```

[그림 1-29] 애플리케이션 포트 번호 변경 결과

1.5 Lombok 라이브러리

Lombok 라이브러리는 반복적인 Getter/Setter, ToString과 같은 반복적인 자바 코드를 컴파일할 때 자동으로 생성해주는 라이브러리입니다. Lombok 라이브러리를 사용하면 반복적인 소스코드를 제거할 수 있으므로 코드를 좀 더 깔끔하게 짤 수 있습니다.

Lombok 라이브러리를 사용하려면 Lombok 플러그인을 설치해야 합니다. 인텔리제이 메뉴의 [File] - [Settings]를 클릭합니다.

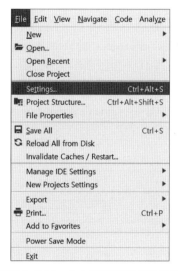

[그림 1-30] Lombok 라이브러리 설치 1단계

플러그인을 선택하고 Lombok을 검색한 후 ⟨Install⟩을 클릭해 설치를 진행합니다. 설치가 끝나면 ⟨Apply⟩를 클릭하고 ⟨OK⟩를 클릭합니다.

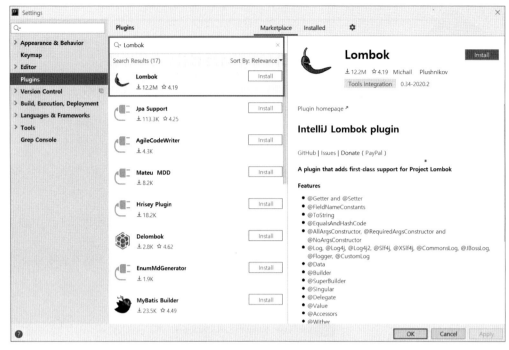

[그림 1-31] Lombok 라이브러리 설치 2단계

다시 한번 [File] - [Settings]로 들어가서 Enable annotation processing 체크박스에 체크한 후 〈Apply〉를 클릭한 후 〈OK〉를 클릭합니다. Enable annotation processing은 Lombok을 사용하는 프로젝트마다 설정해주어야 합니다.

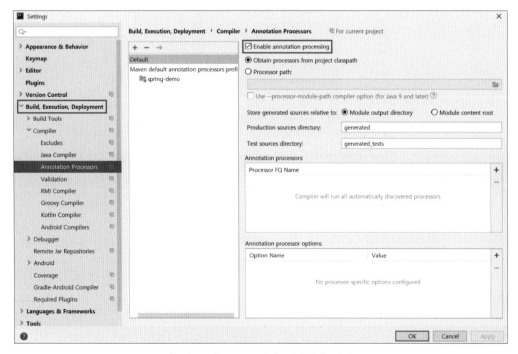

[그림 1-32] Lombok 라이브러리 설치 3단계

Lombok을 사용하기 위해서 pom.xml에 Dependecy를 추가하겠습니다.

pom.xml에 `<dependencies></dependencies>` 사이에 Lombok의 의존성을 추가합니다.

```xml
<dependencies>
    <dependency>
        <groupId>org.springframework.boot</groupId>
        <artifactId>spring-boot-starter-web</artifactId>
    </dependency>

    <dependency>
        <groupId>org.projectlombok</groupId>
        <artifactId>lombok</artifactId>
    </dependency>

    <dependency>
        <groupId>org.springframework.boot</groupId>
        <artifactId>spring-boot-starter-test</artifactId>
        <scope>test</scope>
    </dependency>
</dependencies>
```

[그림 1-33] Lombok 라이브러리 설치 4단계

Lombok 설치를 완료하기 위해서는 인텔리제이를 다시 시작합니다. 인텔리제이가 재실행되면 Maven Dependencies에 Lombok 라이브러리가 추가된 것을 볼 수 있습니다.

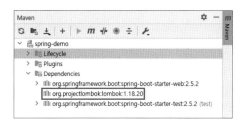

[그림 1-34] Lombok 라이브러리 설치 완료

Lombok 라이브러리에서 자주 사용하는 어노테이션들을 살펴보겠습니다.

어노테이션	설명
@Getter/Setter	코드를 컴파일할 때 속성들에 대한 Getter/Setter 메소드 생성
@ToString	toString() 메소드 생성
@ToString(exclude={"변수명"})	원하지 않는 속성을 제외한 toString() 메소드 생성
@NonNull	해당 변수가 null 체크. NullPointerException 예외 발생
@EqualsAndHashCode	equals()와 hashCode() 메소드 생성
@Builder	빌더 패턴을 이용한 객체 생성
@NoArgsConstructor	파라미터가 없는 기본 생성자 생성

어노테이션	설명
@AllArgsConstructor	모든 속성에 대한 생성자 생성
@RequiredArgsConstructor	초기화되지 않은 Final, @NonNull 어노테이션이 붙은 필드에 대한 생성자 생성
@Log	log 변수 자동 생성
@Value	불변(immutable) 클래스 생성
@Data	@ToString, @EqualsAndHashCode, @Getter, @Setter, @RequiredArgsConstructor를 합친 어노테이션

[함께 해봐요 1-4] Lombok 라이브러리 적용하기

Lombok 라이브러리를 간단한 예제를 통해 실제로 적용해보겠습니다. com.example 패키지 아래에 UserDto라는 클래스를 하나 만들겠습니다. UserDto 객체의 name과 age 값을 읽어오거나 값을 변경하기 위해서는 getter, setter라는 메소드가 필요합니다. Lombok 라이브러리의 @Getter와 @Setter를 사용하면 이 메소드들을 자동으로 만들어줍니다.

com.example.UserDto.java

```java
01  package com.example;
02
03  import lombok.Getter;
04  import lombok.Setter;
05  import lombok.ToString;
06
07  @Getter
08  @Setter
09  @ToString
10  public class UserDto {
11
12      private String name;
13      private Integer age;
14
15  }
```

UserDto를 클라이언트에 요청 후 웹 브라우저에 띄우기 위해 com.example 패키지 아래에 Test Controller 클래스를 작성합니다. 유저의 나이는 20살, 이름은 hoon으로 하겠습니다. UserDto클래스에는 `setAge()`, `setName()` 메소드가 없지만 컴파일 오류 없이 정상적으로 동작하는 것을 볼 수 있습니다.

com.example.TestController.java

```java
package com.example;

import org.springframework.web.bind.annotation.GetMapping;
import org.springframework.web.bind.annotation.RestController;

@RestController
public class TestController {

    @GetMapping(value = "/test")
    public UserDto test(){

        UserDto userDto = new UserDto();
        userDto.setAge(20);
        userDto.setName("hoon");

        return userDto;
    }
}
```

8000번 포트로 애플리케이션을 실행하고 웹 브라우저의 url에 http://localhost:8000/test 입력합니다. 유저의 이름과 나이가 출력되는 것을 확인할 수 있습니다.

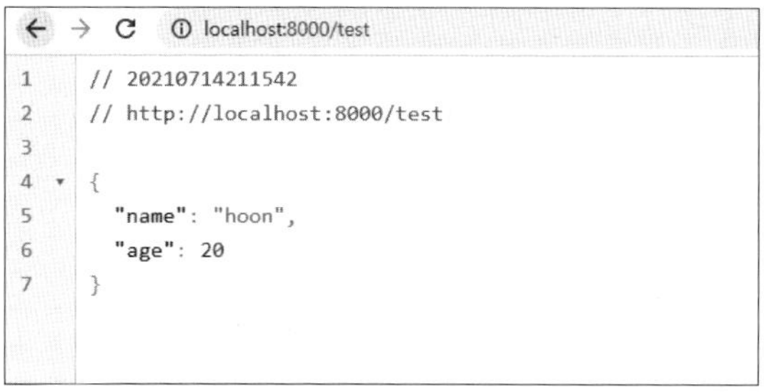

[그림 1-35] Lombok 라이브러리 적용 후 유저 정보 출력

실제로 컴파일 때 Getter/Setter, toString 메소드가 생성됐는지 확인해 봅니다. 프로젝트를 컴파일하면 [그림 1-36]과 같이 target/classes 폴더에 java 파일이 컴파일된 class 파일이 생성됩니다. target/classes/com/example/UserDto.class 파일을 열어보겠습니다.

[그림 1-36] UserDto.class 파일 확인

Lombok의 어노테이션을 통해 UserDto.class 파일에 실제로 어노테이션에 해당하는 메소드가 자동으로 생성된 것을 볼 수 있습니다. 지금은 2가지의 필드 값으로 테스트를 해서 소스코드의 양이 많아 보입니다. 하지만 필드의 값이 많아질수록 소스코드에 getter/setter와 같은 반복적인 코드의 양이 늘어나면 가독성이 엄청나게 향상시킬 수 있습니다.

```
01  package com.example;
02
03  public class UserDto {
04      private String name;
05      private Integer age;
06
07      public UserDto() {
08      }
09
10      public String getName() {
11          return this.name;
12      }
13
14      public Integer getAge() {
15          return this.age;
16      }
17
```

```
18      public void setName(final String name) {
19          this.name = name;
20      }
21
22      public void setAge(final Integer age) {
23          this.age = age;
24      }
25
26      public String toString() {
27          String var10000 = this.getName();
28          return "UserDto(name=" + var10000 + ", age=" + this.getAge() + ")";
29      }
30  }
```

1.6 MySQL 설치하기

쇼핑몰 제작 프로젝트를 진행하면서 사용할 데이터베이스는 MySQL로, 전세계적으로 널리 사용되고 있는 오픈 소스의 관계형 데이터베이스 관리 시스템(RDBMS)입니다. MySQL은 공개용 소프트웨어이기 때문에 누구나 무료로 다운받아서 사용할 수 있지만, 상업적인 목적으로 사용할 경우 반드시 라이선스를 별도로 구매해야 합니다.

[그림 1-37]과 같이 MySQL 설치를 위해서 https://dev.mysql.com/downloads/mysql/로 이동합니다. 〈Go to Download Page〉 버튼을 클릭합니다.

[그림 1-37] MySQL 설치 1단계

[그림 1-38]과 같이 Windows, MSI Installer를 다운로드합니다. 32비트라고 표시되어 있지만 64비트에서도 사용 가능합니다.

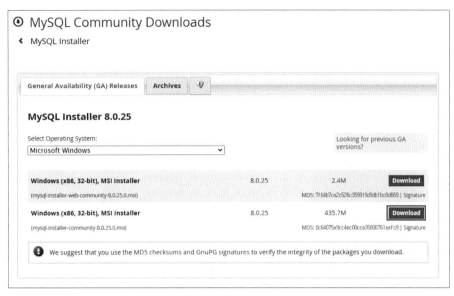

[그림 1-38] MySQL 설치 2단계

로그인을 하거나 회원가입을 하라는 창이 나오는데 하단의 "No thanks, just start my download"를 클릭합니다.

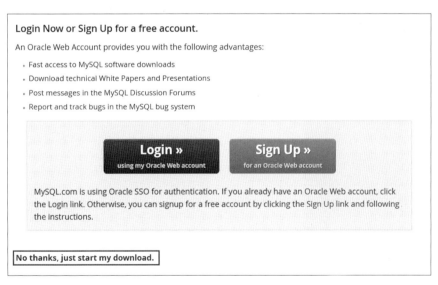

[그림 1-39] MySQL 설치 3단계

다운로드가 완료되면 설치 파일을 실행합니다. MySQL 설치 화면은 출판 시점과 달라질 수 있습니다. 대부분 디폴트 설정 후 설치하면 됩니다. 설치 타입으로 "Developer Default"를 선택 후 〈Next〉 버튼을 계속해서 클릭합니다.

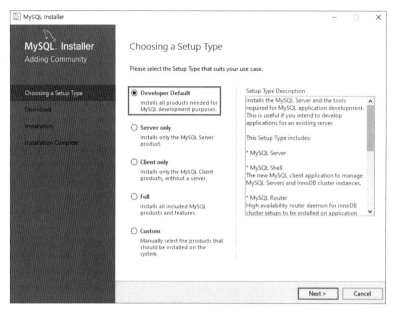

[그림 1-40] MySQL 설치 4단계

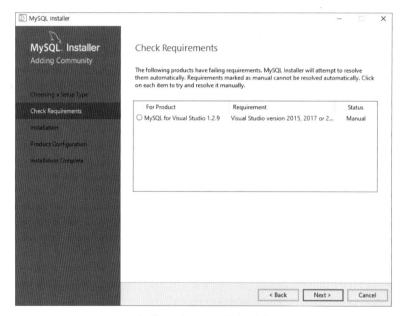

[그림 1-41] MySQL 설치 5단계

〈Execute〉 버튼을 클릭하여 설치를 진행합니다. 설치가 완료되면 〈Next〉 버튼을 계속해서 클릭합니다.

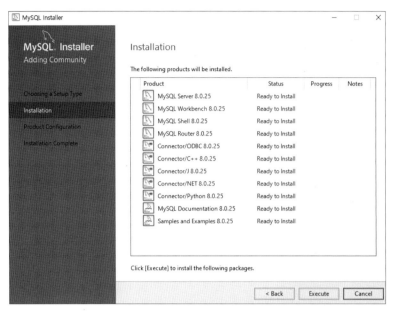

[그림 1-42] MySQL 설치 6단계

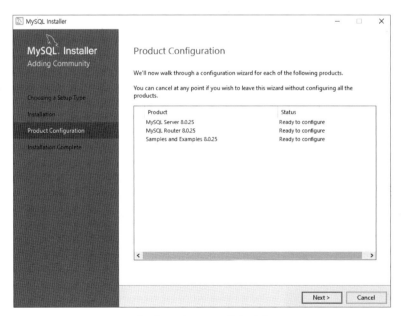

[그림 1-43] MySQL 설치 7단계

MySQL을 실행하는 기본 포트는 3306입니다. 만약 다른 포트를 사용하고 싶다면 다른 포트 번호를 입력하고, 스프링부트에서 데이터베이스 연결 설정을 할 때 3306 대신 입력한 포트 번호를 사용하면 됩니다.

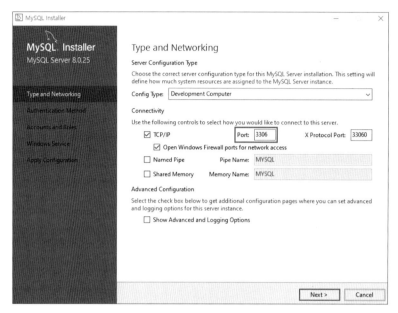

[그림 1-44] MySQL 설치 8단계

"Use Strong Password Encryption for Authentication" 선택 후 〈Next〉를 클릭합니다.

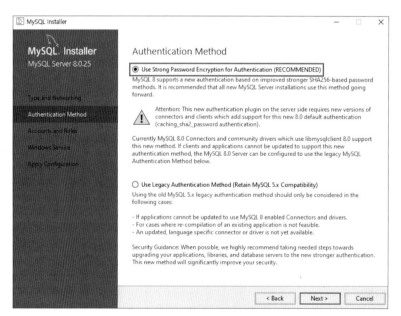

[그림 1-45] MySQL 설치 9단계

Root 계정의 비밀번호를 설정합니다. 실제로는 복잡한 비밀번호를 사용하지만 간단하게 예제 진행을 위해서 비밀번호는 '1234'로 세팅하겠습니다. 비밀번호를 잊지 않도록 따로 기록해 두는 게 좋습니다. 계속해서 〈Next〉를 클릭합니다.

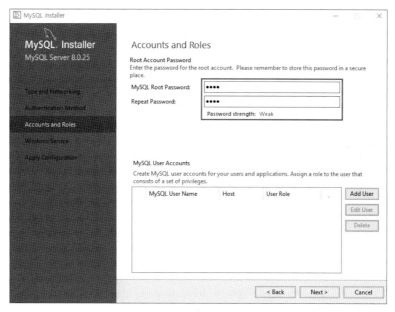

[그림 1-46] MySQL 설치 10단계

〈Next〉 버튼을 클릭합니다.

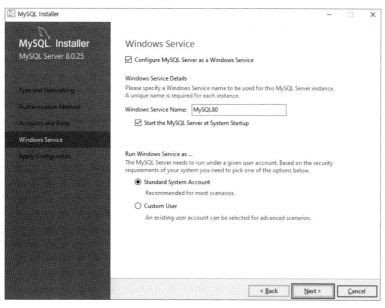

[그림 1-47] MySQL 설치 11단계

〈Execute〉 버튼을 클릭하여 설치를 진행합니다. 설치가 완료되면 〈Finish〉 버튼을 클릭합니다.

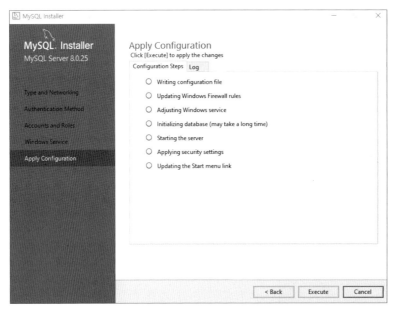

[그림 1-48] MySQL 설치 12단계

계속해서 〈Next〉 버튼을 클릭합니다.

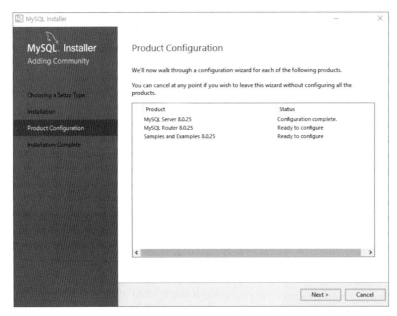

[그림 1-49] MySQL 설치 13단계

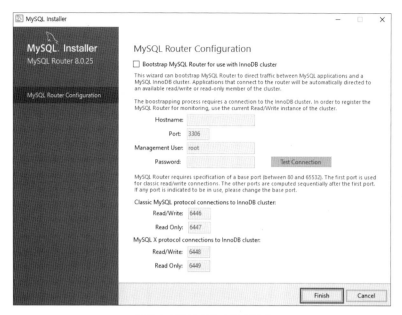

[그림 1-50] MySQL 설치 14단계

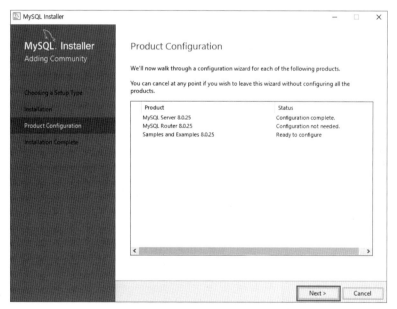

[그림 1-51] MySQL 설치 15단계

Root 계정의 비밀번호를 입력 후 〈Check〉 버튼을 클릭합니다. 정상적으로 체크가 됐다면 〈Next〉 버튼을 클릭합니다.

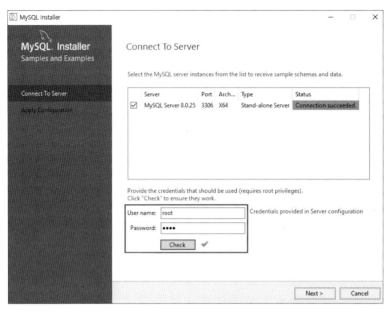

[그림 1-52] MySQL 설치 16단계

〈Execute〉 버튼을 클릭 후 설치가 완료되면 〈Finish〉 버튼을 클릭합니다.

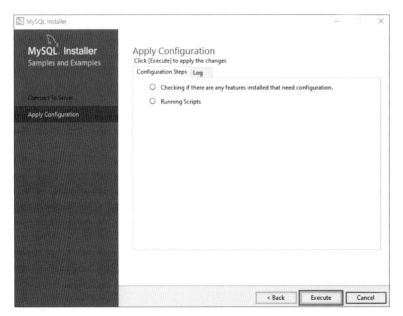

[그림 1-53] MySQL 설치 17단계

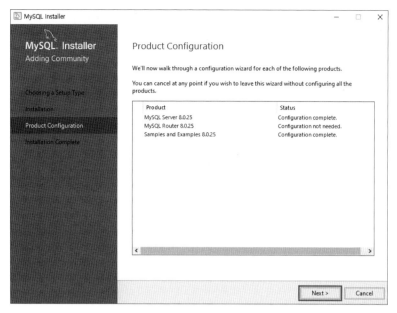

[그림 1-54] MySQL 설치 18단계

'Start MySQL Workbench after setup'을 선택한 후 〈Finish〉 버튼을 클릭합니다.

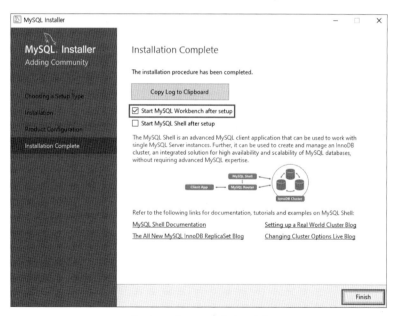

[그림 1-55] MySQL 설치 19단계

드디어 길었던 MySQL 설치가 끝났습니다. 아래 그림과 같이 MySQL Workbench tool이 실행되는 것을 볼 수 있습니다. 현재 내 컴퓨터에서 3306 포트로 실행되고 있는 MySQL이 하단에 나타납니다. 해당 영역을 더블 클릭합니다.

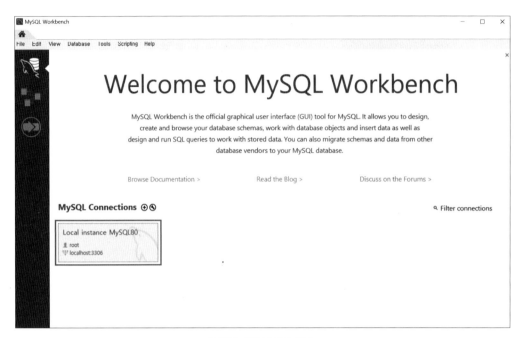

[그림 1-56] MySQL 접속

설치할 때 입력했던 root 계정의 비밀번호를 입력 후 〈OK〉 버튼을 클릭합니다.

[그림 1-57] MySQL 로그인

정상적으로 로그인이 되면 [그림 1-58]과 같은 화면이 나타납니다.

[그림 1-58] MySQL 로그인 성공

프로젝트에서 사용할 'shop' 이라는 데이터베이스를 만들겠습니다. 데이터베이스를 생성하는 쿼리문을 먼저 작성 후 해당 쿼리문 클릭 후 〈Ctrl〉+〈Enter〉 키를 누르면 쿼리가 실행되는 것을 볼 수 있습니다. 또는 상단의 [Query] 탭을 눌러서 쿼리문을 실행해 주셔도 됩니다. 한글 데이터 저장을 위해 기본 character set을 utf8로 설정해서 만들겠습니다.

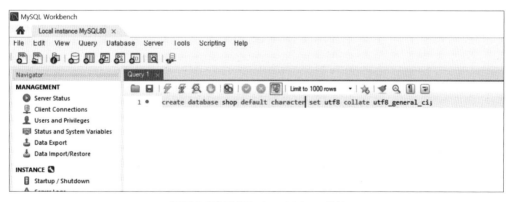

[그림 1-59] MySQL shop database 생성

```
create database shop default character set utf8 collate utf8_general_ci;
```

하단의 쿼리를 실행하면 "shop"이라는 데이터베이스가 정상적으로 생성된 것을 확인할 수 있습니다.

```
show databases;
```

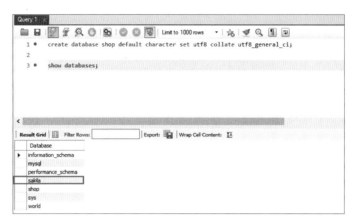

[그림 1-60] shop 데이터베이스 생성 확인

드디어 길었던 MySQL 설치까지 마쳤습니다. 2장부터는 쇼핑몰을 만들기 위해 JPA을 학습하고, 간단한 예제를 통해 사용법도 알아보겠습니다.

2장

Spring Data JPA

 학습목표

1. JPA의 등장 배경 및 특징을 알아본다.
2. JPA의 구조와 동작 방식을 학습한다.
3. Spring Data JPA를 이용하여 데이터를 처리하는 방법을 예제를 통해서 알아본다.

쇼핑몰 프로젝트를 진행하면서 데이터베이스를 처리하는 작업으로 Spring Data JPA 기술을 사용하겠습니다. Spring Data JPA는 JPA 기반 저장소를 쉽게 구현할 수 있도록 도와주는 모듈입니다. 애플리케이션의 데이터 접근 계층을 구현하기는 상당히 번거롭습니다. 단순한 쿼리를 실행하거나 데이터를 잘라서 보여주는 페이징과 같은 알고리즘을 수행하려면 너무 많은 코드를 작성해야 합니다. Spring Data JPA는 실제로 필요한 최소한의 코드만을 작성해서 데이터 계층을 구현하는 것을 목표로 합니다. 개발자는 단순히 인터페이스 파일을 작성하면 스프링이 자동으로 구현해 제공합니다. 2장에서는 JPA를 알아보고 여러 가지 예제를 진행보겠습니다.

2.1 JPA

JPA(Jave Persistence API')는 자바 ORM 기술에 대한 API 표준입니다. ORM이란 'Object Relational Mapping'의 약자로 객체와 관계형 데이터베이스를 매핑해주는 것을 말합니다. 그렇다면 ORM 기술은 왜 나왔을까요? JPA를 공부하기 전에 관계형 데이터베이스의 문제 점을 먼저 알아보겠습니다.

2.1.1 JPA란?

상품 데이터를 관리하는 Item 클래스가 있고, 상품 데이터를 관계형 데이터베이스에서 관리하기 위해서 우리는 SQL문을 사용합니다. SQL 중심 개발의 문제점은 개발자가 CRUD라고 불리는 INSERT, UPDATE, SELECT, DELETE 문을 작성해서 객체를 관계형 데이터베이스에 넣어주고 가져오는 작업을 하는 것입니다. 즉, 자바 객체를 SQL을 통해 데이터베이스에 관리하게 하고 데이터베이스에 저장된 데이터를 자바 애플리케이션에서 사용하려면 SQL을 통해 다시 자바 객체로 변환하는 반복적인 작업을 해야 합니다. 개발자가 SQL을 매핑하는 역할을 반복해야 한다는 의미입니다.

또한 객체와 관계형 데이터베이스의 패러다임의 불일치가 가장 큰 문제입니다. 자바는 객체 지향 패러다임으로 만들어졌고, 관계형 데이터베이스는 데이터를 정규화해서 잘 보관하는 것을 목표로 합니다. 객체를 데이터베이스에 넣기 위해서는 SQL문을 통해 변환해서 저장해야 하고, 데이터베이스에서 객체를 다시 꺼내오기 위해서는 복잡한 SQL문을 작성해야 합니다. 결국 객체를 단순히 데이터 전달 목적으로 사용할 뿐 객체지향적으로 프로그래밍을 할 수 없습니다. 이는 객체지향과 관계형 데이터베이스 간의 패러다임이 불일치하기 때문입니다. 이를 해결하기 위해서 나온 기술이 ORM입니다.

[그림 2-1] ORM을 이용한 자바 객체와 관계형 데이터베이스 매핑

객체는 객체지향적으로, 데이터베이스는 데이터베이스 대로 설계를 합니다. 그리고 ORM은 중간에서 2개를 매핑하는 역할을 합니다. 이를 통해 개발자는 소스를 조금 더 객체지향적으로 설계하고 비즈니스 로직에 집중할 수 있습니다.

JPA는 위에서 설명한 ORM 기술의 표준 명세로 자바에서 제공하는 API입니다. 즉, JPA는 인터페이스고 이를 구현한 대표적인 구현체로 Hibernate, EclipseLink, DataNucleus, OpenJpa, TopLink 등이 있습니다. JPA 인터페이스를 구현한 가장 대표적인 오픈소스가 Hibernate(하이버네이트) 입니다. 실질적인 기능은 하이버네이트에 구현돼 있는 것입니다.

JPA를 사용했을 때의 장점과 단점을 알아보겠습니다.

JPA 사용 시 장점

1. 특정 데이터베이스에 종속되지 않음

애플리케이션 개발을 위해 데이터베이스로 오라클Oracle을 사용하여 개발을 진행했다고 가정해보겠습니다. 만약 오라클을 오픈소스인 MariaDB로 변경한다면 데이터베이스마다 쿼리문이 다르기 때문에 전체를 수정해야 합니다. 따라서 처음 선택한 데이터베이스를 변경하기 어렵습니다. 하지만 JPA는 추상화한 데이터 접근 계층을 제공합니다. 설정 파일에 어떤 데이터베이스를 사용하는지 알려주면 얼마든지 데이터베이스를 변경할 수 있습니다.

2. 객체지향적 프로그래밍

JPA를 사용하면 데이터베이스 설계 중심의 패러다임에서 객체지향적으로 설계가 가능합니다. 이를 통해 좀 더 직관적이고 비즈니스 로직에 집중할 수 있도록 도와줍니다.

3. 생산성 향상

데이터베이스 테이블에 새로운 컬럼이 추가되었을 경우, 해당 테이블의 컬럼을 사용하는 DTO 클래스의 필드도 모두 변경해야 합니다. JPA에서는 테이블과 매핑된 클래스에 필드만 추가한다면 쉽게 관리가 가능합니다. 또한 SQL문을 직접 작성하지 않고 객체를 사용하여 동작하기 때문에 유지보수 측면에서 좋고 재사용성도 증가합니다.

JPA 사용 시 단점

1. 복잡한 쿼리 처리

통계 처리 같은 복잡한 쿼리를 사용할 경우는 SQL문을 사용하는 게 나을 수도 있습니다. JPA에서는 Native SQL을 통해 기존의 SQL문을 사용할 수 있지만 그러면 특정 데이터베이스에 종속된다는 단점이 생깁니다. 이를 보완하기 위해서 SQL과 유사한 기술인 JPQL을 지원합니다.

2. 성능 저하 위험

객체 간의 매핑 설계를 잘못했을 때 성능 저하가 발생할 수 있으며, 자동으로 생성되는 쿼리가 많기 때문에 개발자가 의도하지 않는 쿼리로 인해 성능이 저하되기도 합니다.

3. 학습 시간

JPA를 제대로 사용하려면 알아야 할 것이 많아서 학습하는 데 시간이 오래 걸립니다.

개인적으로는 관계형 데이터베이스를 충분히 알아야 JPA를 잘 사용할 수 있기 때문에 관계형 데이터베이스를 학습한 후 JPA를 사용하기를 권합니다.

2.1.2 JPA 동작 방식

JPA의 동작 방식을 알아보겠습니다.

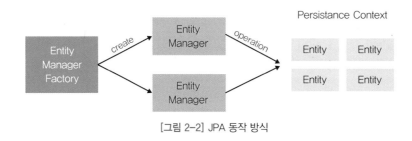

[그림 2-2] JPA 동작 방식

엔티티

엔티티Entity란 데이터베이스의 테이블에 대응하는 클래스라고 생각하시면 됩니다. @Entity가 붙은 클래스는 JPA에서 관리하며 엔티티라고 합니다. 데이터베이스에 item 테이블을 만들고, 이에 대응되는 Item.java 클래스를 만들어서 @Entity 어노테이션을 붙이면 이 클래스가 엔티티가 되는 것입니다. 클래스 자체나 생성한 인스턴스도 엔티티라고 부릅니다. 엔티티 클래스를 설계하는 방법은 예제를 진행하면서 알아보겠습니다.

엔티티 매니저 팩토리

엔티티 매니저 팩토리Entity Manager Factory는 엔티티 매니저 인스턴스를 관리하는 주체입니다. 애플리케이션 실행 시 한 개만 만들어지며 사용자로부터 요청이 오면 엔티티 매니저 팩토리로부터 엔티티 매니저를 생성합니다.

엔티티 매니저

엔티티 매니저Entity Manager란 영속성 컨텍스트에 접근하여 엔티티에 대한 데이터베이스 작업을 제공합니다. 내부적으로 데이터베이스 커넥션을 사용해서 데이터베이스에 접근합니다. 엔티티 매니저의 몇 가지 메소드를 살펴보겠습니다.

1. find() 메소드: 영속성 컨텍스트에서 엔티티를 검색하고 영속성 컨텍스트에 없을 경우 데이터베이스에서 데이터를 찾아 영속성 컨텍스트에 저장합니다.
2. persist() 메소드: 엔티티를 영속성 컨텍스트에 저장합니다.
3. remove() 메소드: 엔티티 클래스를 영속성 컨텍스트에서 삭제합니다.
4. flush() 메소드: 영속성 컨텍스트에 저장된 내용을 데이터베이스에 반영합니다.

영속성 컨텍스트

JPA를 이해하기 위해서는 영속성 컨텍스트Persistence Context를 이해하는 것이 가장 중요합니다. 엔티티를 영구 저장하는 환경으로 엔티티 매니저를 통해 영속성 컨텍스트에 접근합니다.

엔티티 생명주기

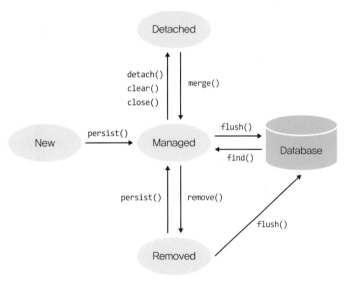

[그림 2-3] 엔티티 생명주기

[표 1-1] 엔티티 생명주기의 세부 내용

생명주기	내용
비영속(new)	new 키워드를 통해 생성된 상태로 영속성 컨텍스트와 관련이 없는 상태
영속(managed)	- 엔티티가 영속성 컨텍스트에 저장된 상태로 영속성 컨텍스트에 의해 관리되는 상태 - 영속 상태에서 데이터베이스에 저장되지 않으며, 트랜잭션 커밋 시점에 데이터베이스에 반영
준영속 상태(detached)	영속성 컨텍스트에 엔티티가 저장되었다가 분리된 상태
삭제 상태(removed)	영속성 컨텍스트와 데이터베이스에서 삭제된 상태

사실, 위의 개념들을 직관적으로 한번 보고 이해할 수 있는 개발자는 많지 않을 것입니다. 왜 이렇게 설계했을까? 고민해봐도 쉽게 해답은 나오지 않는데요. 워낙 추상화돼 있다 보니 그럴 겁니다. 보통 이러한 개념들을 아키텍처라고 하는데, 누군가 JPA와 같은 ORM을 설계할 필요가 있었을 것이고, '데이터베이스와 이렇게 저렇게 관계 설정을 하면 되겠군' 하면서 설계하고, 그 설계를 바탕으로 활용할 수 있는 API까지 만들어 배포했을 것입니다. 우리는 그 API를 활용해보면서 JPA 아키텍처가 어떻게 활용되는지 살펴보겠습니다.

설명만 보고는 어떻게 동작하는지 알기 어려우므로 상품 엔티티를 만들어서 영속성 컨텍스트에 저장 후 데이터베이스 반영하는 코드를 살펴보겠습니다.

```
01  Item item = new Item();                                          ❶
02  item.setItemNm("테스트 상품");
03
04  EntityManager em = entityManagerFactory.createEntityManager();   ❷
05
06  EntityTransaction transaction = em.getTransaction();             ❸
07  transaction.begin();
08
09  em.persiste(item);                                               ❹
10
11  transaction.commit();                                            ❺
12
13  em.close();                                                      ❻
14  emf.close();                                                     ❼
```

❶ 영속성 컨텍스트에 저장할 상품 엔티티를 하나 생성합니다. new 키워드를 통해 생성했으므로 영속성 컨텍스트와 관련이 없는 상태입니다.

❷ 엔티티 매니저 팩토리로부터 엔티티 매니저를 생성합니다.

❸ 엔티티 매니저는 데이터 변경 시 데이터의 무결성을 위해 반드시 트랜잭션을 시작해야 합니다. 여기서의 트랜잭션도 데이터베이스의 트랜잭션과 같은 의미로 생각하면 됩니다.

❹ 생성한 상품 엔티티가 영속성 컨텍스트에 저장된 상태입니다. 여기까지는 데이터베이스에 INSERT SQL을 보내지 않은 단계입니다.

❺ 트랜잭션을 데이터베이스에 반영합니다. 이때 영속성 컨텍스트에 저장된 상품 정보가 데이터베이스 INSERT 되면서 반영됩니다.

❻, ❼ 엔티티 매니저와 엔티티 매니저 팩토리의 close( ) 메소드를 호출해 사용한 자원을 반환합니다.

영속성 컨텍스트 사용 시 이점

JPA는 왜 이렇게 영속성 컨텍스트를 사용하는 것일까요? 바로 애플리케이션과 데이터베이스 사이에 영속성 컨텍스트라는 중간 계층을 만들었기 때문입니다. 이렇게 중간 계층을 만들면 버퍼링, 캐싱 등을 할 수 있는 장점이 있습니다.

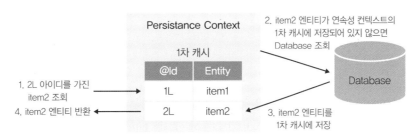

[그림 2-4] 영속성 컨텍스트 1차 캐시 구조

1차 캐시

영속성 컨텍스트에는 1차 캐시가 존재하며 Map⟨KEY,VALUE⟩로 저장됩니다. `entityManager.find()` 메소드 호출 시 영속성 컨텍스트의 1차 캐시를 조회합니다. 엔티티가 존재할 경우 해당 엔티티를 반환하고, 엔티티가 없으면 데이터베이스에서 조회 후 1차 캐시에 저장 및 반환합니다.

동일성 보장

하나의 트랜잭션에서 같은 키값으로 영속성 컨텍스트에 저장된 엔티티 조회 시 같은 엔티티 조회를 보장합니다. 바로 1차 캐시에 저장된 엔티티를 조회하기 때문에 가능합니다.

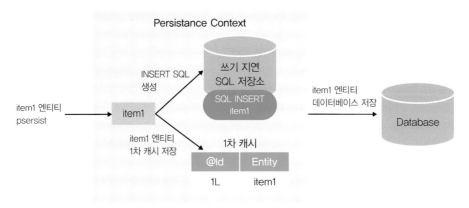

[그림 2-5] 영속성 컨텍스트 쓰기 지연 SQL 저장소

트랜잭션을 지원하는 쓰기 지연

영속성 컨텍스트에는 쓰기 지연 SQL 저장소가 존재합니다. `entityManager.persist()`를 호출하면 1차 캐시에 저장되는 것과 동시에 쓰기 지연 SQL 저장소에 SQL문이 저장됩니다. 이렇게 SQL을 쌓아두고 트랜잭션을 커밋하는 시점에 저장된 SQL문들이 flush되면서 데이터베이스에 반영됩니다. 이렇게 모아서 보내기 때문에 성능에서 이점을 볼 수 있습니다.

변경 감지

JPA는 1차 캐시에 데이터베이스에서 처음 불러온 엔티티의 스냅샷 값을 갖고 있습니다. 그리고 1차 캐시에 저장된 엔티티와 스냅샷을 비교 후 변경 내용이 있다면 UPDATE SQL문을 쓰기 지연 SQL 저장소에 담아둡니다. 그리고 데이터베이스에 커밋 시점에 변경 내용을 자동으로 반영합니다. 즉, 따로 update문을 호출할 필요가 없습니다.

지금까지 JPA 개념을 알아봤습니다. 중간에 ORM을 두어 객체와 관계형 데이터베이스를 매핑시켜주는 역할을 하여 개발자는 SQL 작성으로 낭비하던 시간을 줄이고 비즈니스 로직에 집중하는 시간을 갖게 하며 객체지향적으로 프로그래밍을 할 수 있게 도와주는 큰 그림은 이해했을 것이라 생각합니다. Spring Data JPA는 JPA 구현체를 스프링에 맞춰 더욱 쉽게 사용할 수 있도록 도와주는 모듈입니다. JPA를 쓴다는 것은 위와 같은 큰 아키텍처를 이해하고 관련 API를 눈감고도 쓸 수 있는 수준이 되어야 한다는 것이죠. 그러기 위해서 우리는 실제 프로젝트로 바로 들어가보려 합니다. 아키텍처를 보고 한번에 이해가 된다면 천재일 겁니다. 프로젝트를 따라하다가, 앞의 개념 부분을 다시 한번 살펴본다면 JPA를 내 것으로 만드는 데 훨씬 도움이 될 것입니다.

2.2 쇼핑몰 프로젝트 생성하기

지금까지 JPA의 등장 배경과 특징을 알아봤습니다. 이제 본격적으로 쇼핑몰 프로젝트를 생성한 후 엔티티 설계 및 Spring Data JPA를 사용해보겠습니다.

2.2.1 프로젝트 생성하기

https://start.spring.io/에 접속하여 1장에서 Hello World 프로젝트를 생성했던 것처럼 동일하게 프로젝트를 생성하겠습니다. 개발 환경은 1장과 똑같이 선택합니다. 패키지 이름은 com.shop으로 생성하고, 아티팩트는 shop으로 하겠습니다. 추후 스프링 부트 버전이 변경되어 소스코드가 정상적으로 동작하지 않을 경우 pom.xml 파일에서 스프링 부트 버전을 2.5.2로 변경하고 예제를 진행하시면 됩니다.

[그림 2-6] 스프링 부트 프로젝트 생성

여기까지 선택을 끝냈다면 〈ADD DEPENDENCIES〉 버튼을 누릅니다. 프로젝트에서 사용할 의존성을 선택합니다. 추가할 의존성은 총 6개입니다.

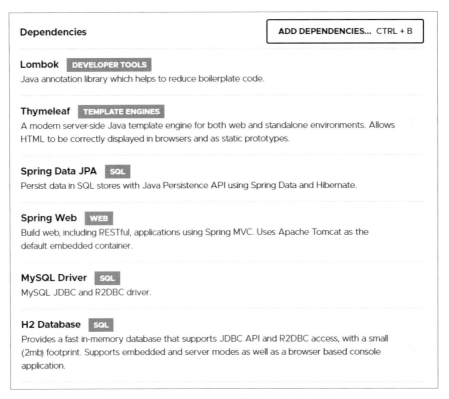

[그림 2-7] 스프링 부트 프로젝트 Dependencies 추가

- Thymeleaf: 서버에서 가공한 데이터를 뷰에 보여주기 위한 템플릿 엔진으로 타임리프 thymeleaf 의존성을 추가합니다. 자세한 내용은 3장에서 다루겠습니다.
- Spring Data JPA: Spring Data JPA는 2.1절에서 살펴보았던 JPA를 쉽게 구현할 수 있도록 도와주는 모듈입니다.
- MySQL Driver: 프로젝트에서 사용할 데이터베이스는 MySQL입니다. MySQL 데이터베이스를 사용하기 위해서 의존성을 추가합니다.
- H2 Database: H2 Database는 자바 기반의 관계형 데이터베이스로 매우 가볍고 빠른 데이터베이스입니다. 디스크 기반의 데이터 저장뿐만 아니라 메모리 내에 데이터를 저장하는 인메모리 데이터베이스 기능을 지원합니다. 데이터를 영구적으로 저장하는 데 권장되는 데이터베이스는 아니지만 위의 장점들 때문에 테스트용 데이터베이스로 많이 사용합니다.

의존성까지 선택을 끝냈다면 〈GERNERATE〉 버튼을 눌러서 알집을 받아 풀어줍니다. 다운로드한 프로젝트를 열기 위해서 인텔리제이를 실행하고 [그림 2-8]과 같이 왼쪽 상단의 [File] - [Open]을 클릭합니다.

[그림 2-8] 프로젝트 Open 1단계

알집을 해제한 폴더를 선택하고 〈OK〉 버튼을 누르면 프로젝트가 실행되는 것을 볼 수 있습니다.

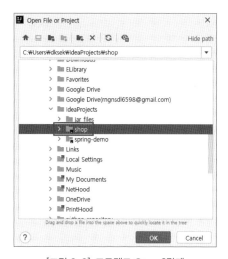

[그림 2-9] 프로젝트 Open 2단계

2.2.2 application.properties 설정하기

```
                                      src/main/resources/application.properties
01  #애플리케이션 포트 설정
02  server.port=80
03
04  #MySQL 연결 설정
05  spring.datasource.driver-class-name=com.mysql.cj.jdbc.Driver ————————————❶
06  spring.datasource.url=jdbc:mysql://localhost:3306/shop?serverTimezone=UTC  ❷
```

```
07   spring.datasource.username=root ─────────────────────── ❸
08   spring.datasource.password=1234 ─────────────────────── ❹
09
10   #실행되는 쿼리 콘솔 출력
11   spring.jpa.properties.hibernate.show_sql=true
12
13   #콘솔창에 출력되는 쿼리를 가독성이 좋게 포맷팅
14   spring.jpa.properties.hibernate.format_sql=true
15
16   #쿼리에 물음표로 출력되는 바인드 파라미터 출력
17   logging.level.org.hibernate.type.descriptor.sql=trace
18
19   spring.jpa.hibernate.ddl-auto=create ────────────────── ❺
20   spring.jpa.database-platform=org.hibernate.dialect.MySQL8Dialect ── ❻
```

> 🐼참고 |
> application.properties에 작성한 속성들은 아직 사용되지 않고 있기 때문에 경고 메시지를 볼 수 있으나, 무시하고
> 넘어가세요.

MySQL 연결 설정하기

❶ 데이터베이스에 연결하기 위해 mysql jdbc driver를 설정합니다.

❷ 연결할 데이터베이스의 URL, 포트 번호, 데이터베이스의 이름을 입력합니다.

```
spring.datasource.hikari.jdbc-url=jdbc:mysql://{url}:{port}/{db}
```

❸, ❹ 1장에서 데이터베이스를 설치할 때 입력했던 아이디와 비밀번호를 입력합니다.

❺ 데이터베이스 초기화 전략을 설정합니다. 아래 설명에서 좀 더 자세히 살펴보겠습니다.

❻ SQL은 표준 SQL과 DBMS 벤더에서 제공하는 SQL이 존재합니다. 각 공급업체에서 만든 SQL을 방언(Dialect)이
라고 생각하면 됩니다. 우리가 사용하는 데이터베이스는 MySQL이어서 JPA에 MySQL8Dialect를 사용하라고 알
려줍니다. 만약 데이터베이스를 오라클로 교체하더라도, 오라클의 Dialect를 설정해준다면 문제없이 애플리케이션
을 구동할 수 있습니다.

데이터베이스 초기화 전략 – DDL AUTO 옵션

application.properties에 추가한 jpa 옵션 중 주의 깊게 봐야 할 설정은 DDL AUTO 옵션입니다.
spring.jpa.hibernate.ddl-auto 옵션을 통해 애플리케이션 구동 시 JPA의 데이터베이스 초기화 전략
을 설정할 수 있습니다. 총 5가지의 옵션이 있습니다.

- none: 사용하지 않음
- create: 기존 테이블 삭제 후 테이블 생성
- create-drop: 기존 테이블 삭제 후 테이블 생성. 종료 시점에 테이블 삭제
- update: 변경된 스키마 적용
- validate: 엔티티와 테이블 정상 매핑 확인

update 옵션에서 컬럼 삭제는 엄청난 문제를 발생시킬 수 있기 때문에 컬럼 추가만 반영됩니다. 개발 초기에는 create 또는 update 옵션을 이용해서 익숙해지는 데 집중하고 추후에 validate 옵션을 설정해 주는 것이 좋습니다. 실제 운영환경이 아니므로 개발 편의상 create 옵션을 사용해 진행하겠습니다.

스테이징, 운영환경에서는 절대로 create, create-drop, update를 사용하면 안 됩니다. 스테이징과 운영 서버에서는 테이블 생성 및 컬럼 추가, 삭제, 변경은 데이터베이스에서 직접하며, none을 사용하거나 validate를 이용하여 정상적인 매핑 관계만 확인합니다.

여기서 잠깐

스테이징 환경과 운영환경의 의미
스테이징 환경이란 운영환경과 거의 동일한 환경으로 구성하여, 운영환경에 배포하기 전 여러 가지 기능(성능, 장애 등)을 검증하는 환경입니다. 운영환경은 실제 서비스를 운영하는 환경입니다.

2.3 상품 엔티티 설계하기

쇼핑몰을 떠올리면 가장 먼저 생각나는 것은 쇼핑몰 페이지에 나오는 상품들입니다. 쇼핑몰을 만들기 위해서는 상품 등록 및 조회, 수정, 삭제가 가능해야 합니다. 2.3절에서는 상품 엔티티 설계를 진행하겠습니다.

2.3.1 상품 엔티티 설계하기

엔티티란 데이터베이스의 테이블에 대응하는 클래스라고 생각하면 됩니다. @Entity가 붙은 클래스는 JPA에서 관리하며 엔티티라고 합니다. 상품 엔티티를 만들기 위해서는 상품 테이블에 어떤 데이터가 저장되어야 할지 설계해야 합니다. Lombok의 어노테이션을 이용한다면 getter, setter, toString 등을 자동으로 만들어 주기 때문에 코드를 깔끔하게 짤 수 있습니다. 앞에서 만들었던 쇼핑몰 프로젝트에 패키지를 추가하겠습니다.

com.shop 패키지에서 마우스 오른쪽 버튼을 눌러 나오는 메뉴에서 [New] - [Package]를 선택합니다. 패키지 이름을 입력하는 창에서 com.shop. 뒤에 entity를 입력하여 entity 패키지를 생성합니다.

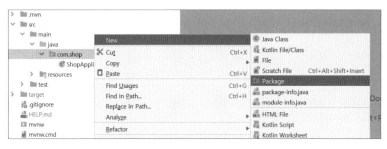

[그림 2-10] 프로젝트 Open 2단계

정상적으로 entity 패키지가 생성된 것을 [그림 2-11]의 왼쪽 [Project] 탭에서 확인할 수 있습니다. entity 패키지에는 앞으로 생성할 entity 클래스들을 모아두겠습니다.

[그림 2-11] entity 패키지 생성

생성한 entity 패키지에 동일하게 마우스 오른쪽 버튼을 누르고 [New] - [Java Class]를 선택합니다.

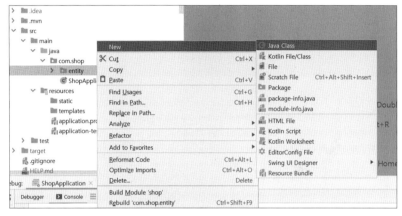

[그림 2-12] 자바 클래스 생성

상품 클래스의 이름은 Item으로 만들겠습니다.

[그림 2-13] Item 클래스 생성하기

마찬가지로 com.shop 패키지 아래에 constant 패키지를 하나 생성하고 enum 타입을 모아둡니다. 상품이 현재 판매 중인지 품절 상태인지를 나타내는 enum 타입의 클래스입니다. enum 클래스를 사용하면 연관된 상수들을 모아둘 수 있으며 enum에 정의한 타입만 값을 가지도록 컴파일 시 체크를 할 수 있다는 장점이 있습니다.

```
01  package com.shop.constant;
02
03  public enum ItemSellStatus {
04      SELL, SOLD_OUT
05  }
```

이제 Item 클래스가 가지고 있어야 할 멤버 변수들을 선언해 주겠습니다.

com.shop.entity.Item.java

```
01  package com.shop.entity;
02
03  import com.shop.constant.ItemSellStatus;
04  import lombok.Getter;
05  import lombok.Setter;
06  import lombok.ToString;
07  import java.time.LocalDateTime;
08
09  @Getter
10  @Setter
11  @ToString
12  public class Item {
13
14      private Long id;        //상품 코드
15
16      private String itemNm; //상품명
17
18      private int price; //가격
19
20      private int stockNumber; //재고수량
21
22      private String itemDetail; //상품 상세 설명
23
24      private ItemSellStatus itemSellStatus; //상품 판매 상태
25
26      private LocalDateTime regTime; //등록 시간
27
28      private LocalDateTime updateTime; //수정 시간
29  }
```

상품 정보로 상품코드, 가격, 상품명, 상품 상세 설명, 판매 상태를 만들어줍니다. 판매 상태의 경우 재고가 없거나, 상품을 미리 등록해 놓고 나중에 '판매 중' 상태로 바꾸거나 재고가 없을 때는 프론트에 노출시키지 않기 위해서 판매 상태를 코드로 갖고 있겠습니다. 또한 상품을 등록한 시간과 수정한 시간을 상품 테이블에 기록하기 위해서 등록 시간과 수정 시간을 LocalDateTime 타입으로 선언해줬습니다.

생성한 Item 클래스는 상품의 가장 기본적인 정보들을 담고 있습니다. 실제로는 1개의 상품에 여러 가지 옵션 및 옵션 상품의 가격, 재고, 배송 방법에 대한 정보까지 관리해야 하지만 최대한 단순한 형태로 쇼핑몰을 만들겠습니다.

상품 클래스 설계는 끝났습니다. Item 클래스를 엔티티로 매핑하기 위해서 관련된 어노테이션들을 설정해줘야 합니다.

[표 2-1] 엔티티 매핑 관련 어노테이션

어노테이션	설명
@Entity	클래스를 엔티티로 선언
@Table	엔티티와 매핑할 테이블을 지정
@Id	테이블의 기본키에 사용할 속성을 지정
@GeneratedValue	키 값을 생성하는 전략 명시
@Column	필드와 컬럼 매핑
@Lob	BLOB, CLOB 타입 매핑(용어 설명 참조)
@CreationTimestamp	insert 시 시간 자동 저장
@UpdateTimestamp	update 시 시간 자동 저장
@Enumerated	enum 타입 매핑
@Transient	해당 필드 데이터베이스 매핑 무시
@Temporal	날짜 타입 매핑
@CreateDate	엔티티가 생성되어 저장될 때 시간 자동 저장
@LastModifiedDate	조회한 엔티티의 값을 변경할 때 시간 자동 저장

[표 2-1]의 어노테이션들을 Item 클래스에서 어떻게 엔티티로 매핑할 수 있는지 잠시 후 다루겠습니다.

CLOB과 BLOB의 의미

CLOB이란 사이즈가 큰 데이터를 외부 파일로 저장하기 위한 데이터 타입입니다. 문자형 대용량 파일을 저장하는데 사용하는 데이터 타입이라고 생각하면 됩니다.

BLOB은 바이너리 데이터를 DB 외부에 저장하기 위한 타입입니다. 이미지, 사운드, 비디오 같은 멀티미디어 데이터를 다룰 때 사용할 수 있습니다.

@Column 속성

테이블을 생성할 때 컬럼에는 다양한 조건들이 들어갑니다. 예를 들면 문자열을 저장하는 VARCHAR 타입은 길이를 설정할 수 있고, 테이블에 데이터를 넣을 때 데이터가 항상 존재해야 하는 Not Null 조건 등이 있습니다. @Column 어노테이션의 속성을 이용하면 테이블에 매핑되는 컬럼의 이름, 문자열의 최대 저장 길이 등 다양한 제약 조건들을 추가할 수 있습니다.

[표 2-2] @Column 어노테이션 추가 속성

속성	설명	기본값
name	필드와 매핑할 컬럼의 이름 설정	객체의 필드 이름
unique(DDL)	유니크 제약 조건 설정	
insertable	insert 가능 여부	true
updatable	update 가능 여부	true
length	String 타입의 문자 길이 제약조건 설정	255
nullable(DDL)	null 값의 허용 여부 설정. false 설정 시 DDL 생성 시에 not null 제약조건 추가	
columnDefinition	데이터베이스 컬럼 정보 직접 기술 예 @Column(columnDefinition = "varchar(5) default'10' not null")	
precision, scale(DDL)	BigDecimal 타입에서 사용(BigInteger 가능) precision은 소수점을 포함한 전체 자리수이고, scale은 소수점 자리수. Double과 float 타입에는 적용되지 않음.	

DDL의 의미

DDL(Data Definition Language)이란 테이블, 스키마, 인덱스, 뷰, 도메인을 정의, 변경, 제거할 때 사용하는 언어입니다. 가령, 테이블을 생성하거나 삭제하는 CREATE, DROP 등이 이에 해당합니다.

@Entity 어노테이션은 클래스의 상단에 입력하면 JPA에 엔티티 클래스라는 것을 알려줍니다. Entity 클래스는 반드시 기본키를 가져야 합니다. @Id 어노테이션을 이용하여 id 멤버 변수를 상품 테이블의 기본키로 설정합니다. @GeneratedValue어노테이션을 통한 기본키를 생성하는 전략은 총 4가지가 있습니다.

생성 전략	설명
GenerationType.AUTO (default)	JPA 구현체가 자동으로 생성 전략 결정
GenerationType.IDENTITY	기본키 생성을 데이터베이스에 위임 예 MySql 데이터베이스의 경우 AUTO_INCREMENT를 사용하여 기본키 생성
GenerationType.SEQUENCE	데이터베이스 시퀀스 오브젝트를 이용한 기본키 생성 @SequenceGenerator를 사용하여 시퀀스 등록 필요
GenerationType.TABLE	키 생성용 테이블 사용. @TableGeneratror 필요

전략이라는 단어가 조금 이해가 가지 않을 수 있습니다. 전략은 기본키를 생성하는 방법이라고 이해하면 됩니다. MySQL에서 AUTO_INCREMENT를 이용해 데이터베이스에 INSERT 쿼리문을 보내면 자동으로 기본키 값을 증가시킬 수 있습니다. 오라클의 기본키를 생성해주는 Sequence의 경우 기본키의 초깃값, 증가값, 최댓값, 최솟값을 지정할 수 있습니다. 이렇게 기본키를 생성하는 다양한 방법을 JPA에서 지정해 줄 수 있습니다.

여기서 잠깐

기본키와 데이터베이스 시퀀스 오브젝트의 의미

기본키(primary key)는 데이터베이스에서 조건을 만족하는 튜플을 찾을 때 다른 튜플들과 유일하게 구별할 수 있도록 기준을 세워주는 속성입니다. 예를 들어서 상품 데이터를 찾을 때 상품의 id를 통해서 다른 상품들과 구별을 할 수 있습니다. 여기서 기본키는 id입니다.

데이터베이스 시퀀스 오브젝트에서 시퀀스란 순차적으로 증가하는 값을 반환해주는 데이터베이스 객체입니다. 보통 기본키의 중복값을 방지하기 위해서 사용합니다.

4가지의 생성 전략 중에서 @GenerationType.AUTO를 사용해서 기본키를 생성하겠습니다. 데이터베이스에 의존하지 않고 기본키를 할당하는 방법으로, JPA 구현체가 IDENTITY, SEQUENCE, TABLE 생성 전략 중 하나를 자동으로 선택합니다. 따라서 데이터베이스가 변경되더라도 코드를 수정할 필요가 없습니다.

```java
01  package com.shop.entity;
02
03  import com.shop.constant.ItemSellStatus;
04  import lombok.Getter;
05  import lombok.Setter;
06  import lombok.ToString;
07
08  import javax.persistence.*;
09  import java.time.LocalDateTime;
10
11  @Entity
12  @Table(name="item")                                              ❶
13  @Getter
14  @Setter
15  @ToString
16  public class Item {
17
18      @Id
19      @Column(name="item_id")                                      ❷
20      @GeneratedValue(strategy = GenerationType.AUTO)
21      private Long id;         //상품 코드
22
23      @Column(nullable = false, length = 50)                       ❸
24      private String itemNm; //상품명
25
26      @Column(name="price", nullable = false)
27      private int price; //가격
28
29      @Column(nullable = false)
30      private int stockNumber; //재고수량
31
32      @Lob
33      @Column(nullable = false)
34      private String itemDetail; //상품 상세 설명
35
```

```
36        @Enumerated(EnumType.STRING)
37        private ItemSellStatus itemSellStatus; //상품 판매 상태
38
39        private LocalDateTime regTime; //등록 시간
40
41        private LocalDateTime updateTime; //수정 시간
42    }
```

❶ Item 클래스를 entity로 선언합니다. 또한 @Table 어노테이션을 통해 어떤 테이블과 매핑될지를 지정합니다. item 테이블과 매핑되도록 name을 item으로 지정합니다.

❷ entity로 선언한 클래스는 반드시 기본키를 가져야 합니다. 기본키가 되는 멤버변수에 @Id 어노테이션을 붙여줍니다. 그리고 테이블에 매핑될 컬럼의 이름을 @Column 어노테이션을 통해 설정해줍니다. item 클래스의 id 변수와 item테이블의 item_id 컬럼이 매핑되도록 합니다. 마지막으로 @GeneratedValue 어노테이션을 통해 기본키 생성 전략을 AUTO로 지정하겠습니다.

❸ @Column 어노테이션의 nullable 속성을 이용해서 항상 값이 있어야 하는 필드는 not null 설정을 합니다. String 필드는 default 값으로 255가 설정돼 있습니다. 각 String 필드마다 필요한 길이를 length 속성에 default 값을 세팅합니다.

Item 엔티티 클래스 작성 완료 후 애플리케이션을 실행하면 item 테이블이 생성되는 쿼리문을 하단 콘솔창에서 볼 수 있습니다. 애플리케이션 실행 방법은 ShopApplication에서 마우스 오른쪽 버튼을 클릭한 후 나오는 메뉴에서 Run ShopApplication을 클릭하면 됩니다.

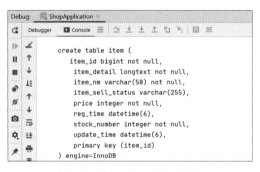

[그림 2-14] item 테이블 생성 로그

2.4 Repository 설계하기

2.1절에서 JPA를 사용하기 위해 엔티티 매니저를 이용해 item 엔티티를 저장하는 예제 코드를 살펴봤습니다. 하지만 Spring Data JPA에서는 엔티티 매니저를 직접 이용해 코드를 작성하지 않아도 됩니다. 그 대신에 Data Access Object의 역할을 하는 Repository 인터페이스를 설계한 후 사용하는 것만으로 충분합니다. 그럼 왜 앞서 엔티티 매니저를 직접 이용한 코드를 보여주었을까요? JPA가 엔티티를 어떻게 관리하는지 보여주기 위함이었습니다. 그 원리를 알아야 JPA가 어떻게 동작하는지 이해할 수 있기 때문입니다.

간단한 예제 코드를 작성해 보겠습니다.

com.shop 패키지 아래에 repository 패키지를 만든 후 ItemRepository 인터페이스를 만듭니다.

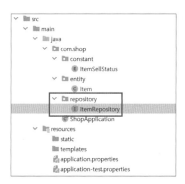

[그림 2-15] repository 패키지 및 ItemRepository 인터페이스 생성

```
01  package com.shop.repository;
02
03  import com.shop.entity.Item;
04  import org.springframework.data.jpa.repository.JpaRepository;
05
06  public interface ItemRepository extends JpaRepository<Item, Long> {
07
08  }
```

JpaRepository를 상속받는 ItemRepository를 작성했습니다. JpaRepository는 2개의 제네릭 타입을 사용하는데 첫 번째에는 엔티티 타입 클래스를 넣어주고, 두 번째는 기본키 타입을 넣어줍니다. Item 클래스는 기본키 타입이 Long이므로 Long을 넣어줍니다. JpaRepository는 기본적인 CRUD 및 페이징 처리를 위한 메소드가 정의돼 있습니다. 메소드 몇 가지를 살펴보면 엔티티를 저장하거나, 삭제, 또는 엔티티의 개수 출력 등의 메소드를 볼 수 있습니다. 이번 예제에서 작성할 테스트 코드는 엔티티를 저장하는 save() 메소드입니다.

[표 2-3] JpaRepository에서 지원하는 메소드 예시

메소드	기능
<S extends T> save(S entity)	엔티티 저장 및 수정
void delete(T entity)	엔티티 삭제
count()	엔티티 총 개수 반환
Iterable<T> findAll()	모든 엔티티 조회

개발을 하다 보면 기획 요건이 변경돼 코드를 수정하거나, 기존의 소스코드를 수정해야 하는 상황이 많이 발생합니다. 로직이 복잡하지 않다면 기존 소스를 금방 해석해서 코드를 추가할 것입니다. 하지만 로직이 복잡할 때 코드 수정 이후 코드가 버그 없이 제대로 동작하는지 테스트하는 것은 매우 중요합니다. 테스트 코드도 유지보수를 해야 하기 때문에 비용이 발생합니다. 따라서 의미 있는 테스트 케이스를 작성하고 결과가 예상과 맞는지 검사하는 로직을 작성해야 합니다. 가능한 테스트 케이스가 여러 개라면 애플리케이션을 실행하고 테스트하는 것도 시간이 많이 소요되며 테스트 케이스를 놓칠 수 있습니다. 잘 만들어진 테스트 케이스는 유지보수 및 소스코드의 안전성을 위해서 중요합니다. 앞으로 작성하는 예제 코드들은 테스트 코드를 작성하면서 진행하도록 하겠습니다.

테스트 환경의 경우 h2 데이터베이스를 사용하도록 resources 아래에 application-test.properties 파일을 만들겠습니다. 테스트 환경을 위한 별도의 Propoerties를 만드는 것입니다. H2 데이터베이스는 메모리에 데이터를 저장하는 인메모리 데이터베이스 기능을 제공합니다. 애플리케이션이 종료되면 데이터베이스에 저장된 데이터가 삭제됩니다. 또한 가볍고 빠르기 때문에 개발할 때 테스트용 데이터베이스로 많이 사용합니다. resources 폴더에서 마우스 오른쪽 버튼을 눌러 [New]-[File]을 선택해 테스트 속성 이름과 확장자를 입력하면 생성됩니다.

[그림 2-16] application-test.properties 파일 생성

```
01  # Datasource 설정
02  spring.datasource.driver-class-name=org.h2.Driver
03  spring.datasource.url=jdbc:h2:mem:test
04  spring.datasource.username=sa
05  spring.datasource.password=
06
07  # H2 데이터베이스 방언 설정
08  spring.jpa.database-platform=org.hibernate.dialect.H2Dialect
```

테스트 코드를 작성하기 위해 ItemRepository 인터페이스에서 마우스 오른쪽 버튼을 눌러 [Go To]-[Test] 버튼을 클릭합니다.

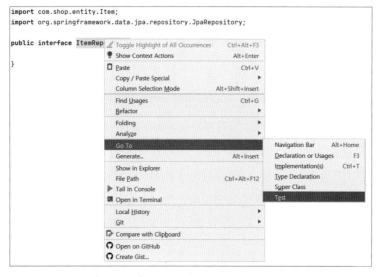

[그림 2-17] ItemRepository 테스트 생성 1단계

[Create New Test]를 클릭합니다.

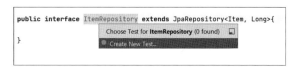

[그림 2-18] ItemRepository 테스트 생성 2단계

테스트를 위한 Junit 버전을 선택할 수 있으며, 테스트할 패키지와 테스트 클래스 이름을 자동으로 설정해줍니다. Junit5 버전을 이용하여 테스트를 하겠습니다.

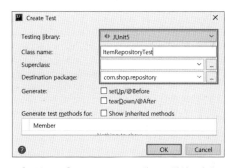

[그림 2-19] ItemRepository 테스트 생성 3단계

〈OK〉 버튼을 누르면 test 폴더에 ItemRepositoryTest.java 파일이 생성된 것을 볼 수 있습니다. ItemRepository를 테스트하는 코드는 이 클래스에 작성하겠습니다.

[그림 2-20] ItemRepositoryTest.java 생성 완료

com.shop.repository.ItemRepositoryTest.java

```
01  package com.shop.repository;
02
03  import com.shop.constant.ItemSellStatus;
04  import com.shop.entity.Item;
05  import org.junit.jupiter.api.DisplayName;
06  import org.junit.jupiter.api.Test;
07  import org.springframework.beans.factory.annotation.Autowired;
08  import org.springframework.boot.test.context.SpringBootTest;
```

```
09  import org.springframework.test.context.TestPropertySource;
10
11  import java.time.LocalDateTime;
12
13  @SpringBootTest                                                         ❶
14  @TestPropertySource(locations="classpath:application-test.properties")  ❷
15  class ItemRepositoryTest {
16
17      @Autowired
18      ItemRepository itemRepository;                                      ❸
19
20      @Test                                                               ❹
21      @DisplayName("상품 저장 테스트")                                       ❺
22      public void createItemTest(){
23          Item item = new Item();
24          item.setItemNm("테스트 상품");
25          item.setPrice(10000);
26          item.setItemDetail("테스트 상품 상세 설명");
27          item.setItemSellStatus(ItemSellStatus.SELL);
28          item.setStockNumber(100);
29          item.setRegTime(LocalDateTime.now());
30          item.setUpdateTime(LocalDateTime.now());
31          Item savedItem = itemRepository.save(item);
32          System.out.println(savedItem.toString());
33      }
34  }
```

❶ 통합 테스트를 위해 스프링 부트에서 제공하는 어노테이션입니다. 실제 애플리케이션을 구동할 때처럼 모든 Bean을 IoC 컨테이너에 등록합니다. 애플리케이션의 규모가 크면 속도가 느려질 수 있습니다.

❷ 테스트 코드 실행 시 application.properties에 설정해둔 값보다 application-test.properties에 같은 설정이 있다면 더 높은 우선순위를 부여합니다. 기존에는 MySQL을 사용했지만 테스트 코드 실행 시에는 H2 데이터베이스를 사용하게 됩니다.

❸ ItemRepository를 사용하기 위해서 @Autowired 어노테이션을 이용하여 Bean을 주입합니다.

❹ 테스트할 메소드 위에 선언하여 해당 메소드를 테스트 대상으로 지정합니다.

❺ Junit5에 추가된 어노테이션으로 테스트 코드 실행 시 @DisplayName에 지정한 테스트명이 노출됩니다.

테스트 코드 작성이 완료됐으니 이제 테스트 코드를 실행해 보겠습니다. [그림 2-21]과 같이 테스트할 메소드에서 마우스 오른쪽 버튼을 클릭한 후 Run 'createItemTest()'을 클릭하겠습니다. 〈Ctrl〉+〈Shift〉+〈F10〉 단축키를 통해서도 실행할 수 있습니다. 단축키를 잘 활용한다면 개발 생산성을 증가시킬 수 있으므로, 자주 사용하는 단축키들은 외워 두면 좋습니다.

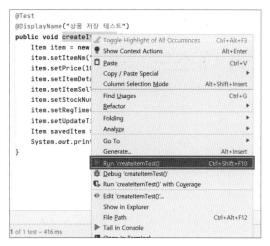

[그림 2-21] 상품 저장 테스트 코드 실행

테스트 코드가 실행되면서 콘솔창에 실행되는 쿼리문을 볼 수 있습니다. hibernate_sequence라는 키 생성 전용 테이블로부터 다음에 저장할 상품의 기본키(PK)를 가져와서 item 테이블의 기본키 값으로 넣어줍니다.

```
Hibernate:
    insert
    into
        item
        (item_detail, item_nm, item_sell_status, price, reg_time, stock_number, update_time, item_id)
    values
        (?, ?, ?, ?, ?, ?, ?, ?)
```

[그림 2-22] 상품 저장 시 실행되는 쿼리문

우리는 insert query문을 따로 작성하지 않았는데 ItemRepository 인터페이스를 작성한 것만으로 상품 테이블에 데이터를 insert할 수 있었습니다. 어떻게 이런 마법 같은 일이 가능할까요? Spring Data JPA는 이렇게 인터페이스만 작성하면 런타임 시점에 자바의 Dynamic Proxy를 이용해서 객체를 동적으로 생성해줍니다. 따로 Data Access Object (Dao)와 xml 파일에 쿼리문을 작성하지 않아도 됩니다.

2.5 쿼리 메소드

애플리케이션을 개발하려면 데이터를 조회하는 기능은 필수입니다. 쿼리 메소드는 스프링 데이터 JPA에서 제공하는 핵심 기능 중 하나로 Repository 인터페이스에 간단한 네이밍 룰을 이용하여 메소드를 작성하면 원하는 쿼리를 실행할 수 있습니다.

쿼리 메소드를 이용할 때 가장 많이 사용하는 문법으로 find를 사용합니다. 엔티티의 이름은 생략이 가능하며, By 뒤에는 검색할 때 사용할 변수의 이름을 적어줍니다.

find + (엔티티 이름) + By + 변수이름

상품의 이름을 이용하여 데이터를 조회하는 예제를 살펴보겠습니다.

기존에 작성했던 ItemRepository에 findByItemNm 메소드를 추가합니다.

 [함께 해봐요 2-4] 쿼리 메소드를 이용한 상품 조회하기

com.shop.repository.ItemRepository.java

```java
01  package com.shop.repository;
02
03  import com.shop.entity.Item;
04  import org.springframework.data.jpa.repository.JpaRepository;
05
06  import java.util.List;
07
08  public interface ItemRepository extends JpaRepository<Item, Long> {
09
10      List<Item> findByItemNm(String itemNm);                              ①
11
12  }
```

① itemNm(상품명)으로 데이터를 조회하기 위해서 By 뒤에 필드명인 ItemNm을 메소드의 이름에 붙여줍니다. 엔티티명은 생략이 가능하므로 findItemByItemNm 대신에 findByItemNm으로 메소드명을 만들어줍니다. 매개 변수로는 검색할 때 사용할 상품명 변수를 넘겨줍니다.

기존에 작성했던 ItemRepositoryTest 클래스에 테스트 코드를 추가합니다. 기존에 작성했던 상품 저장 테스트 메소드는 생략했습니다.

```
                                          com.shop.repository.ItemRepositoryTest.java
01  package com.shop.repository;
02
03  .....기존 임포트 생략.....
04
05  import java.util.List;
06
07  @SpringBootTest
08  @TestPropertySource(locations="classpath:application-test.properties")
09  class ItemRepositoryTest {
10
11      @Autowired
12      ItemRepository itemRepository;
13
14      .....코드 생략.....
15
16      public void createItemList(){                                      ❶
17          for(int i=1;i<=10;i++){
18              Item item = new Item();
19              item.setItemNm("테스트 상품" + i);
20              item.setPrice(10000 + i);
21              item.setItemDetail("테스트 상품 상세 설명" + i);
22              item.setItemSellStatus(ItemSellStatus.SELL);
23              item.setStockNumber(100); item.setRegTime(LocalDateTime.now());
24              item.setUpdateTime(LocalDateTime.now());
25              Item savedItem = itemRepository.save(item);
26          }
27      }
28
29      @Test
30      @DisplayName("상품명 조회 테스트")
31      public void findByItemNmTest(){
32          this.createItemList();
33          List<Item> itemList = itemRepository.findByItemNm("테스트 상품1");  ❷
34          for(Item item : itemList){
35              System.out.println(item.toString());                        ❸
```

```
36            }
37        }
38
39 }
```

❶ 테스트 코드 실행 시 데이터베이스에 상품 데이터가 없으므로 테스트 데이터 생성을 위해서 10개의 상품을 저장하는 메소드를 작성하여 findByItemNmTest()에서 실행해줍니다.

❷ ItemRepository 인터페이스에 작성했던 findByItemNm 메소드를 호출합니다. 파라미터로는 "테스트 상품1"이라는 상품명을 전달하겠습니다.

❸ 조회 결과 얻은 item 객체들을 출력합니다.

테스트 코드를 실행하면 콘솔창에 Select 쿼리문이 실행되는 것을 볼 수 있습니다. Where 조건문에는 item_nm이 조건으로 걸려있으며 binding parameter로 "테스트 상품1"이 지정됐습니다. 의도한 결과대로 쿼리가 실행됐습니다.

```
01 Hibernate:
02 select
03        item0_.item_id as item_id1_0_,
04        item0_.item_detail as item_det2_0_,
05        item0_.item_nm as item_nm3_0_,
06        item0_.item_sell_status as item_sel4_0_,
07        item0_.price as price5_0_,
08        item0_.reg_time as reg_time6_0_,
09        item0_.stock_number as stock_nu7_0_,
10        item0_.update_time as update_t8_0_
11    from
12        item item0_
13    where
14        item0_.item_nm=?
15
16 binding parameter [1] as [VARCHAR] - [테스트 상품1]
```

위의 예제는 상품명을 가지고 상품을 검색하는 예제였습니다. 그렇다면 여러 개의 조건을 이용하여 상품을 검색하거나 결과를 정렬해야 하는 경우는 어떻게 처리할까요? [표 2-4]를 보면 JPA를 위해 제공되는 키워드들을 볼 수 있습니다. 키워드와 변수 이름을 메소드명으로 이어서 나열하면 됩니다. Sample에 대응되는 JPQL snippet을 볼 수 있는데 JPQL을 2.6절에서 자세히 다루겠습니다.

[표 2-4] 쿼리 메소드 Sample 및 JPQL snippet

Keyword	Sample	JPQL snippet
And	findByLastnameAndFirstname	... where x.lastname = ?1 and x.firstname = ?2
Or	findByLastnameOrFirstname	... where x.lastname = ?1 or x.firstname = ?2
Is, Equals	findByFirstname findByFirstnameIs findByFirstnameEquals	... where x.firstname = ?1
Between	findByStartDateBetween	... where x.startDate between ?1 and ?2
LessThan	findByAgeLessThan	... where x.age < ?1
LessThanEqual	findByAgeLessThanEqual	... where x.age <= ?1
GreaterThan	findByAgeGreaterThan	... where x.age > ?1
GreaterThanEqual	findByAgeGreaterThanEqual	... where x.age >= ?1
After	findByStartDateAfter	... where x.startDate > ?1
Before	findByStartDateBefore	... where x.startDate < ?1
IsNull, Null IsNotNull	findByAge(Is)Null	... where x.age is null
NotNull	findByAge(Is)NotNull	... where x.age not null
Like	findByFirstnameLike	... where x.firstname like ?1
NotLike	findByFirstnameNotLike	... where x.firstname not like ?1
StartingWith	findByFirstnameStartingWith	... where x.firstname like ?1 (parameter bound with appended %)
EndingWith	findByFirstnameEndingWith	... where x.firstname like ?1 (parameter bound with prepended %)
Containing	findByFirstnameContaining	... where x.firstname like ?1 (parameter bound wrapped in %)
OrderBy	findByAgeOrderByLastnameDesc	... where x.age = ?1 order by x.lastname desc
Not	findByLastnameNot	... where x.lastname <> ?1
In	findByAgeIn(Collection⟨Age⟩ ages)	... where x.age in ?1
NotIn	findByAgeNotIn(Collection⟨Age⟩ ages)	... where x.age not in ?1
True	findByActiveTrue()	... where x.active = true
False	findByActiveFalse()	... where x.active = false
IgnoreCase	findByFirstnameIgnoreCase	... where UPPER(x.firstame) = UPPER(?1)

[함께 해봐요 2-5] OR 조건 처리하기

com.shop.repository.ItemRepository.java

```
01  public interface ItemRepository extends JpaRepository<Item, Long> {
02
03      ....코드 생략....
04
05      List<Item> findByItemNmOrItemDetail(String itemNm, String itemDetail);   ❶
06
07  }
```

❶ 상품을 상품명과 상품 상세 설명을 OR 조건을 이용하여 조회하는 쿼리 메소드입니다.

com.shop.repository.ItemRepositoryTest.java

```
01  @SpringBootTest
02  @TestPropertySource(locations="classpath:application-test.properties")
03  class ItemRepositoryTest {
04
05      .....코드 생략.....
06
07      @Test
08      @DisplayName("상품명, 상품상세설명 or 테스트")
09      public void findByItemNmOrItemDetailTest(){
10          this.createItemList();                                              ❶
11          List<Item> itemList =
    itemRepository.findByItemNmOrItemDetail("테스트 상품1", "테스트 상품 상세 설명5");   ❷
12          for(Item item : itemList){
13              System.out.println(item.toString());
14          }
15      }
16
17  }
```

❶ 기존에 만들었던 테스트 상품을 만드는 메소드를 실행하여 조회할 대상을 만들어주겠습니다.

❷ 상품명이 "테스트 상품1" 또는 상품 상세 설명이 "테스트 상품 상세 설명5"이면 해당 상품을 itemList에 할당합니다. 테스트 코드를 실행하면 조건대로 2개의 상품이 출력되는 것을 볼 수 있습니다.

90

```
01  public interface ItemRepository extends JpaRepository<Item, Long> {
02
03      ....코드 생략....
04
05      List<Item> findByPriceLessThan(Integer price);                    ❶
06
07  }
```

❶ 파라미터로 넘어온 price 변수보다 값이 작은 상품 데이터를 조회하는 쿼리 메소드입니다.

```
01  @SpringBootTest
02  @TestPropertySource(locations="classpath:application-test.properties")
03  class ItemRepositoryTest {
04
05      .....코드 생략.....
06
07      @Test
08      @DisplayName("가격 LessThan 테스트")
09      public void findByPriceLessThanTest(){
10          this.createItemList();
11          List<Item> itemList = itemRepository.findByPriceLessThan(10005);   ❶
12          for(Item item : itemList){
13              System.out.println(item.toString());
14          }
15      }
16  }
```

❶ 현재 데이터베이스에 저장된 가격은 10001~10010입니다. 테스트 코드 실행 시 10개의 상품을 저장하는 로그가 콘솔에 나타나고 맨 마지막에 가격이 10005보다 작은 4개의 상품을 출력해주는 것을 확인할 수 있습니다.

```
Item(id=1, itemNm=테스트 상품1, price=10001, stockNumber=100, itemDetail=테스트 상품 상세 설명1, itemSellStatus=SELL,
Item(id=2, itemNm=테스트 상품2, price=10002, stockNumber=100, itemDetail=테스트 상품 상세 설명2, itemSellStatus=SELL,
Item(id=3, itemNm=테스트 상품3, price=10003, stockNumber=100, itemDetail=테스트 상품 상세 설명3, itemSellStatus=SELL,
Item(id=4, itemNm=테스트 상품4, price=10004, stockNumber=100, itemDetail=테스트 상품 상세 설명4, itemSellStatus=SELL,
```

[그림 2-23] 가격 LessThan 테스트 결과 조회된 상품 리스트

현재 출력되는 가격 데이터는 10001부터 10004까지 차례대로 출력됩니다. 출력 결과를 OrderBy 키워드를 이용한다면 오름차순 또는 내림차순으로 조회할 수 있습니다. 오름차순의 경우 'OrderBy + 속성명 + Asc 키워드'를 이용하고, 내림차순에서는 'OrderBy + 속성명 + Desc 키워드'를 이용해 데이터의 순서를 처리할 수 있습니다. 상품의 가격이 높은 순으로 조회하는 예제를 살펴보겠습니다.

 [함께 해봐요 2-7] OrderBy로 정렬 처리하기

com.shop.repository.ItemRepository.java

```
01  public interface ItemRepository extends JpaRepository<Item, Long> {
02
03      ....코드 생략....
04
05      List<Item> findByPriceLessThanOrderByPriceDesc(Integer price);
06  }
```

com.shop.repository.ItemRepositoryTest.java

```
01  @SpringBootTest
02  @TestPropertySource(locations="classpath:application-test.properties")
03  class ItemRepositoryTest {
04
05      ....코드 생략....
06
07      @Test
08      @DisplayName("가격 내림차순 조회 테스트")
09      public void findByPriceLessThanOrderByPriceDesc(){
10          this.createItemList();
11          List<Item> itemList =
    itemRepository.findByPriceLessThanOrderByPriceDesc(10005);
12          for(Item item : itemList){
13              System.out.println(item.toString());
14          }
15      }
16  }
```

출력 결과를 살펴보면 가격이 높은 순으로 출력되는 것을 확인할 수 있습니다.

```
Item(id=4, itemNm=테스트 상품4, price=10004, stockNumber=100, itemDetail=테스트 상품 상세 설명4
Item(id=3, itemNm=테스트 상품3, price=10003, stockNumber=100, itemDetail=테스트 상품 상세 설명3
Item(id=2, itemNm=테스트 상품2, price=10002, stockNumber=100, itemDetail=테스트 상품 상세 설명2
Item(id=1, itemNm=테스트 상품1, price=10001, stockNumber=100, itemDetail=테스트 상품 상세 설명1
```

[그림 2-24] 가격 내림차순 조회 테스트 결과 로그

참고로 @DisplayName("테스트코드설명") 어노테이션을 사용하면 인텔리제이 하단에 테스트 결과를 @DisplayName에 설정해둔 이름으로 볼 수 있습니다. 테스트 코드가 모두 통과하는 것을 볼 수 있습니다.

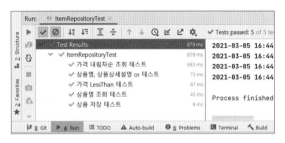

[그림 2-25] ItemRepositoryTest 클래스 전체 테스트 코드 실행 결과

2.6 Spring DATA JPA @Query 어노테이션

쿼리 메소드를 사용하면서 한 가지 의문이 생깁니다. 예제에서는 한두 개 정도의 조건을 이용해서 상품 데이터를 조회했습니다. 조건이 많아질 때 쿼리 메소드를 선언하면 이름이 정말 길어지기도 합니다. 그럴 경우 오히려 이름을 보고 어떻게 동작하는지 해석하는 게 더 힘들 수 있습니다. 간단한 쿼리를 처리할 때는 유용하지만 복잡한 쿼리를 다루기에는 적합하지 않습니다. 이를 보완하기 위한 방법을 알아보겠습니다.

Spring Data JPA에서 제공하는 @Query 어노테이션을 이용하면 SQL과 유사한 JPQL_{Java} _{Persistence Query Language}이라는 객체지향 쿼리 언어를 통해 복잡한 쿼리도 처리가 가능합니다. SQL과 문법 자체가 유사하기 때문에 기존에 SQL을 사용하셨던 분들은 쉽게 배울 수 있습니다. SQL의 경우 데이터베이스의 테이블을 대상으로 쿼리를 수행하고, JPQL은 엔티티 객체를 대상으로 쿼리를 수행합니다. 테이블이 아닌 객체를 대상으로 검색하는 객체지향 쿼리입니다. JPQL은 SQL을 추상화해서 사용하기 때문에 특정 데이터베이스 SQL에 의존하지 않습니다. 즉, JPQL로 작성을 했다면 데이터베이스가 변경되어도 애플리케이션이 영향을 받지 않습니다.

@Query 어노테이션을 이용하여 상품 데이터를 조회하는 예제를 진행해보겠습니다. 상품 상세 설명을 파라미터로 받아 해당 내용을 상품 상세 설명에 포함하고 있는 데이터를 조회하며, 정렬 순서는 가격이 높은 순으로 조회합니다.

 [함께 해봐요 2-8] @Query를 이용한 검색 처리하기

com.shop.repository.ItemRepository.java

```
01  package com.shop.repository;
02
03  .....기존 임포트 생략.....
04
05  import org.springframework.data.jpa.repository.Query;
06  import org.springframework.data.repository.query.Param;
07
08  public interface ItemRepository extends JpaRepository<Item, Long> {
09
```

```
10        ....코드 생략....
11
12        @Query("select i from Item i where i.itemDetail like
             %:itemDetail% order by i.price desc")                              ❶
13        List<Item> findByItemDetail(@Param("itemDetail") String itemDetail);   ❷
14    }
```

❶ @Query 어노테이션 안에 JPQL로 작성한 쿼리문을 넣어줍니다. from 뒤에는 엔티티 클래스로 작성한 Item을 지정해주었고, Item으로부터 데이터를 select하겠다는 것을 의미합니다.

❷ 파라미터에 @Param 어노테이션을 이용하여 파라미터로 넘어온 값을 JPQL에 들어갈 변수로 지정해줄 수 있습니다. 현재는 itemDetail 변수를 "like % %" 사이에 ":itemDetail"로 값이 들어가도록 작성했습니다.

@Param 어노테이션을 이용하여 변수를 JPQL에 전달하는 대신 파라미터의 순서를 이용해 전달해줄 수도 있습니다. 그럴 경우 ':itemDetail' 대신 첫 번째 파라미터를 전달하겠다는 '?1'이라는 표현을 사용하면 됩니다. 하지만 파라미터의 순서가 달라지면 해당 쿼리문이 제대로 동작하지 않을 수 있기 때문에 좀 더 명시적인 방법인 @Param 어노테이션을 이용하는 방법을 추천합니다.

com.shop.repository.ItemRepositoryTest.java

```
01    package com.shop.repository;
02
03    .....기존 임포트 생략.....
04
05    @SpringBootTest
06    @TestPropertySource(locations="classpath:application-test.properties")
07    class ItemRepositoryTest {
08
09        ....코드 생략....
10
11        @Test
12        @DisplayName("@Query를 이용한 상품 조회 테스트")
13        public void findByItemDetailTest(){
14            this.createItemList();
15            List<Item> itemList = itemRepository.findByItemDetail("테스트 상품 상세 설명");
16            for(Item item : itemList){
17                System.out.println(item.toString());
18            }
19        }
20
21    }
```

테스트 코드 실행 결과 상품 상세 설명에 '테스트 상품 상세 설명'을 포함하고 있는 상품 데이터 10개가 가격이 높은 순부터 조회되는 것을 확인할 수 있습니다. 복잡한 쿼리의 경우 @Query 어노테이션을 사용해서 조회하면 됩니다.

만약 기존의 데이터베이스에서 사용하던 쿼리를 그대로 사용해야 할 때는 @Query의 nativeQuery 속성을 사용하면 기존 쿼리를 그대로 활용할 수 있습니다. 하지만 특정 데이터베이스에 종속되는 쿼리문을 사용하기 때문에 데이터베이스에 대해 독립적이라는 장점을 잃어버립니다. 기존에 작성한 통계용 쿼리처럼 복잡한 쿼리를 그대로 사용해야 하는 경우 활용할 수 있습니다.

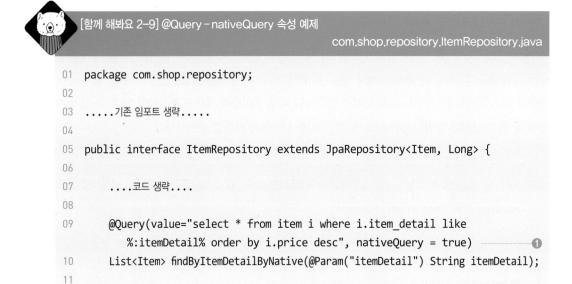

[함께 해봐요 2-9] @Query-nativeQuery 속성 예제

com.shop.repository.ItemRepository.java

```
01  package com.shop.repository;
02
03  .....기존 임포트 생략.....
04
05  public interface ItemRepository extends JpaRepository<Item, Long> {
06
07      ....코드 생략....
08
09      @Query(value="select * from item i where i.item_detail like
           %:itemDetail% order by i.price desc", nativeQuery = true) ────①
10      List<Item> findByItemDetailByNative(@Param("itemDetail") String itemDetail);
11
12  }
```

❘ ① value 안에 네이티브 쿼리문을 작성하고 "nativeQuery=true"를 지정합니다.

com.shop.repository.ItemRepositoryTest.java

```
01  package com.shop.repository;
02
03  .....기존 임포트 생략.....
04
05  @SpringBootTest
06  @TestPropertySource(locations="classpath:application-test.properties")
07  class ItemRepositoryTest {
08
09      ....코드 생략....
10
```

```
11      @Test
12      @DisplayName("nativeQuery 속성을 이용한 상품 조회 테스트")
13      public void findByItemDetailByNative(){
14          this.createItemList();
15          List<Item> itemList =
   itemRepository.findByItemDetailByNative("테스트 상품 상세 설명");
16          for(Item item : itemList){
17              System.out.println(item.toString());
18          }
19      }
20
21  }
```

[그림 2-26]처럼 [함께 해봐요 2-8]에서 실행한 결과와 같은 결과를 얻을 수 있습니다.

```
Item(id=10, itemNm=테스트 상품10, price=10010, stockNumber=100, itemDetail=테스트 상품 상세 설명10, i
Item(id=9, itemNm=테스트 상품9, price=10009, stockNumber=100, itemDetail=테스트 상품 상세 설명9, item
Item(id=8, itemNm=테스트 상품8, price=10008, stockNumber=100, itemDetail=테스트 상품 상세 설명8, item
Item(id=7, itemNm=테스트 상품7, price=10007, stockNumber=100, itemDetail=테스트 상품 상세 설명7, item
Item(id=6, itemNm=테스트 상품6, price=10006, stockNumber=100, itemDetail=테스트 상품 상세 설명6, item
Item(id=5, itemNm=테스트 상품5, price=10005, stockNumber=100, itemDetail=테스트 상품 상세 설명5, item
Item(id=4, itemNm=테스트 상품4, price=10004, stockNumber=100, itemDetail=테스트 상품 상세 설명4, item
Item(id=3, itemNm=테스트 상품3, price=10003, stockNumber=100, itemDetail=테스트 상품 상세 설명3, item
Item(id=2, itemNm=테스트 상품2, price=10002, stockNumber=100, itemDetail=테스트 상품 상세 설명2, item
Item(id=1, itemNm=테스트 상품1, price=10001, stockNumber=100, itemDetail=테스트 상품 상세 설명1, item
```

[그림 2-26] nativeQuery 속성을 이용한 상품 조회 테스트 결과

2.7 Spring DATA JPA Querydsl

@Query 어노테이션을 이용한 방법에도 단점이 있습니다. @Query 어노테이션 안에 JPQL 문법으로 문자열을 입력하기 때문에 잘못 입력하면 컴파일 시점에 에러를 발견할 수 없습니다. 에러는 가능한 빨리 발견하는 것이 가장 좋습니다. 이를 보완할 수 있는 방법으로 Querydsl를 알아보겠습니다.

[함께 해봐요 2-8]에서 작성한 쿼리 중 'where' 대신에 오타가 생겨서 'wheere'이 들어갈 경우 애플리케이션을 실행하기 전에는 오류가 있다는 것을 알 수 없습니다. [그림 2-27]을 보면 오타 부분에 빨간 줄이 생기거나 하는 모습이 보이지 않지만 애플리케이션을 실행하면 로딩 시점에 파싱 후 에러를 잡아줍니다.

```
@Query("select i from Item i wheere i.itemDetail like %:itemDetail% order by i.price desc")
List<Item> findByItemDetail(@Param("itemDetail") String itemDetail);
```

[그림 2-27] JPQL 작성 중 wheere 오타 삽입

이때 도움을 주는 것이 Querydsl입니다. Querydsl은 JPQL을 코드로 작성할 수 있도록 도와주는 빌더 API입니다. Querydsl은 소스코드로 SQL문을 문자열이 아닌 코드로 작성하기 때문에 컴파일러의 도움을 받을 수 있습니다. 소스 작성 시 오타가 발생하면 개발자에게 오타가 있음을 바로 알려줍니다. 또한 동적으로 쿼리를 생성해주는 게 진짜 큰 장점입니다. JPQL은 문자를 계속 더해야 하기 때문에 작성이 힘듭니다. Querydsl의 장점을 정리해보면 아래와 같습니다.

Querydsl 장점

- 고정된 SQL문이 아닌 조건에 맞게 동적으로 쿼리를 생성할 수 있습니다.
- 비슷한 쿼리를 재사용할 수 있으며 제약 조건 조립 및 가독성을 향상시킬 수 있습니다.
- 문자열이 아닌 자바 소스코드로 작성하기 때문에 컴파일 시점에 오류를 발견할 수 있습니다.
- IDE의 도움을 받아서 자동 완성 기능을 이용할 수 있기 때문에 생산성을 향상시킬 수 있습니다.

Querydsl을 사용하기 위해서는 몇 가지 설정을 추가해야 합니다. pom.xml 파일의 <dependencies> </dependencies> 사이에 다음의 의존성을 추가하겠습니다.

```
01  <dependency>
02      <groupId>com.querydsl</groupId>
03      <artifactId>querydsl-jpa</artifactId>
04      <version>4.3.1</version>
05  </dependency>
06  <dependency>
07      <groupId>com.querydsl</groupId>
08      <artifactId>querydsl-apt</artifactId>
09      <version>4.3.1</version>
10  </dependency>
```

다음으로 pom.xml에 Qdomain이라는 자바 코드를 생성하는 플러그인을 추가해줍니다. 엔티티를 기반으로 접두사(prefix)로 'Q'가 붙는 클래스들을 자동으로 생성해주는 플러그인입니다. 예를 들어 Item 테이블의 경우 QItem.java 클래스가 자동으로 생성됩니다. Querydsl을 통해서 쿼리를 생성할 때 Qdomain 객체를 사용합니다. pom.xml의 `<plugins></plugins>` 사이에 다음 내용을 추가해줍니다.

```
01  <plugin>
02      <groupId>com.mysema.maven</groupId>
03      <artifactId>apt-maven-plugin</artifactId>
04      <version>1.1.3</version>
05      <executions>
06          <execution>
07              <goals>
08                  <goal>process</goal>
09              </goals>
10              <configuration>
11                  <outputDirectory>target/generated-sources/java
                    </outputDirectory>
12                  <processor>com.querydsl.apt.jpa.JPAAnnotationProcessor
                    </processor>
13              </configuration>
14          </execution>
15      </executions>
16  </plugin>
```

추가한 의존성을 받아 오기 위해 [그림 2-28]과 같이 인텔리제이의 오른쪽 편에 있는 [Maven]을 클릭한 후 〈Reload All Maven Projects〉 버튼을 클릭합니다. 앞으로도 pom.xml에 dependency를 추가하면 이 버튼을 클릭하여 해당 라이브러리를 다운로드하면 됩니다.

[그림 2-28] maven dependency 추가

위의 과정을 수행하면 Maven Dependencies에 querydsl 관련 Dependencies가 추가됩니다. 이제 [maven compile] 더블 클릭합니다.

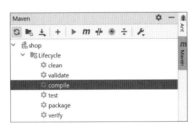

[그림 2-29] 메이븐 컴파일 수행

빌드가 완료되면 [그림 2-30]과 같이 target/generated-sources 폴더에 QItem 클래스가 생성된 것을 볼 수 있습니다. QItem 클래스에는 Item 클래스의 모든 필드들에 대해서 사용 가능한 operation을 호출할 수 있는 메소드가 정의돼 있습니다.

[그림 2-30] 메이븐 컴파일 수행 결과 QItem 클래스 생성

인텔리제이에서 생성한 QDomain 임포트가 안 될 때가 있습니다. [File]−[Project Structure]−[Modules] 메뉴에 들어가서 그림 [2−31]과 같이 target 폴더 아래의 generated−sources 폴더를 클릭합니다. 〈Sources〉 버튼을 클릭해 소스코드로 인식할 수 있게 처리합니다.

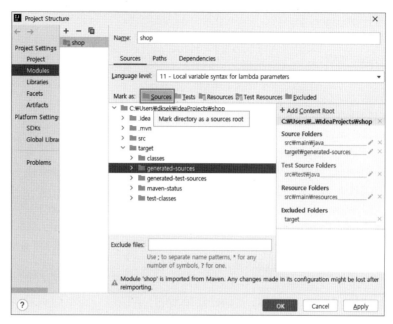

[그림 2−31] generated−sources 폴더 Sources 처리

여기까지 따라오셨다면 Querydsl을 사용하기 위한 기본적인 세팅이 끝났습니다. 이제 JPQL에서 문자열로 작성하던 쿼리를 자바 소스를 이용해서 동적으로 생성해보겠습니다. 다음 예제는 JPAQueryFactory를 이용한 상품 조회 예제입니다.

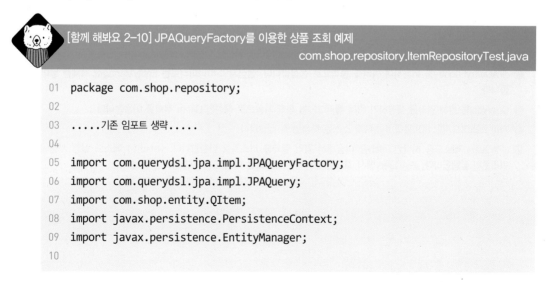

[함께 해봐요 2-10] JPAQueryFactory를 이용한 상품 조회 예제
com.shop.repository.ItemRepositoryTest.java

```
01  package com.shop.repository;
02
03  .....기존 임포트 생략.....
04
05  import com.querydsl.jpa.impl.JPAQueryFactory;
06  import com.querydsl.jpa.impl.JPAQuery;
07  import com.shop.entity.QItem;
08  import javax.persistence.PersistenceContext;
09  import javax.persistence.EntityManager;
10
```

```
11  @SpringBootTest
12  @TestPropertySource(locations="classpath:application-test.properties")
13  class ItemRepositoryTest {
14
15      @PersistenceContext
16      EntityManager em;                                                        ❶
17
18      ....코드 생략....
19
20      @Test
21      @DisplayName("Querydsl 조회 테스트1")
22      public void queryDslTest(){
23          this.createItemList();
24          JPAQueryFactory queryFactory = new JPAQueryFactory(em);              ❷
            QItem qItem = QItem.item;                                            ❸
25          JPAQuery<Item> query  = queryFactory.selectFrom(qItem)               ❹
                    .where(qItem.itemSellStatus.eq(ItemSellStatus.SELL))
                    .where(qItem.itemDetail.like("%" + "테스트 상품 상세 설명" + "%"))
                    .orderBy(qItem.price.desc());
26
27          List<Item> itemList = query.fetch();                                 ❺
28
29          for(Item item : itemList){
30              System.out.println(item.toString());
31          }
32      }
33
34  }
```

❶ 영속성 컨텍스트를 사용하기 위해 @PersistenceContext 어노테이션을 이용해 EntityManager 빈을 주입합니다.

❷ JPAQueryFacotry를 이용하여 쿼리를 동적으로 생성합니다. 생성자의 파라미터로는 EntityManager 객체를 넣어줍니다.

❸ Querydsl을 통해 쿼리를 생성하기 위해 플러그인을 통해 자동으로 생성된 QItem 객체를 이용합니다.

❹ 자바 소스코드지만 SQL문과 비슷하게 소스를 작성할 수 있습니다.

❺ JPAQuery 메소드중 하나인 fetch를 이용해서 쿼리 결과를 리스트로 반환합니다. fetch() 메소드 실행 시점에 쿼리문이 실행됩니다. JPAQuery에서 결과를 반환하는 메소드는 아래 표를 참조하시면 됩니다.

[표 2-5] JPAQuery 데이터 반환 메소드

메소드	기능
List<T> fetch()	조회 결과 리스트 반환
T fetchOne	조회 대상이 1건인 경우 제네릭으로 지정한 타입 반환
T fetchFirst()	조회 대상 중 1건만 반환
Long fetchCount()	조회 대상 개수 반환
QueryResult<T> fetchResults()	조회한 리스트와 전체 개수를 포함한 QueryResults 반환

실행된 쿼리문을 확인해 보면 JPAQuery에 추가한 판매상태 코드와 상품 상세 설명이 where 조건에 추가돼 있고, 상품의 가격이 내림차순으로 정렬돼 데이터를 조회합니다. 이렇게 자바 코드를 이용해서 고정된 쿼리문이 아닌 비즈니스 로직에 따라서 동적으로 쿼리문을 생성해줄 수 있습니다.

```
Hibernate:
    select
        item0_.item_id as item_id1_0_,
        item0_.item_detail as item_det2_0_,
        item0_.item_nm as item_nm3_0_,
        item0_.item_sell_status as item_sel4_0_,
        item0_.price as price5_0_,
        item0_.reg_time as reg_time6_0_,
        item0_.stock_number as stock_nu7_0_,
        item0_.update_time as update_t8_0_
    from
        item item0_
    where
        item0_.item_sell_status=?
        and (
            item0_.item_detail like ? escape '!'
        )
    order by
        item0_.price desc
```

[그림 2-32] QueryDsl을 이용한 상품 조회 시 실행되는 쿼리문

다음 예제는 QuerydslPredicateExecutor를 이용한 상품 조회 예제입니다. Predicate란 '이 조건이 맞다'고 판단하는 근거를 함수로 제공하는 것입니다. Repository에 Predicate를 파라미터로 전달하기 위해서 QueryDslPredicateExecutor 인터페이스를 상속받습니다.

```
01  package com.shop.repository;
02
03  .....기존 임포트 생략.....
04
05  import org.springframework.data.querydsl.QuerydslPredicateExecutor;
06
07  public interface ItemRepository extends JpaRepository<Item, Long>,
    QuerydslPredicateExecutor<Item> {                                    ❶
08
09      ....코드 생략....
10
11  }
```

❶ QueryDslPredicateExecutor 인터페이스 상속을 추가합니다.

QueryDslPredicateExecutor 인터페이스는 [표 2-6]과 같이 다음 메소드들이 선언돼 있습니다.

[표 2-6] QueryDslPredicateExecutor 인터페이스 정의 메소드

메소드	기능
long count(Predicate)	조건에 맞는 데이터의 총 개수 반환
boolean exists(Predicate)	조건에 맞는 데이터 존재 여부 반환
Iterable findAll(Predicate)	조건에 맞는 모든 데이터 반환
Page<T> findAll(Predicate, Pageable)	조건에 맞는 페이지 데이터 반환
Iterable findAll(Predicate, Sort)	조건에 맞는 정렬된 데이터 반환
T findOne(Predicate)	조건에 맞는 데이터 1개 반환

```
01  package com.shop.repository;
02
03  .....기존 임포트 생략.....
04
05  import com.querydsl.core.BooleanBuilder;
06  import org.springframework.data.domain.Page;
07  import org.springframework.data.domain.PageRequest;
08  import org.springframework.data.domain.Pageable;
```

```
09  import org.thymeleaf.util.StringUtils;
10
11  @SpringBootTest
12  @TestPropertySource(locations="classpath:application-test.properties")
13  class ItemRepositoryTest {
14
15      ....코드 생략....
16
17      public void createItemList2(){                                              ❶
18          for(int i=1;i<=5;i++){
19              Item item = new Item();
20              item.setItemNm("테스트 상품" + i);
21              item.setPrice(10000 + i);
22              item.setItemDetail("테스트 상품 상세 설명" + i);
23              item.setItemSellStatus(ItemSellStatus.SELL);
24              item.setStockNumber(100);
25              item.setRegTime(LocalDateTime.now());
26              item.setUpdateTime(LocalDateTime.now());
27              itemRepository.save(item);
28          }
29
30          for(int i=6;i<=10;i++){
31              Item item = new Item();
32              item.setItemNm("테스트 상품" + i);
33              item.setPrice(10000 + i);
34              item.setItemDetail("테스트 상품 상세 설명" + i);
35              item.setItemSellStatus(ItemSellStatus.SOLD_OUT);
36              item.setStockNumber(0);
37              item.setRegTime(LocalDateTime.now());
38              item.setUpdateTime(LocalDateTime.now());
39              itemRepository.save(item);
40          }
41      }
42
43      @Test
44      @DisplayName("상품 Querydsl 조회 테스트 2")
45      public void queryDslTest2(){
46
47          this.createItemList2();
48
49          BooleanBuilder booleanBuilder = new BooleanBuilder();               ❷
50          QItem item = QItem.item;
```

```
51          String itemDetail = "테스트 상품 상세 설명";
52          int price = 10003;
53          String itemSellStat = "SELL";
54
55          booleanBuilder.and(item.itemDetail.like("%" + itemDetail + "%"));  ❸
56          booleanBuilder.and(item.price.gt(price));
57
58          if(StringUtils.equals(itemSellStat, ItemSellStatus.SELL)){
59              booleanBuilder.and(item.itemSellStatus.eq(ItemSellStatus.SELL));
60          }
61
62          Pageable pageable = PageRequest.of(0, 5);                           ❹
63          Page<Item> itemPagingResult =
            itemRepository.findAll(booleanBuilder, pageable);                  ❺
64          System.out.println("total elements : " +
                            itemPagingResult. getTotalElements ());
65
66          List<Item> resultItemList = itemPagingResult.getContent();
67          for(Item resultItem: resultItemList){
68              System.out.println(resultItem.toString());
69          }
70      }
71  }
```

❶ 상품 데이터를 만드는 새로운 메소드를 하나 만들겠습니다. 1번부터 5번 상품은 상품의 판매상태를 SELL(판매 중)으로 지정하고, 6번부터 10번 상품은 판매상태를 SOLD_OUT(품절)으로 세팅해 생성하겠습니다.

❷ BooleanBuilder는 쿼리에 들어갈 조건을 만들어주는 빌더라고 생각하면 됩니다. Predicate를 구현하고 있으며 메소드 체인 형식으로 사용할 수 있습니다.

❸ 필요한 상품을 조회하는데 필요한 "and" 조건을 추가하고 있습니다. 아래 소스에서 상품의 판매상태가 SELL일 때만 booleanBuilder에 판매상태 조건을 동적으로 추가하는 것을 볼 수 있습니다.

❹ 데이터를 페이징해 조회하도록 PageRequest.of() 메소드를 이용해 Pageble 객체를 생성합니다. 첫 번째 인자는 조회할 페이지의 번호, 두 번째 인자는 한 페이지당 조회할 데이터의 개수를 넣어줍니다.

❺ QueryDslPredicateExecutor 인터페이스에서 정의한 findAll() 메소드를 이용해 조건에 맞는 데이터를 Page 객체로 받아옵니다.

테스트 코드를 실행하면 자바 코드에서 지정한 조건문들이 정상적으로 추가된 것을 볼 수 있습니다.

```
Hibernate:
    select
        item0_.item_id as item_id1_0_,
        item0_.item_detail as item_det2_0_,
        item0_.item_nm as item_nm3_0_,
        item0_.item_sell_status as item_sel4_0_,
        item0_.price as price5_0_,
        item0_.reg_time as reg_time6_0_,
        item0_.stock_number as stock_nu7_0_,
        item0_.update_time as update_t8_0_
    from
        item item0_
    where
        (
            item0_.item_detail like ? escape '!'
        )
        and item0_.price>?
        and item0_.item_sell_status=? limit ?
```

[그림 2-33] QueryDsl을 이용한 상품 조회 시 실행되는 쿼리문

2장을 통해 우리는 JPA가 무엇이고 어떻게 동작하는지 간단한 예제를 통해 알아봤습니다. 웹 화면에 보여지는 값 없이 동작되는 것을 보고 어려움을 느꼈을 수도 있습니다. 사용자가 실제로 보는 것은 화면이기 때문입니다. 이러한 점이 백엔드 개발자들의 어려움이라고 할 수 있을 겁니다. 하지만 프론트엔드와 백엔드로부터 데이터가 흐르는 모습을 상상할 줄 알아야 합니다. 3장부터는 실제 화면을 만드는 예제를 통해 데이터가 연동되는 모습을 보면서 서비스 개발을 해볼 예정이기 때문에 조금 더 학습하기가 수월할 겁니다.

2장에서는 테이블 하나만 갖고 쿼리 메소드, JPQL, Querydsl로 예제 코드를 작성했습니다. 실제 서비스는 여러 가지 테이블을 조인해서 가지고 오는 경우가 대부분입니다. 앞으로의 예제는 여러 테이블을 조인해서 데이터를 가지고 오는 방법도 함께 배워보겠습니다.

百見不如一打
백견불여일타

스프링 부트
쇼핑몰 프로젝트

with JPA

Thymeleaf
학습하기

 학습목표

1. Thymeleaf의 특징을 알아본다.
2. 서버에서 가공한 데이터를 Thymleaf라는 템플릿 엔진을 활용하여 클라이언트에 렌
   더링하는 방법을 학습한다.
3. 예제를 통해 Thymleaf의 기본적인 문법을 학습한다.

3.1 Thymeleaf 소개

3장에서는 가공한 데이터를 이용하여 화면을 만드는 방법을 알아보겠습니다. 화면을 동적으로 만들려면 템플릿 엔진을 사용해야 합니다. 미리 정의된 템플릿(Template)을 만들고 동적으로 HTML 페이지를 만들어서 클라이언트에 전달하는 방식입니다. 요청이 올 때마다 서버에서 새로운 HTML 페이지를 만들어 주기 때문에 서버 사이드 렌더링 방식이라고 합니다.

서버 사이드 템플릿 엔진으로는 Thymeleaf, JSP, Freemarker, Groovy, Mustache 등이 있습니다. 어떤 것을 사용해도 만들 수 있지만 스프링에서 권장하는 Thymeleaf를 사용하겠습니다. Thymeleaf의 가장 큰 장점은 'natural templates' 입니다. JSP를 사용해 보신 분들은 알겠지만 JSP 파일의 확장자명은 .JSP입니다. 웹 브라우저에 파일을 띄우면 JSP 문법이 화면에 나타나는 것을 볼 수 있습니다. 즉, 서버 사이드 렌더링을 하지 않으면 정상적인 화면 출력 결과를 볼 수 없습니다. Thymeleaf를 사용할 때 Thymeleaf 문법을 포함하고 있는 html 파일을 서버 사이드 렌더링을 하지 않고 브라우저에 띄워도 정상적인 화면을 볼 수 있습니다. Thymeleaf의 확장자명은 .html이며, Thymeleaf의 문법은 html 태그 안쪽에 속성으로 사용됩니다. 예제 코드로 한번 살펴보겠습니다.

메모장으로 thymeleafEx01.html이라는 파일을 만들어서 저장하고 웹 브라우저로 열어보겠습니다.

[함께 해봐요 3-1] 웹 브라우저에서 Thymeleaf 파일 열어보기

thymeleafEx01.html

```html
01  <!DOCTYPE html>
02  <html xmlns:th="http://www.thymeleaf.org">
03  <head>
04      <meta charset="UTF-8">
05      <title>Title</title>
06  </head>
07  <body>
08      <p th:text="${data}">Hello Thymeleaf!!</p>
09  </body>
10  </html>
```

웹 브라우저를 이용해서 thymeleafEx01.html 파일을 열면 다음과 같은 화면이 나타납니다. `<p>` 태그 안에 "th:text="${data}"" 라는 Thymeleaf 문법이 들어갔지만 html 파일이 깨지지 않고 정상적으로 출력되는 것을 확인할 수 있습니다.

[그림 3-1] 웹 브라우저에서 Thymleaf 문법을 포함한 html 파일 열어보기

이번에는 애플리케이션을 실행시킨 후 서버 사이드 렌더링을 통해 해당 페이지에 접근해보겠습니다. com.shop 패키지 아래에 controller 패키지를 하나 만든 후 Thymeleaf 예제용 컨트롤러 클래스를 하나 생성하겠습니다.

[그림 3-2] Thymeleaf 예제용 컨트롤러 클래스 생성하기

[함께 해봐요 3-2] Thymeleaf 예제용 컨트롤러 클래스 만들기

com.shop.controller.ThymeleafExController.java

```
01  package com.shop.controller;
02
03  import org.springframework.stereotype.Controller;
04  import org.springframework.ui.Model;
05  import org.springframework.web.bind.annotation.GetMapping;
06  import org.springframework.web.bind.annotation.RequestMapping;
07
08  @Controller
09  @RequestMapping(value="/thymeleaf")                                    ❶
10  public class ThymeleafExController {
11
```

```
12      @GetMapping(value = "/ex01")
13      public String thymeleafExample01(Model model){
14          model.addAttribute("data", "타임리프 예제 입니다."); ─────────────── ❷
15          return "thymeleafEx/thymeleafEx01"; ──────────────────── ❸
16      }
17
18  }
```

❶ 클라이언트의 요청에 대해서 어떤 컨트롤러가 처리할지 매핑하는 어노테이션입니다. url에 "/thymeleaf" 경로로
   오는 요청을 ThymeleafExController가 처리하도록 합니다.

❷ model 객체를 이용해 뷰에 전달한 데이터를 key, value 구조로 넣어줍니다.

❸ templates 폴더를 기준으로 뷰의 위치와 이름(thymeleafEx01.html)을 반환합니다.

resources/templates 아래에 thymeleafEx 폴더를 만든 후 해당 폴더에 "thymeleafEx01.html 파일
을 생성합니다. 내용은 위에서 작성한 html 파일과 같습니다.

[함께 해봐요 3-3] 서버용 Thymeleaf 파일

resources/templates/thymeleafEx/thymeleafEx01.html

```
01  <!DOCTYPE html>
02  <html xmlns:th="http://www.thymeleaf.org"> ──────────────────── ❶
03  <head>
04      <meta charset="UTF-8">
05      <title>Title</title>
06  </head>
07  <body>
08      <p th:text="${data}">Hello Thymeleaf!!</p> ──────────────── ❷
09  </body>
10  </html>
```

❶ Thymeleaf의 문법을 사용하기 위해서 추가합니다.

❷ ThymeleafExController의 model의 data라는 key 값에 담아준 값을 출력합니다. 이때 사용하는 Thymeleaf의 문
   법이 "th:text" 입니다.

애플리케이션 실행 후 해당 url로 접근 시 "Hello Thymeleaf!!" 대신 "타임리프 예제 입니다." 라는
문구가 나타나는 것을 볼 수 있습니다. 애플리케이션을 실행하기 위해서는 ShopApplication 클래스
에서 마우스 오른쪽 버튼을 클릭하여 Run을 실행하면 됩니다.

[그림 3-3] ShopApplication 실행 결과

이게 바로 Thymeleaf가 지향하는 'natural templates' 입니다. 디자이너 또는 퍼블리셔는 자신이 작업한 내용을 html 파일로 바로 열어서 확인할 수 있으며, 개발자는 디자이너 또는 퍼블리셔로부터 html 파일을 받아서 html 태그 안에 Thymeleaf 문법을 추가하는 것만으로 동적으로 html 파일을 생성할 수 있습니다. 기존에 JSP를 사용해보신 분들은 알겠지만 html 파일을 다시 JSP 파일로 변경하는 작업은 실수할 확률도 높고 많은 시간이 걸립니다.

Thymeleaf을 좀 더 자세히 알고 싶다면 https://www.thymeleaf.org 사이트를 참고하시면 됩니다.

3.2 Spring Boot Devtools

Spring Boot Devtools는 애플리케이션 개발 시 유용한 기능들을 제공하는 모듈입니다. 해당 모듈을 이용하면 개발 생산성을 향상시키는 데 도움을 줄 수 있습니다. Spring Boot Devtools에서 제공하는 대표적인 기능 몇 가지를 소개합니다.

Spring Boot Devtools에서 제공하는 대표적인 기능

- Automatic Restart: classpath에 있는 파일이 변경될 때마다 애플리케이션을 자동으로 재시작해 줍니다. 개발자가 소스 수정 후 애플리케이션을 재실행하는 과정을 줄일 수 있으므로 생산성을 향상시킬 수 있습니다.
- Live Reload: 정적 자원(html, css, js) 수정 시 새로 고침 없이 바로 적용할 수 있습니다.
- Property Defaults: Thymeleaf는 기본적으로 성능을 향상시키기 위해서 캐싱 기능을 사용합니다. 하지만 개발하는 과정에서 캐싱 기능을 사용한다면 수정한 소스가 제대로 반영되지 않을 수 있기 때문에 cache의 기본값을 false로 설정할 수 있습니다.

위의 기능을 추가하려면 pom.xml에 spring-boot-devtools 의존성 추가 후 "Reload All Maven Projects"을 클릭하여 의존성을 받아옵니다.

[함께 해봐요 3-4] pom.xml에 의존성 추가하기

```
01  <dependency>
02      <groupId>org.springframework.boot</groupId>
03      <artifactId>spring-boot-devtools</artifactId>
04  </dependency>
```

3.2.1 Automatic Restart 적용하기

[그림 3-4]와 같이 ⟨Shift⟩키를 연속으로 2번 누르면 모든 항목을 검색할 수 있는 검색창이 나옵니다. Actions 탭에서 "registry"를 검색합니다.

[그림 3-4] Automatic Restart 적용하기 1단계

[그림 3-5]처럼 Registry를 선택한 후 아래 항목을 체크를 해줍니다. 애플리케이션이 실행 도중 이어도 자동으로 재실행될 수 있도록 허락합니다.

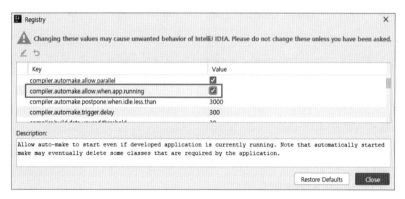

[그림 3-5] Automatic Restart 적용하기 2단계

다음으로 소스를 수정할 때 자동으로 빌드가 되도록 설정합니다.

[File] - [Settings] - [Build], [Execution], [Deployment] - [Compiler] 메뉴를 열어줍니다. 해당 메뉴를 열고 "Build project automatically"에 체크한 후 ⟨OK⟩ 버튼을 누릅니다.

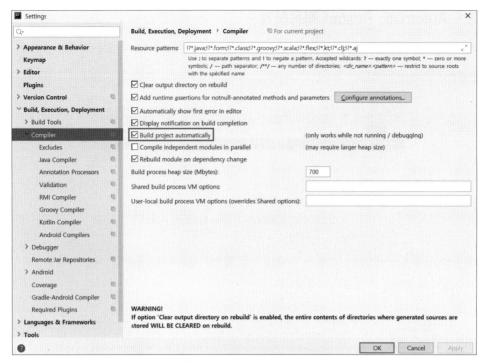

[그림 3-6] Automatic Restart 적용하기 3단계

이렇게 설정을 끝내고 애플리케이션 실행 후 자바 소스코드를 수정하면 자동으로 애플리케이션이 재시작되는 것을 확인할 수 있습니다.

3.2.2 Live Reload 적용하기

spring-boot-devtools를 Live Reload를 적용하면 개발자가 직접 브라우저의 새로고침을 하지 않아도 변경된 리소스가 웹 브라우저에 반영됩니다.

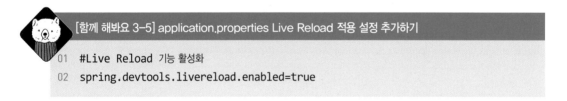

[함께 해봐요 3-5] application.properties Live Reload 적용 설정 추가하기

```
01   #Live Reload 기능 활성화
02   spring.devtools.livereload.enabled=true
```

설치가 완료됐다면 크롬 웹 브라우저 오른쪽 상단의 확장 프로그램을 선택 후 [그림 3-8]에 표시해둔 부분을 클릭합니다.

다음으로 구글 크롬 웹 스토어에서 LiveReload를 검색해 해당 프로그램을 설치합니다.

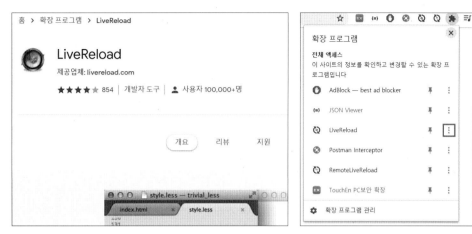

[그림 3-7] Live Reload 적용하기 1단계   [그림 3-8] Live Reload 적용하기 2단계

모든 사이트에서 적용이 가능하도록 옵션을 선택합니다.

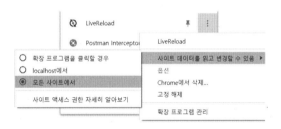

[그림 3-9] Live Reload 적용하기 3단계

크롬의 경우 LiveReload가 활성화된 상태이면 [그림 3-10]처럼 화살표 부분의 색이 초록으로 나타납니다.

[그림 3-10] Live Reload 활성화 결과

html 파일을 수정하고 Build Project 또는 변경될 파일을 열고 Recompile를 하면 애플리케이션 재구동 없이 html 같은 변경된 리소스 반영이 가능합니다. 빌드가 완료되면 변경된 내용이 웹 브라우저에 반영되는 것을 확인할 수 있습니다.

[그림 3-11] Live Reload를 활용하며 애플리케이션 재구동 없이 웹 브라우저에 반영

3.2.3 Property Defaults 적용하기

Thymeleaf의 캐싱 기능을 false로 설정하겠습니다. 실제로 적용하실 때는 운영환경과 개발 환경의 application.properties 분리 후 운영환경에서는 캐싱 기능을 사용하고, 개발환경에서는 캐싱 기능을 꺼두는 방법으로 관리하면 됩니다.

[함께 해봐요 3-6] application.properties Property Defaults 설정 추가하기

```
01   #Thymeleaf cache 사용 중지
02   spring.thymeleaf.cache = false
```

뷰 개발을 좀 더 쉽게 할 수 있도록 spring-boot-devtools 설정이 완료됐습니다.

3.3 Thymeleaf 예제 진행하기

Thymeleaf의 사용법을 알아보기 위해서 몇 가지 예제를 진행하겠습니다. 서버에서 가공한 데이터를 뷰 쪽에 전달하여 해당 데이터를 출력하는 예제, 서버로 데이터를 전송하는 예제 등을 살펴보겠습니다.

3.3.1 th:text 예제

com.shop 아래 경로에 dto 패키지를 생성 후 뷰 영역에서 사용할 ItemDto 클래스를 생성합니다. 데이터를 주고받을 때는 Entity 클래스 자체를 반환하면 안 되고 데이터 전달용 객체_{Data Transfer Object}를 생성해서 사용해야 합니다. 데이터베이스의 설계를 외부에 노출할 필요도 없으며, 요청과 응답 객체가 항상 엔티티와 같지 않기 때문입니다.

[함께 해봐요 3-7] th:text를 이용한 상품 데이터 출력용 Dto 클래스

com.shop.dto.ItemDto

```
01  package com.shop.dto;
02
03  import lombok.Getter;
04  import lombok.Setter;
05
06  import java.time.LocalDateTime;
07
08  @Getter
09  @Setter
10  public class ItemDto {
11
12      private Long id;
13
14      private String itemNm;
15
16      private Integer price;
17
```

```
18      private String itemDetail;
19
20      private String sellStatCd;
21
22      private LocalDateTime regTime;
23
24      private LocalDateTime updateTime;
25
26  }
```

ItemDto 객체를 하나 생성 후 모델에 데이터를 담아서 뷰에 전달합니다.

 [함께 해봐요 3-8] th:text를 이용한 상품 데이터 출력용 컨트롤러 클래스

com.shop.controller.ThymeleafExController.java

```
01  package com.shop.controller;
02
03  .....기존 임포트 생략.....
04
05  import com.shop.dto.ItemDto;
06  import java.time.LocalDateTime;
07
08  @Controller
09  @RequestMapping(value="/thymeleaf")
10  public class ThymeleafExController {
11
12      .....코드 생략.....
13
14      @GetMapping(value = "/ex02")
15      public String thymeleafExample02(Model model){
16          ItemDto itemDto = new ItemDto();
17          itemDto.setItemDetail("상품 상세 설명");
18          itemDto.setItemNm("테스트 상품1");
19          itemDto.setPrice(10000);
20          itemDto.setRegTime(LocalDateTime.now());
21
22          model.addAttribute("itemDto", itemDto);
23          return "thymeleafEx/thymeleafEx02";
24      }
25  }
```

전달받은 itemDto 객체를 th:text를 이용하여 출력합니다.

[함께 해봐요 3-9] th:text를 이용한 상품 데이터 출력용 thymeleaf 파일
resources/templates/thymeleafEx02.html → resources/templates/thymeleafEx/thymeleafEx02.html

```html
01  <!DOCTYPE html>
02  <html xmlns:th="http://www.thymeleaf.org">
03  <head>
04      <meta charset="UTF-8">
05      <title>Title</title>
06  </head>
07  <body>
08      <h1>상품 데이터 출력 예제</h1>
09      <div>
10          상품명 : <span th:text="${itemDto.itemNm}"></span>
11      </div>
12      <div>
13          상품상세설명 : <span th:text="${itemDto.itemDetail}"></span>
14      </div>
15      <div>
16          상품등록일 : <span th:text="${itemDto.regTime}"></span>
17      </div>
18      <div>
19          상품가격 : <span th:text="${itemDto.price}"></span>
20      </div>
21  </body>
22  </html>
```

ShopApplication을 실행한 후에 [그림 3-12]와 같이 URL을 입력하면 입력한 데이터가 화면에 정상적으로 출력되는 것을 볼 수 있습니다.

[그림 3-12] 상품 데이터 출력 예제 실행 결과

3.3.2 th:each 예제

여러 개의 데이터를 가지고 있는 컬렉션 데이터를 화면에 출력하는 방법을 알아보겠습니다.

[함께 해봐요 3-10] th:each를 이용한 상품 리스트 출력용 컨트롤러

com.shop.controller.ThymeleafExController.java

```java
01  package com.shop.controller;
02
03  .....기존 임포트 생략.....
04
05  import java.util.ArrayList;
06  import java.util.List;
07
08  @Controller
09  @RequestMapping(value="/thymeleaf")
10  public class ThymeleafExController {
11
12      .....코드 생략.....
13
14      @GetMapping(value = "/ex03")
15      public String thymeleafExample03(Model model){
16
17          List<ItemDto> itemDtoList = new ArrayList<>();
18
19          for(int i=1;i<=10;i++){ ─────────────────────────── ❶
20
21              ItemDto itemDto = new ItemDto();
22              itemDto.setItemDetail("상품 상세 설명"+i);
23              itemDto.setItemNm("테스트 상품" + i);
24              itemDto.setPrice(1000*i);
25              itemDto.setRegTime(LocalDateTime.now());
26
27              itemDtoList.add(itemDto);
28          }
29
30          model.addAttribute("itemDtoList", itemDtoList); ─────── ❷
31          return "thymeleafEx/thymeleafEx03";
32      }
33  }
```

❶ 반복문을 통해 화면에서 출력할 10개의 itemDto 객체를 만들어서 itemDtoList에 넣어줍니다.

❷ 화면에서 출력할 itemDtoList를 model에 담아서 View에 전달합니다.

[함께 해봐요 3-11] th:each를 이용한 상품 리스트 출력용 thymeleaf 파일
resources/templates/thymeleafEx03.html → resources/templates/thymeleafEx/thymeleafEx03.html

```
01  <!DOCTYPE html>
02  <html xmlns:th="http://www.thymeleaf.org">
03  <head>
04      <meta charset="UTF-8">
05      <title>Title</title>
06  </head>
07  <body>
08
09      <h1>상품 리스트 출력 예제</h1>
10
11      <table border="1">
12          <thead>
13              <tr>
14                  <td>순번</td>
15                  <td>상품명</td>
16                  <td>상품설명</td>
17                  <td>가격</td>
18                  <td>상품등록일</td>
19              </tr>
20          </thead>
21          <tbody>
22              <tr th:each="itemDto, status: ${itemDtoList}">      ──────── ❶
23                  <td th:text="${status.index}"></td>       ──────── ❷
24                  <td th:text="${itemDto.itemNm}"></td>
25                  <td th:text="${itemDto.itemDetail}"></td>
26                  <td th:text="${itemDto.price}"></td>
27                  <td th:text="${itemDto.regTime}"></td>
28              </tr>
29          </tbody>
30      </table>
31
32  </body>
33  </html>
```

❶ th:each를 이용하면 자바의 for문처럼 반복문을 사용할 수 있습니다. 전달받은 itemDtoList에 있는 데이터를 하나씩 꺼내와서 itemDto에 담아줍니다. status에는 현재 반복에 대한 상태 데이터가 존재합니다. 변수명은 status 대신 다른 것을 사용해도 됩니다.

❷ 현재 순회하고 있는 데이터의 인덱스를 출력합니다.

코드 작성 완료 후 해당 경로로 접근하면 [그림 3-13]처럼 테이블 형태로 데이터가 출력됩니다.

[그림 3-13] 상품 리스트 출력 예제 실행 결과

3.3.3 th:if, th:unless 예제

반복문을 알아보았는데요. 이제는 조건문을 살펴봅니다.

이번 예제는 순번이 짝수이면 '짝수'를, 출력하고 짝수가 아니라면 '홀수'를 출력해주는 예제입니다. 자바에서의 if else 조건 처리라고 생각하시면 됩니다.

[함께 해봐요 3-11]과 동일하게 상품 데이터 10개를 넣어서 뷰에 전달해줍니다.

[함께 해봐요 3-12] th:if, th:unless를 이용한 조건문 처리용 컨트롤러 작성하기
com.shop.controller.ThymeleafExController.java

```
01  package com.shop.controller;
02
03  .....기존 임포트 생략.....
04
05  @Controller
06  @RequestMapping(value="/thymeleaf")
07  public class ThymeleafExController {
08
09      .....코드 생략.....
10
11      @GetMapping(value = "/ex04")
12      public String thymeleafExample04(Model model){
13
```

```
14          List<ItemDto> itemDtoList = new ArrayList<>();
15
16          for(int i=1;i<=10;i++){
17
18              ItemDto itemDto = new ItemDto();
19              itemDto.setItemDetail("상품 상세 설명"+i);
20              itemDto.setItemNm("테스트 상품" + i);
21              itemDto.setPrice(1000*i);
22              itemDto.setRegTime(LocalDateTime.now());
23
24              itemDtoList.add(itemDto);
25          }
26
27          model.addAttribute("itemDtoList", itemDtoList);
28          return "thymeleafEx/thymeleafEx04";
29      }
30 }
```

[함께 해봐요 3-12]에서 작성한 코드와 비슷합니다. 순번을 처리하는 부분만 다릅니다.

[함께 해봐요 3-13] th:if, th:unless를 이용한 조건문 처리용 thymeleaf 파일 만들기
resources/templates/thymeleafEx04.html → resources/templates/thymeleafEx/thymeleafEx04.html

```
01 <!DOCTYPE html>
02 <html xmlns:th="http://www.thymeleaf.org">
03 <head>
04     <meta charset="UTF-8">
05     <title>Title</title>
06 </head>
07 <body>
08
09 <h1>상품 리스트 출력 예제</h1>
10
11 <table border="1">
12     <thead>
13     <tr>
14         <td>순번</td>
15         <td>상품명</td>
16         <td>상품설명</td>
17         <td>가격</td>
18         <td>상품등록일</td>
19     </tr>
```

```
20        </thead>
21        <tbody>
22        <tr th:each="itemDto, status: ${itemDtoList}">
23            <td th:if="${status.even}" th:text="짝수"></td>                    ❶
24            <td th:unless="${status.even}" th:text="홀수"></td>                 ❷
25            <td th:text="${itemDto.itemNm}"></td>
26            <td th:text="${itemDto.itemDetail}"></td>
27            <td th:text="${itemDto.price}"></td>
28            <td th:text="${itemDto.regTime}"></td>
29        </tr>
30        </tbody>
31    </table>
32
33    </body>
34    </html>
```

❶ status에는 현재 반복에 대한 정보가 존재합니다. 인덱스가 짝수일 경우 status.even은 true가 됩니다. 즉, 현재 인덱스가 짝수라면 순번에 '짝수'를 출력해줍니다.

❷ 현재 인덱스가 짝수가 아닐 경우 즉, 홀수일 경우 순번에 '홀수'를 출력해줍니다.

실행 결과는 다음과 같습니다. 순번이 짝수일 경우와 홀수일 경우에 따라서 출력되는 값이 다른 것을 확인할 수 있습니다.

← → C ① localhost/thymeleaf/ex04

상품 리스트 출력 예제

순번	상품명	상품설명	가격	상품등록일
홀수	테스트 상품1	상품 상세 설명1	1000	2020-10-02T15:50:04.029973300
짝수	테스트 상품2	상품 상세 설명2	2000	2020-10-02T15:50:04.029973300
홀수	테스트 상품3	상품 상세 설명3	3000	2020-10-02T15:50:04.029973300
짝수	테스트 상품4	상품 상세 설명4	4000	2020-10-02T15:50:04.029973300
홀수	테스트 상품5	상품 상세 설명5	5000	2020-10-02T15:50:04.029973300
짝수	테스트 상품6	상품 상세 설명6	6000	2020-10-02T15:50:04.029973300
홀수	테스트 상품7	상품 상세 설명7	7000	2020-10-02T15:50:04.029973300
짝수	테스트 상품8	상품 상세 설명8	8000	2020-10-02T15:50:04.029973300
홀수	테스트 상품9	상품 상세 설명9	9000	2020-10-02T15:50:04.029973300
짝수	테스트 상품10	상품 상세 설명10	10000	2020-10-02T15:50:04.029973300

[그림 3-14] 상품 리스트 출력 예제 실행 결과

3.3.4 th:switch, th:case 예제

Thymeleaf의 switch문을 사용하면 [함께 해봐요 3-13]에서 사용한 것과 같은 결과를 출력할 수 있습니다. [함께 해봐요 3-13]에서 사용한 코드를 조금 변경해서 진행하겠습니다. 여러 개의 조건을 처리해야 할 때 사용하시면 됩니다.

 [함께 해봐요 3-14] th:switch, th:case를 이용한 조건문 처리용 thymeleaf 파일
resources/templates/thymeleafEx04.html → resources/templates/thymeleafEx/thymeleafEx04.html

```
01  <!DOCTYPE html>
02  <html xmlns:th="http://www.thymeleaf.org">
03  <head>
04      <meta charset="UTF-8">
05      <title>Title</title>
06  </head>
07  <body>
08
09  <h1>상품 리스트 출력 예제</h1>
10
11  <table border="1">
12      <thead>
13      <tr>
14          <td>순번</td>
15          <td>상품명</td>
16          <td>상품설명</td>
17          <td>가격</td>
18          <td>상품등록일</td>
19      </tr>
20      </thead>
21      <tbody>
22      <tr th:each="itemDto, status: ${itemDtoList}">
23          <td th:switch="${status.even}">                    ❶
24              <span th:case=true>짝수</span>
25              <span th:case=false>홀수</span>
26          </td>
27          <td th:text="${itemDto.itemNm}"></td>
28          <td th:text="${itemDto.itemDetail}"></td>
29          <td th:text="${itemDto.price}"></td>
30          <td th:text="${itemDto.regTime}"></td>
31      </tr>
```

```
32        </tbody>
33    </table>
34
35    </body>
36    </html>
```

❶ ${status.even}의 값이 true일 경우는 '짝수'를 출력하고, false일 경우는 홀수이므로 '홀수'를 출력합니다.

실행 결과는 [함께 해봐요 3-13]과 동일한 것을 확인할 수 있습니다.

순번	상품명	상품설명	가격	상품등록일
홀수	테스트 상품1	상품 상세 설명1	1000	2020-10-04T11:36:30.967556600
짝수	테스트 상품2	상품 상세 설명2	2000	2020-10-04T11:36:30.967556600
홀수	테스트 상품3	상품 상세 설명3	3000	2020-10-04T11:36:30.967556600
짝수	테스트 상품4	상품 상세 설명4	4000	2020-10-04T11:36:30.968553200
홀수	테스트 상품5	상품 상세 설명5	5000	2020-10-04T11:36:30.968553200
짝수	테스트 상품6	상품 상세 설명6	6000	2020-10-04T11:36:30.968553200
홀수	테스트 상품7	상품 상세 설명7	7000	2020-10-04T11:36:30.968553200
짝수	테스트 상품8	상품 상세 설명8	8000	2020-10-04T11:36:30.968553200
홀수	테스트 상품9	상품 상세 설명9	9000	2020-10-04T11:36:30.968553200
짝수	테스트 상품10	상품 상세 설명10	10000	2020-10-04T11:36:30.968553200

[그림 3-15] 상품 리스트 출력 예제 실행 결과

3.3.5 th:href 예제

Thymeleaf에서는 링크를 처리하는 문법으로 th:href가 있습니다. 링크의 종류는 'Absolute URL'
과 'Context-relative URL'이 있습니다. 이동할 서버의 URL을 입력해주는 Absolute URL 방식은
'http://' 또는 'https://'로 시작합니다. Context-relative URL은 가장 많이 사용되는 URL 형식이며
우리가 실행하는 애플리케이션의 서버 내부를 이동하는 방법이라고 생각하시면 됩니다. 웹 애플리케
이션 루트에 상대적인 URL을 입력합니다. 상대경로는 URL의 프로토콜이나 호스트 이름을 지정하
지 않습니다.

```java
01  package com.shop.controller;
02
03  .....기존 임포트 생략.....
04
05  @Controller
06  @RequestMapping(value="/thymeleaf")
07  public class ThymeleafExController {
08
09      .....코드 생략.....
10
11      @GetMapping(value = "/ex05")
12      public String thymeleafExample05(){
13          return "thymeleafEx/thymeleafEx05";
14      }
15
16  }
```

```html
01  <!DOCTYPE html>
02  <html xmlns:th="http://www.thymeleaf.org">
03  <head>
04      <meta charset="UTF-8">
05      <title>Title</title>
06  </head>
07  <body>
08      <h1>Thymeleaf 링크처리 예제 페이지</h1>
09      <div>
10          <a th:href="@{/thymeleaf/ex01}">예제1 페이지 이동</a> ················· ❶
11      </div>
12      <div>
13          <a th:href="@{https://www.thymeleaf.org/}">thymeleaf 공식 페이지 이동</a> ❷
14      </div>
15  </body>
16  </html>
```

❶ 클릭 시 이전에 작성했던 예제1 페이지로 이동합니다. "th:href=@{이동할경로}" 형태로 입력합니다. 참고로 스프링 부트에서는 애플리케이션의 루트가 "/"입니다. 만약 애플리케이션의 루트가 "/shop"으로 지정을 했다면 html 파일에 생성되는 이동 경로는 "/shop/thymeleaf/ex01"입니다.

❷ thymeleaf 공식 페이지로 이동합니다. 애플리케이션 외부의 사이트에 접근하는 절대 경로를 입력합니다.

애플리케이션 실행 후 각각을 클릭해보면 기존에 작성했던 예제1 페이지와, thymeleaf 공식 사이트로 이동되는 것을 확인할 수 있습니다.

[그림 3-16] Thymeleaf 링크 처리 예제 실행 결과

해당 링크로 이동 시 파라미터값을 전달해야 하는 경우도 처리할 수 있습니다.

[함께 해봐요 3-17] th:href를 이용한 파라미터 데이터 전달용 thymeleaf 파일
resources/templates/thymeleafEx05.html → resources/templates/thymeleafEx/thymeleafEx05.html

```
01  <!DOCTYPE html>
02  <html xmlns:th="http://www.thymeleaf.org">
03  <head>
04      <meta charset="UTF-8">
05      <title>Title</title>
06  </head>
07  <body>
08      <h1>Thymeleaf 링크처리 예제 페이지</h1>
09      <div>
10          <a th:href="@{/thymeleaf/ex01}">예제1 페이지 이동</a>
11      </div>
12      <div>
13          <a th:href="@{https://www.thymeleaf.org/}">thymeleaf 공식 페이지 이동</a>
14      </div>
15      <div>
16          <a th:href="@{/thymeleaf/ex06(param1 = '파라미터 데이터1',
                      param2 = '파라미터 데이터2')}">thymeleaf 파라미터 전달</a>  ❶
17      </div>
18  </body>
19  </html>
```

❶ 전달할 매개변수를 입력한 경로 끝에 "(key=value)" 구조로 입력합니다. 전달할 매개 변수 param1, param2에는 각각 "파라미터 데이터1", "파라미터 데이터2"를 데이터로 입력하겠습니다.

[함께 해봐요 3-18] th:href를 이용한 파라미터 데이터 전달용 컨트롤러 작성하기

com.shop.controller.ThymeleafExController.java

```java
01  package com.shop.controller;
02
03  .....기존 임포트 생략.....
04
05  @Controller
06  @RequestMapping(value="/thymeleaf")
07  public class ThymeleafExController {
08
09      .....코드 생략.....
10
11      @GetMapping(value = "/ex06")
12      public String thymeleafExample06(String param1, String param2, Model model){ ❶
13          model.addAttribute("param1", param1);
14          model.addAttribute("param2", param2);
15          return "thymeleafEx/thymeleafEx06";
16      }
17  }
```

❶ 전달했던 매개 변수와 같은 이름의 String 변수 param1, param2를 파라미터로 설정하면 자동으로 데이터가 바인딩됩니다. 매개 변수를 model에 담아서 View로 전달합니다.

[함께 해봐요 3-19] th:href를 이용한 파라미터 데이터 전달용 thymeleaf 파일

resources/templates/thymeleafEx06.html –〉 resources/templates/thymeleafEx/thymeleafEx06.html

```html
01  <!DOCTYPE html>
02  <html xmlns:th="http://www.thymeleaf.org">
03  <head>
04      <meta charset="UTF-8">
05      <title>Title</title>
06  </head>
07  <body>
08      <h1>파라미터 전달 예제</h1>
09      <div th:text="${param1}"></div>                    ❶
10      <div th:text="${param2}"></div>                    ❷
11  </body>
12  </html>
```

| ❶, ❷ 전달받은 매개 변수 값을 출력합니다.

기존에 작성했던 [함께 해봐요 3-18]에 thymeleaf 파라미터 전달 링크가 생성되었습니다.

[그림 3-17] Thymeleaf 링크 처리 예제 실행 결과

파라미터 전달 링크 클릭 시 정상적으로 데이터가 전달되었음을 확인할 수 있습니다. url 뒤에는 전달하는 파라미터 값이 노출됩니다.

[그림 3-18] Thymeleaf 파라미터 데이터 전달 예제 실행 결과

3.4 Thymeleaf 페이지 레이아웃

보통 웹사이트를 만들려면 header, footer, menu 등 공통적인 페이지 구성 요소들이 있습니다. 이런 영역들을 각각의 페이지마다 같은 소스코드를 넣는다면 변경이 일어날 때마다 이를 포함하고 있는 모든 페이지를 수정해야 할 것입니다. Thyeleaf의 페이지 레이아웃 기능을 사용한다면 공통 요소 관리를 쉽게 할 수 있습니다.

3.4.1 Thymeleaf Layout Dialect dependency 추가하기

Thymeleaf Layout Dialect를 이용하면 하나의 레이아웃을 여러 페이지에 똑같이 적용할 수 있습니다. 공통적으로 적용되는 레이아웃을 미리 만들어놓고 현재 작성 중인 페이지만 레이아웃에 끼워넣으면 됩니다. 집필 시점 기준으로 가장 최신 버전인 2.5.1을 사용하겠습니다.

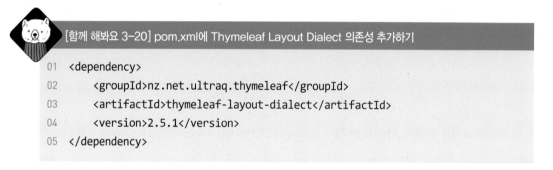

[함께 해봐요 3-20] pom.xml에 Thymeleaf Layout Dialect 의존성 추가하기

```
01  <dependency>
02      <groupId>nz.net.ultraq.thymeleaf</groupId>
03      <artifactId>thymeleaf-layout-dialect</artifactId>
04      <version>2.5.1</version>
05  </dependency>
```

thymeleaf-layout-dialect 라이브러리 설치가 완료됐다면 templates 아래에 fragments 폴더 생성 후 footer.html, header.html 파일을 생성합니다. 마찬가지로 templates 폴더 아래에 layouts 폴더를 만들고 layout1.html 파일을 생성합니다.

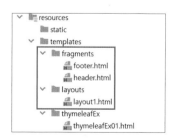

[그림 3-19] layouts, fragments 폴더 및 footer,header,layout1.html 파일 생성

```
01  <!DOCTYPE html>
02  <html xmlns:th="http://www.thymeleaf.org">
03
04      <div th:fragment="footer">
05          footer 영역 입니다.
06      </div>
07
08  </html>
```

❶ 다른 페이지에 포함시킬 영역을 th:fragment로 선언해줍니다. footer 영역을 fragment로 만들겠습니다.

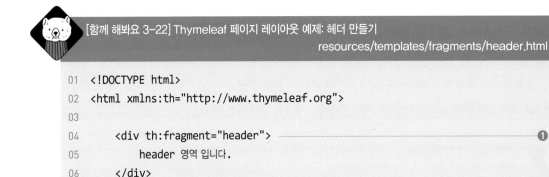

```
01  <!DOCTYPE html>
02  <html xmlns:th="http://www.thymeleaf.org">
03
04      <div th:fragment="header">
05          header 영역 입니다.
06      </div>
07
08  </html>
```

❶ 마찬가지로 다른 페이지에 포함시킬 영역을 th:fragment로 선언해줍니다. header 영역을 fragment로 만들겠습니다.

```
01  <!DOCTYPE html>
02  <html xmlns:th="http://www.thymeleaf.org"
03        xmlns:layout="http://www.ultraq.net.nz/thymeleaf/layout">
04  <head>
05      <meta charset="UTF-8">
06      <title>Title</title>
07
08      <th:block layout:fragment="script"></th:block>
09      <th:block layout:fragment="css"></th:block>
10
```

```
11   </head>
12   <body>
13
14       <div th:replace="fragments/header::header"></div>          ❷
15
16       <div layout:fragment="content">                           ❸
17
18       </div>
19
20       <div th:replace="fragments/footer::footer"></div>          ❹
21
22   </body>
23   </html>
```

❶ layout 기능을 사용하기 위해서 html 태그에 layout 네임스페이스를 추가합니다.

❷ th:replace 속성은 해당 속성이 선언된 html 태그를 다른 html 파일로 치환하는 것으로 이해하면 됩니다.
fragments 폴더 아래의 header.html 파일의 "th:fragment=header" 영역을 가지고 옵니다.

❸ layout에서 변경되는 영역을 fragment로 설정합니다. 앞으로 쇼핑몰을 만들면서 만들 페이지는 이 영역에 들어갑니다.

❹ header 영역과 마찬가지로 fragments 폴더 아래의 footer.html 파일의 "th:fragment="footer" 영역을 가지고 옵니다.

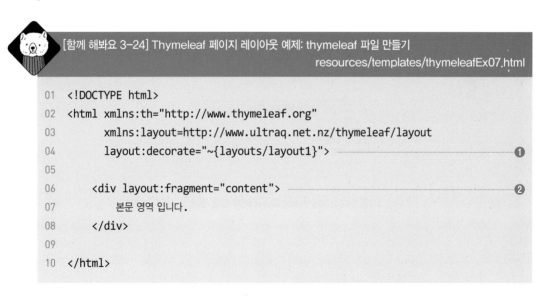

[함께 해봐요 3-24] Thymeleaf 페이지 레이아웃 예제: thymeleaf 파일 만들기

resources/templates/thymeleafEx07.html

```
01   <!DOCTYPE html>
02   <html xmlns:th="http://www.thymeleaf.org"
03         xmlns:layout=http://www.ultraq.net.nz/thymeleaf/layout
04         layout:decorate="~{layouts/layout1}">                    ❶
05
06       <div layout:fragment="content">                            ❷
07           본문 영역 입니다.
08       </div>
09
10   </html>
```

❶ layouts 폴더 아래에 있는 layout1.html을 적용하기 위해서 네임스페이스를 추가합니다.

❷ layout1.html 파일의 〈div layout:fragment="content"〉 영역에 들어가는 영역입니다.

```
01  package com.shop.controller;
02
03  .....기존 임포트 생략.....
04
05  @Controller
06  @RequestMapping(value="/thymeleaf")
07  public class ThymeleafExController {
08
09      .....코드 생략.....
10
11      @GetMapping(value = "/ex07")
12      public String thymeleafExample07(){
13          return "thymeleafEx/thymeleafEx07";
14      }
15
16  }
```

애플리케이션 실행 결과 다음 화면을 볼 수 있습니다. thymeleafEx07.html 파일에는 따로 header 영역과 footer 영역을 지정하지 않았지만 작성한 내용이 layout1.html 파일에 포함돼 출력됩니다. 이렇게 공통 영역은 레이아웃으로 만들어 놓고 작성하는 페이지의 content만 변경하면 공통으로 들어가는 내용들을 쉽게 관리할 수 있습니다.

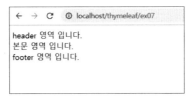

[그림 3-20] Thymeleaf layout 예제 실행 결과

3.5 부트스트랩으로 header, footer 영역 수정하기

보통 웹 페이지의 상단에는 웹 페이지를 이동할 수 있는 네비게이션 바가 있으며 하단에는 해당 기업의 주소, 전화번호, 이메일 등의 정보를 나타내는 footer 영역이 있습니다. 여기서 는 부트스트랩으로 네비게이션 바와 푸터 영역을 만들어 보겠습니다.

서버 개발자로서 애플리케이션을 만들 때 힘든 점은 웹 페이지의 디자인 및 웹 퍼블리싱입니다. 트 위터에서 만든 오픈소스인 부트스트랩Bootstrap은 웹사이트를 쉽게 만들 수 있게 도와주는 HTML, CSS, JS 프레임워크입니다. 부트스트랩에서 제공하는 템플릿 및 컴포넌트 등을 이용하면 웹 페이지 를 쉽게 꾸밀 수 있습니다. 3.5절에서는 부트스트랩을 이용해 네비게이션 바와 푸터 영역을 만들어 보겠습니다.

3.5.1 Bootstrap CDN 추가하기

부트스트랩을 사용하기 위해서 다운로드한 후 애플리케이션에 추가할 수 있지만, 예제 진행의 편의상 Bootstrap CDN만 추가 후 개발을 진행하겠습니다.

CDNContents Delivery Network을 간단히 설명드리면 물리적으로 멀리 떨어져 있는 사용자에게 콘텐 츠를 좀 더 빠르게 제공하기 위한 서비스를 말합니다. 예를 들어서 한국에서 미국 서버에 있는 css, javascript, 이미지 등의 리소스를 받기 위해서는 어느 정도 시간 지연이 발생합니다. 한국에 같은 리 소스를 제공해주는 서버가 있다면 물리적 거리가 가깝기 때문에 좀 더 빠르게 받을 수 있습니다. 즉, 일종의 캐시 서버를 두어서 컨텐츠를 빠르게 받을 수 있도록 하는 서비스입니다.

Bootstrap CDN을 layout1.html의 헤더 영역에 추가하여 해당 리소스를 다운로드해서 사용할 수 있 도록 합니다.

웹 페이지의 화면을 만드는 일은 해주는 소스코드가 굉장히 많습니다. 다음 깃허브 주소에 장별로 브 랜치를 만들어 두었습니다. 소스코드를 이해한 상태에서 복사해서 프로젝트를 진행하시면 좀 더 빠르 게 진행하실 수 있습니다.

- 깃허브 주소 : https://github.com/roadbook2/shop

```html
01  <!DOCTYPE html>
02  <html xmlns:th="http://www.thymeleaf.org"
03        xmlns:layout="http://www.ultraq.net.nz/thymeleaf/layout">
04  <head>
05      <meta charset="UTF-8">
06      <title>Title</title>
07
08      <!-- CSS only -->
09      <link rel="stylesheet" href="https://stackpath.bootstrapcdn.com/
                                bootstrap/4.5.2/css/bootstrap.min.css">
10
11      <!-- JS, Popper.js, and jQuery -->
12      <script src="https://code.jquery.com/jquery-3.5.1.min.js"></script>
13      <script src="https://cdn.jsdelivr.net/npm/popper.js@1.16.1/dist
                    /umd/popper.min.js"></script>
14      <script src="https://stackpath.bootstrapcdn.com/bootstrap/4.5.2/js
                    /bootstrap.min.js"></script>
15
16      <th:block layout:fragment="script"></th:block>
17      <th:block layout:fragment="css"></th:block>
18
19  </head>
20  <body>
21
22      <div th:replace="fragments/header::header"></div>
23
24      <div layout:fragment="content">
25
26      </div>
27
28      <div th:replace="fragments/footer::footer"></div>
29
30  </body>
31  </html>
```

3.5.2 Bootstrap Navbar Component 활용하기

부트스트랩 공식 사이트 'https://getbootstrap.com/'를 방문 후 [그림 3-21]과 같이 [Documentation]을 클릭하면 왼쪽에 [Components] 탭이 보입니다. 부트스트랩에서 미리 만들어둔 컴포넌트를 사용한다면 웹사이트 구축 시 도움을 받을 수 있습니다. 왼쪽의 Navbar 영역을 클릭하면 [그림 3-21]과 같이 해당 코드를 사용하는 방법을 설명해줍니다.

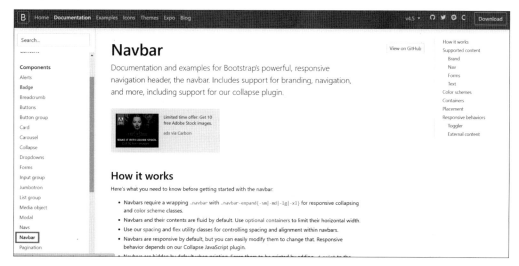

[그림 3-21] Bootstrap Navbar Component

네비게이션 바에 대한 코드와 해당 결과까지 이미지로 볼 수 있습니다. 이 코드를 우리가 만드는 쇼핑몰에 맞게 수정해서 사용하겠습니다.

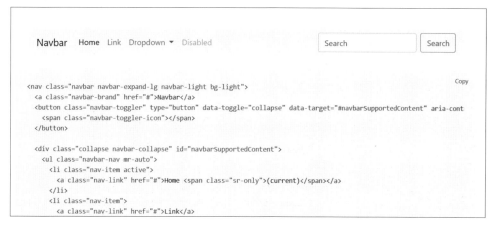

[그림 3-22] Navigation bar 코드

기존에 작성했던 header.html 파일을 수정합니다. Header 영역에 Navbar 코드를 추가했습니다. 앞으로 구현할 페이지들의 URL을 미리 입력해두겠습니다.

```
01  <!DOCTYPE html>
02  <html xmlns:th=http://www.thymeleaf.org>
03
04      <div th:fragment="header">
05          <nav class="navbar navbar-expand-sm bg-primary navbar-dark">
06              <button class="navbar-toggler" type="button" data-toggle="collapse"
07                      data-target="#navbarTogglerDemo03"
                        aria-controls="navbarTogglerDemo03"
08                      aria-expanded="false" aria-label="Toggle navigation">
09                  <span class="navbar-toggler-icon"></span>
10              </button>
11              <a class="navbar-brand" href="/">Shop</a>
12
13              <div class="collapse navbar-collapse" id="navbarTogglerDemo03">
14                  <ul class="navbar-nav mr-auto mt-2 mt-lg-0">
15                      <li class="nav-item">
16                          <a class="nav-link" href="/admin/item/new">상품 등록</a>
17                      </li>
18                      <li class="nav-item">
19                          <a class="nav-link" href="/admin/items">상품 관리</a>
20                      </li>
21                      <li class="nav-item">
22                          <a class="nav-link" href="/cart">장바구니</a>
23                      </li>
24                      <li class="nav-item">
25                          <a class="nav-link" href="/orders">구매이력</a>
26                      </li>
27                      <li class="nav-item">
28                          <a class="nav-link" href="/members/login">로그인</a>
29                      </li>
30                      <li class="nav-item">
31                          <a class="nav-link" href="/members/logout">로그아웃</a>
32                      </li>
33                  </ul>
34                  <form class="form-inline my-2 my-lg-0" th:action="@{/}"
                            method="get">
```

```
35              <input name="searchQuery" class="form-control mr-sm-2"
                  type="search" placeholder="Search" aria-label="Search">
36              <button class="btn btn-outline-success my-2 my-sm-0"
                  type="submit">Search</button>
37            </form>
38          </div>
39        </nav>
40      </div>
41
42  </html>
```

이전에 작성했던 [함께 해봐요 3-25] URL에 접근 시 header 영역에 네비게이션 바가 추가된 것을
확인할 수 있습니다.

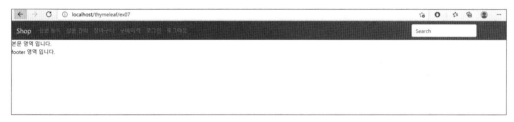

[그림 3-23] Navigation bar가 추가된 결과

[함께 해봐요 3-28] 푸터 영역 수정하기

resources/templates/fragments/footer.html

```
01  <!DOCTYPE html>
02  <html xmlns:th="http://www.thymeleaf.org">
03
04      <div class="footer" th:fragment="footer">
05          <footer class="page-footer font-small cyan darken-3">
06              <div class="footer-copyright text-center py-3">
07                  2020 Shopping Mall Example WebSite
08              </div>
09          </footer>
10      </div>
11
12  </html>
```

footer 영역 수정 후 다시 접근해보면 footer 영역이 content 바로 밑에 나오는 것을 볼 수 있습니다.

[그림 3-24] footer 영역 결과 화면

footer 영역이 하단에 고정될 수 있도록 css를 수정하겠습니다. static 폴더 아래에 css 폴더를 만든 후 layout1.css 파일을 생성합니다.

[그림 3-25] static 폴더 및 css폴더 생성

layout1.html에 적용할 css를 작성합니다.

[함께 해봐요 3-29] CSS 적용하기

resources/static/css/layout1.css

```
01  html {
02      position: relative;
03      min-height: 100%;
04      margin: 0;
05  }
06  body {
07      min-height: 100%;
08  }
09  .footer {
10      position: absolute;
11      left: 0;
12      right: 0;
13      bottom: 0;
```

```
14      width: 100%;
15      padding: 15px 0;
16      text-align: center;
17  }
18  .content{
19      margin-bottom:100px;
20      margin-top: 50px;
21      margin-left: 200px;
22      margin-right: 200px;
23  }
```

마지막으로 layout1.html의 content fragment 영역에 적용할 class 이름 지정 및 layout1.css 파일을
연결해줍니다.

[함께 해봐요 3-30] CSS와 HTML 파일 연결하기

resources/templates/layouts/layout1.html

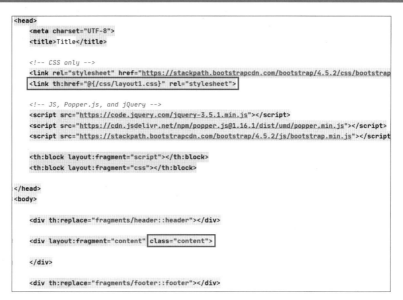

```
<head>
    <meta charset="UTF-8">
    <title>Title</title>

    <!-- CSS only -->
    <link rel="stylesheet" href="https://stackpath.bootstrapcdn.com/bootstrap/4.5.2/css/bootstrap
    <link th:href="@{/css/layout1.css}" rel="stylesheet">

    <!-- JS, Popper.js, and jQuery -->
    <script src="https://code.jquery.com/jquery-3.5.1.min.js"></script>
    <script src="https://cdn.jsdelivr.net/npm/popper.js@1.16.1/dist/umd/popper.min.js"></script>
    <script src="https://stackpath.bootstrapcdn.com/bootstrap/4.5.2/js/bootstrap.min.js"></script

    <th:block layout:fragment="script"></th:block>
    <th:block layout:fragment="css"></th:block>

</head>
<body>

    <div th:replace="fragments/header::header"></div>

    <div layout:fragment="content" class="content">

    </div>

    <div th:replace="fragments/footer::footer"></div>
```

[그림 3-26] CSS 적용하기

다시 해당 경로를 호출하면 footer 영역이 하단에 나타나는 것을 확인할 수 있습니다.

[그림 3-27] CSS 적용 결과

3장에서는 Thymeleaf를 이용하여 데이터를 뷰에 보여주는 예제를 살펴봤습니다. 또한 공통적으로 사용하는 영역을 layout을 통해 처리하는 방법도 공부했습니다. Thymeleaf를 잘 활용한다면 디자이너 또는 웹 퍼블리셔와 협업하는 과정에서 생산성을 향상시킬 수 있을 것입니다.

4장

스프링 시큐리티를 이용한 회원 가입 및 로그인

 학습목표

1. 스프링 시큐리티를 이용해 회원 가입 및 로그인/로그아웃 기능을 구현하는 방법을 학습한다.
2. 스프링 시큐리티를 이용해 회원의 역할에 따라서 페이지별 접근 권한을 부여하는 방법을 알아본다.

4.1 스프링 시큐리티 소개

애플리케이션을 만들기 위해서는 보통 인증/인가 등의 보안이 필요합니다. 스프링 시큐리티는 스프링 기반의 애플리케이션을 위한 보안 솔루션을 제공합니다.

애플리케이션의 보안에서 중요한 두 가지 영역은 '인증'과 '인가'입니다.

웹에서 인증이란 해당 리소스에 대해서 작업을 수행할 수 있는 주체인지 확인하는 것입니다. 예를 들어 어떤 커뮤니티에서 게시판의 글을 보는 것은 로그인을 하지 않아도 되지만, 댓글을 작성하려면 로그인을 해야 합니다. 댓글을 달기 위해서는 로그인이라는 인증 절차를 거쳐야 합니다.

인가는 인증 과정 이후에 일어납니다. 커뮤니티를 관리하는 관리자 페이지에 접근하는 URL을 입력했을 때 해당 URL은 커뮤니티의 관리자만 접근할 수 있어야 합니다. 이때 접근하는 사용자가 해당 URL에 대해서 인가된 회원인지를 검사하는 것입니다. 인가된 유저라면 해당 URL에 대한 권한이 있기 때문에 접근이 가능합니다.

4장에서는 스프링 시큐리티를 이용하여 회원 가입 및 로그인을 구현해보고, 관리자 페이지에 접근 권한을 부여하는 서비스를 구현해보겠습니다.

4.2 스프링 시큐리티 설정 추가하기

스프링 시큐리티를 사용하기 위해서 필요한 의존성 추가 및 스프링 시큐리티 설정 관련 예제를 진행하겠습니다.

4.2.1 security dependency 추가하기

스프링 시큐리티를 사용하기 위해서 pom.xml에 security와 관련된 의존성 추가 후 "Reload All Maven Projects"을 클릭하여 의존성을 받아옵니다.

```xml
01  <dependency>
02      <groupId>org.springframework.boot</groupId>
03      <artifactId>spring-boot-starter-security</artifactId>
04  </dependency>
```
pom.xml

spring-boot-starter-security 의존성이 추가된 것을 확인할 수 있습니다.

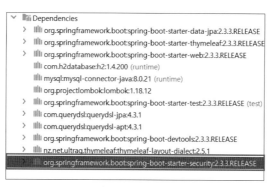

[그림 4-1] spring-boot-starter-security Dependency 추가 완료

스프링 시큐리티를 추가하였다면 이제 모든 요청은 인증을 필요로 합니다. 이 상태만으로는 정상적인 서비스를 할 수 없지만 의존성을 추가하는 것만으로 모든 요청에 인증을 요구한다는 점이 인상적입니다.

[함께 해봐요 4-1] 스프링 시큐리티 로그인하기

기존에 작성했던 thymeleaf url에 접근해보겠습니다. 브라우저에 http://localhost/thymeleaf/ex07을 입력하면 [그림 4-2]처럼 스프링 시큐리티에서 제공하는 로그인 페이지로 이동됩니다.

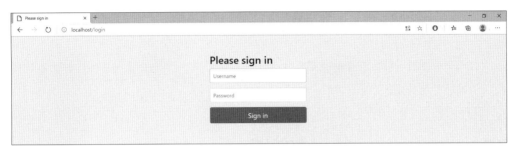

[그림 4-2] 스프링 시큐리티에서 제공하는 기본 로그인 페이지

스프링 시큐리티에서 기본적으로 제공하는 아이디는 user이고, 비밀번호는 애플리케이션을 실행할 때마다 콘솔창에 출력해서 보여줍니다.

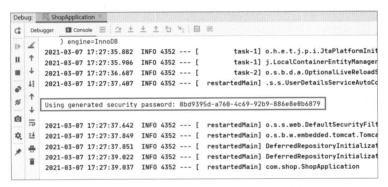

[그림 4-3] 스프링 시큐리티에서 제공하는 user 비밀번호

다시 로그인 창으로 돌아와서 아이디에는 "user", 비밀번호는 인텔리제이 콘솔창에 출력된 값을 입력 후 〈Sign in〉 버튼을 클릭합니다.

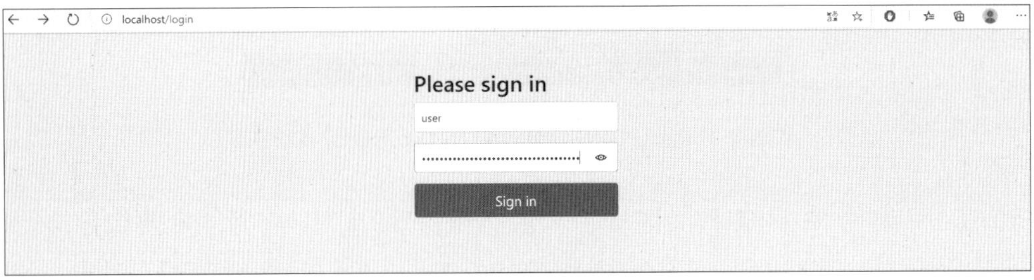

[그림 4-4] user 로그인

그러면 기존에 접속하려고 했던 URL로 접근됩니다. 스프링 시큐리티를 추가하는 것만으로 모든 요청이 인증을 필요로 하는 것을 확인할 수 있습니다.

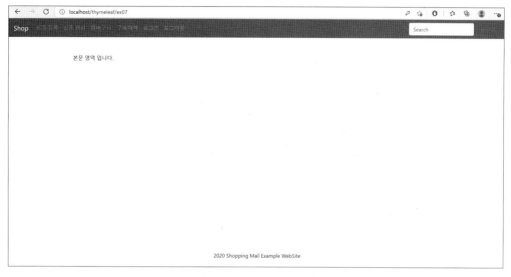

[그림 4-5] user 로그인 결과

스프링 시큐리티에서 로그아웃 기능도 제공합니다. URL에 localhost/logout을 입력하면 [그림 4-6]과 같이 로그아웃을 할지 물어보는 화면이 나타납니다. 로그아웃 후 서버에 요청을 하면 다시 인증을 요구합니다.

[그림 4-6] user 로그아웃

이 상태로는 애플리케이션을 운영할 수 없습니다. 지금은 "user" 계정 밖에 없으며, 애플리케이션 실행할 때마다 비밀번호도 바뀝니다. 상품을 주문하려면 회원 가입을 해야 하며, 각 페이지마다 필요한 권한도 다릅니다. 우선 회원 가입 기능을 먼저 만들어보겠습니다.

- 인증이 필요 없는 경우: 상품 상세 페이지 조회
- 인증이 필요한 경우: 상품 주문
- 관리자 권한이 필요한 경우: 상품 등록

4.2.2 스프링 시큐리티 설정하기

SecurityConfig 소스를 작성하겠습니다. 현재는 모든 요청에 인증을 필요로 하지만 SecurityConfig.java의 configure 메소드에 설정을 추가하지 않으면 요청에 인증을 요구하지 않습니다. URL에 따른 인증 및 인가 추가는 뒤에 예제에서 진행하겠습니다.

 [함께 해봐요 4-2] SecurityConfig 클래스 작성하기

com.shop.config.SecurityConfig.java

```
01  package com.shop.config;
02
03  import org.springframework.context.annotation.Bean;
04  import org.springframework.context.annotation.Configuration;
05  import org.springframework.security.config.annotation.web.builders.HttpSecurity;
06  import org.springframework.security.config.annotation.web.configuration.
    EnableWebSecurity;
07  import org.springframework.security.config.annotation.web.configuration.
    WebSecurityConfigurerAdapter;
08  import org.springframework.security.crypto.bcrypt.BCryptPasswordEncoder;
09  import org.springframework.security.crypto.password.PasswordEncoder;
10
11  @Configuration
12  @EnableWebSecurity ·························································· ❶
13  public class SecurityConfig extends WebSecurityConfigurerAdapter { ······· ❷
14
15      @Override
16      protected void configure(HttpSecurity http) throws Exception { ······· ❸
17
18      }
19
20      @Bean
21      public PasswordEncoder passwordEncoder(){ ··························· ❹
22          return new BCryptPasswordEncoder();
23      }
24  }
```

❶, ❷ WebSecurityConfigurerAdapter를 상속받는 클래스에 @EnableWebSecurity 어노테이션을 선언하면 SpringSecurityFilterChain이 자동으로 포함됩니다. WebSecurityConfigurerAdapter를 상속받아서 메소드 오버라이딩을 통해 보안 설정을 커스터마이징할 수 있습니다.

❸ http 요청에 대한 보안을 설정합니다. 페이지 권한 설정, 로그인 페이지 설정, 로그아웃 메소드 등에 대한 설정을 작성합니다. 뒤의 예제에서 설정 추가 방법을 알아보겠습니다.

❹ 비밀번호를 데이터베이스에 그대로 저장했을 경우, 데이터베이스가 해킹당하면 고객의 회원 정보가 그대로 노출됩니다. 이를 해결하기 위해 BCryptPasswordEncoder의 해시 함수를 이용하여 비밀번호를 암호화하여 저장합니다. BCryptPasswordEncoder를 빈으로 등록하여 사용하겠습니다.

4.3 회원 가입 기능 구현하기

각각의 멤버는 일반 유저인지, 아니면 관리자인지 구분할 수 있는 역할_{Role}이 있어야 합니다. 이를 구분하기 위해서 com.shop.constant 패키지에 아래의 Role.java 코드를 작성합니다.

[함께 해봐요 4-3] 회원 가입 기능 구현하기

com.shop.constant.Role.java

```
01  package com.shop.constant;
02
03  public enum Role {
04      USER, ADMIN                                                    ①
05  }
```

▎ ① Role의 값으로 USER와 ADMIN 2개를 입력합니다.

회원 가입 화면으로부터 넘어오는 가입정보를 담을 dto를 생성하겠습니다.

com.shop.dto.MemberFormDto.java

```
01  package com.shop.dto;
02
03  import lombok.Getter;
04  import lombok.Setter;
05
06  @Getter @Setter
07  public class MemberFormDto {
08
09      private String name;
10
11      private String email;
12
13      private String password;
14
```

```
15        private String address;
16
17    }
```

이제 회원 정보를 저장하는 Member 엔티티를 만들겠습니다. 관리할 회원 정보는 이름, 이메일, 비밀번호, 주소, 역할입니다.

com.shop.entity.Member.java

```
01    package com.shop.entity;
02
03    import com.shop.constant.Role;
04    import com.shop.dto.MemberFormDto;
05    import lombok.Getter;
06    import lombok.Setter;
07    import lombok.ToString;
08    import org.springframework.security.crypto.password.PasswordEncoder;
09
10    import javax.persistence.*;
11
12    @Entity
13    @Table(name="member")
14    @Getter @Setter
15    @ToString
16    public class Member {
17
18        @Id
19        @Column(name="member_id")
20        @GeneratedValue(strategy = GenerationType.AUTO)
21        private Long id;
22
23        private String name;
24
25        @Column(unique = true) ──────────────────────────────────── ❶
26        private String email;
27
28        private String password;
29
30        private String address;
31
32        @Enumerated(EnumType.STRING) ────────────────────────────── ❷
```

```
33        private Role role;
34
35        public static Member createMember(MemberFormDto memberFormDto,
                                          PasswordEncoder passwordEncoder){    ❸
36            Member member = new Member();
37            member.setName(memberFormDto.getName());
38            member.setEmail(memberFormDto.getEmail());
39            member.setAddress(memberFormDto.getAddress());
40            String password = passwordEncoder.encode(memberFormDto.getPassword());    ❹
41            member.setPassword(password);
42            member.setRole(Role.USER);
43            return member;
44        }
45
46    }
```

❶ 회원은 이메일을 통해 유일하게 구분해야 하기 때문에, 동일한 값이 데이터베이스에 들어올 수 없도록 unique 속성을 지정합니다.

❷ 자바의 enum 타입을 엔티티의 속성으로 지정할 수 있습니다. Enum을 사용할 때 기본적으로 순서가 저장되는데, enum의 순서가 바뀔 경우 문제가 발생할 수 있으므로 "EnumType.STRING" 옵션을 사용해서 String으로 저장하기를 권장합니다.

❸ Member 엔티티를 생성하는 메소드입니다. Member 엔티티에 회원을 생성하는 메소드를 만들어서 관리를 한다면 코드가 변경되더라도 한 군데만 수정하면 되는 이점이 있습니다.

❹ 스프링 시큐리티 설정 클래스에 등록한 BCryptPasswordEncoder Bean을 파라미터로 넘겨서 비밀번호를 암호화합니다.

Member 엔티티를 데이터베이스에 저장할 수 있도록 MemberRepository를 만듭니다.

com.shop.repository.MemberRepository.java

```
01  package com.shop.repository;
02
03  import com.shop.entity.Member;
04  import org.springframework.data.jpa.repository.JpaRepository;
05
06  public interface MemberRepository extends JpaRepository<Member, Long> {
07
08      Member findByEmail(String email);    ❶
09
10  }
```

❶ 회원 가입 시 중복된 회원이 있는지 검사하기 위해서 이메일로 회원을 검사할 수 있도록 쿼리 메소드를 작성합니다.

com.shop 패키지 아래에 service 패키지를 만들고 MemberService 클래스를 작성합니다.

```java
01  package com.shop.service;
02
03  import com.shop.entity.Member;
04  import com.shop.repository.MemberRepository;
05  import lombok.RequiredArgsConstructor;
06  import org.springframework.stereotype.Service;
07  import org.springframework.transaction.annotation.Transactional;
08
09  @Service
10  @Transactional                                                      ❶
11  @RequiredArgsConstructor                                            ❷
12  public class MemberService {
13
14      private final MemberRepository memberRepository;                ❸
15
16      public Member saveMember(Member member){
17          validateDuplicateMember(member);
18          return memberRepository.save(member);
19      }
20
21      private void validateDuplicateMember(Member member){            ❹
22          Member findMember = memberRepository.findByEmail(member.getEmail());
23          if(findMember != null){
24              throw new IllegalStateException("이미 가입된 회원입니다.");
25          }
26      }
27
28  }
```

❶ 비즈니스 로직을 담당하는 서비스 계층 클래스에 @Transactional 어노테이션을 선언합니다. 로직을 처리하다가 에러가 발생하였다면, 변경된 데이터를 로직을 수행하기 이전 상태로 콜백 시켜줍니다.

❷, ❸ 빈을 주입하는 방법으로는 @Autowired 어노테이션을 이용하거나, 필드 주입(Setter 주입), 생성자 주입을 이용하는 방법이 있습니다. @RequiredArgsConstructor 어노테이션은 final이나 @NonNull이 붙은 필드에 생성자를 생성해줍니다. 빈에 생성자가 1개이고 생성자의 파라미터 타입이 빈으로 등록이 가능하다면 @Autowired 어노테이션 없이 의존성 주입이 가능합니다.

❹ 이미 가입된 회원의 경우 IllegalStateException 예외를 발생시킵니다.

회원가입 기능이 정상적으로 동작하는지 테스트 코드를 작성하여 검증해보겠습니다.

 [함께 해봐요 4-4] 회원 가입 기능 테스트하기

com.shop.service.MemberServiceTest.java

```java
01  package com.shop.service;
02
03  import com.shop.dto.MemberFormDto;
04  import com.shop.entity.Member;
05  import org.junit.jupiter.api.DisplayName;
06  import org.junit.jupiter.api.Test;
07  import org.springframework.beans.factory.annotation.Autowired;
08  import org.springframework.boot.test.context.SpringBootTest;
09  import org.springframework.security.crypto.password.PasswordEncoder;
10  import org.springframework.test.context.TestPropertySource;
11  import org.springframework.transaction.annotation.Transactional;
12
13  import static org.junit.jupiter.api.Assertions.assertEquals;
14
15  @SpringBootTest
16  @Transactional                                                          ❶
17  @TestPropertySource(locations="classpath:application-test.properties")
18  class MemberServiceTest {
19
20      @Autowired
21      MemberService memberService;
22
23      @Autowired
24      PasswordEncoder passwordEncoder;
25
26      public Member createMember(){                                       ❷
27          MemberFormDto memberFormDto = new MemberFormDto();
28          memberFormDto.setEmail("test@email.com");
29          memberFormDto.setName("홍길동");
30          memberFormDto.setAddress("서울시 마포구 합정동");
31          memberFormDto.setPassword("1234");
32          return Member.createMember(memberFormDto, passwordEncoder);
33      }
34
```

```
35    @Test
36    @DisplayName("회원가입 테스트")
37    public void saveMemberTest(){                                              ❸
38        Member member = createMember();
39        Member savedMember = memberService.saveMember(member);
40
41        assertEquals(member.getEmail(), savedMember.getEmail());
42        assertEquals(member.getName(), savedMember.getName());
43        assertEquals(member.getAddress(), savedMember.getAddress());
44        assertEquals(member.getPassword(), savedMember.getPassword());
45        assertEquals(member.getRole(), savedMember.getRole());
46    }
47
48 }
```

❶ 테스트 클래스에 @Transactional 어노테이션을 선언할 경우, 테스트 실행 후 롤백 처리가 됩니다. 이를 통해 같은 메소드를 반복적으로 테스트할 수 있습니다.

❷ 회원 정보를 입력한 Member 엔티티를 만드는 메소드를 작성합니다.

❸ Junit의 Assertions 클래스의 assertEquals 메소드를 이용하여 저장하려고 요청했던 값과 실제 저장된 데이터를 비교합니다. 첫 번째 파라미터에는 기대 값, 두 번째 파라미터에는 실제로 저장된 값을 넣어줍니다.

테스트 실행 결과 회원가입이 정상적으로 이루어진 것을 확인할 수 있습니다.

[그림 4-7] 회원 가입 테스트 코드 실행 결과

다음으로 검증해 볼 내용은 중복된 이메일로 회원 가입을 시도할 경우 "이미 가입된 회원입니다."라는 에러 메시지를 정상적으로 출력해주는지 테스트 코드를 작성하겠습니다.

com.shop.service.MemberServiceTest.java

```
01  package com.shop.service;
02
03  .....기존 임포트 생략.....
04
05  import static org.junit.jupiter.api.Assertions.assertThrows;
06
```

```
07  @SpringBootTest
08  @Transactional
09  @TestPropertySource(locations="classpath:application-test.properties")
10  class MemberServiceTest {
11
12      .....코드 생략.....
13
14      @Test
15      @DisplayName("중복 회원 가입 테스트")
16      public void saveDuplicateMemberTest(){
17          Member member1 = createMember();
18          Member member2 = createMember();
19          memberService.saveMember(member1);
20
21          Throwable e = assertThrows(IllegalStateException.class, () -> {      ❶
22              memberService.saveMember(member2);});
23
24          assertEquals("이미 가입된 회원입니다.", e.getMessage());      ──────── ❷
25      }
26
27  }
```

❶ Junit의 Assertions 클래스의 assertThrows 메소드를 이용하면 예외 처리 테스트가 가능합니다. 첫 번째 파라미터에는 발생할 예외 타입을 넣어줍니다.

❷ 발생한 예외 메시지가 예상 결과와 맞는지 검증합니다.

중복 회원 가입 테스트를 실행하면 예상한 예외가 발생하고, 테스트를 통과하는 것을 볼 수 있습니다. 회원 가입 로직이 변경되더라도 작성해둔 테스트를 실행하여 빠르게 테스트 및 검증이 가능합니다.

[그림 4-8] 중복 회원 가입 테스트 코드 실행 결과

회원 가입 로직을 완성했으므로 이제 회원 가입을 위한 페이지를 만들겠습니다. Controller 패키지 아래에 MemberController 클래스를 만들어 봅니다.

```
01  package com.shop.controller;
02
03  import com.shop.dto.MemberFormDto;
04  import com.shop.service.MemberService;
05  import lombok.RequiredArgsConstructor;
06  import org.springframework.stereotype.Controller;
07  import org.springframework.ui.Model;
08  import org.springframework.web.bind.annotation.GetMapping;
09  import org.springframework.web.bind.annotation.RequestMapping;
10
11  @RequestMapping("/members")
12  @Controller
13  @RequiredArgsConstructor
14  public class MemberController {
15
16      private final MemberService memberService;
17
18      @GetMapping(value = "/new")
19      public String memberForm(Model model){ ─────────────────────── ❶
20          model.addAttribute("memberFormDto", new MemberFormDto());
21          return "member/memberForm";
22      }
23
24  }
```

❶ 회원 가입 페이지로 이동할 수 있도록 MemberConroller 클래스에 메소드를 작성합니다.

회원 가입 페이지도 3장 Thymeleaf에서 사용했던 부트스트랩을 사용하겠습니다. 홈페이지의 예제 Forms에 나와있는 코드를 변형하여 사용합니다. 홈페이지를 참고하시면 여러 가지 예시 코드와 결과 화면을 볼 수 있습니다.

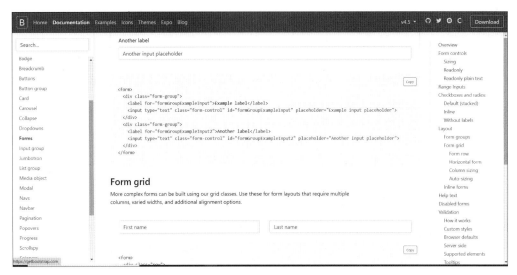

[그림 4-9] Bootstrap Forms Component

```
resources/templates/member/memberForm.html
```

```html
01  <!DOCTYPE html>
02  <html xmlns:th="http://www.thymeleaf.org"
03        xmlns:layout="http://www.ultraq.net.nz/thymeleaf/layout"
04        layout:decorate="~{layouts/layout1}">
05
06  <!-- 사용자 CSS 추가 -->
07  <th:block layout:fragment="css">
08      <style>
09          .fieldError {
10              color: #bd2130;
11          }
12      </style>
13  </th:block>
14
15  <!-- 사용자 스크립트 추가 -->
16  <th:block layout:fragment="script">
17
18      <script th:inline="javascript">
19          $(document).ready(function(){                           ❶
20              var errorMessage = [[${errorMessage}]];
21              if(errorMessage != null){
22                  alert(errorMessage);
23              }
```

```html
24          });
25      </script>
26
27  </th:block>
28
29  <div layout:fragment="content">
30
31      <form action="/members/new" role="form" method="post"
                    th:object="${memberFormDto}">
32          <div class="form-group">
33              <label th:for="name">이름</label>
34              <input type="text" th:field="*{name}" class="form-control"
                        placeholder="이름을 입력해주세요">
35              <p th:if="${#fields.hasErrors('name')}"
                        th:errors="*{name}" class="fieldError">Incorrect data</p>
36          </div>
37          <div class="form-group">
38              <label th:for="email">이메일주소</label>
39              <input type="email" th:field="*{email}" class="form-control"
                     placeholder="이메일을 입력해주세요">
40              <p th:if="${#fields.hasErrors('email')}"
                        th:errors="*{email}" class="fieldError">Incorrect data</p>
41          </div>
42          <div class="form-group">
43              <label th:for="password">비밀번호</label>
44              <input type="password" th:field="*{password}"
                        class="form-control" placeholder="비밀번호 입력">
45              <p th:if="${#fields.hasErrors('password')}" th:errors="*{password}"
                        class="fieldError">Incorrect data</p>
46          </div>
47          <div class="form-group">
48              <label th:for="address">주소</label>
49              <input type="text" th:field="*{address}" class="form-control"
                        placeholder="주소를 입력해주세요">
50              <p th:if="${#fields.hasErrors('address')}" th:errors="*{address}"
                        class="fieldError">Incorrect data</p>
51          </div>
52          <div style="text-align: center">
53              <button type="submit" class="btn btn-primary" style="">Submit
                </button>
54          </div>
```

```
55          <input type="hidden" th:name="${_csrf.parameterName}"
                            th:value="${_csrf.token}">
56      </form>
57
58  </div>
59
60  </html>
```

 회원 가입 시 실패했다면 에러 메시지를 경고창을 이용해서 보여줍니다.

❷ 스프링 시큐리티를 사용할 경우 기본적으로 CSRF(Cross Site Request Forgery)를 방어하기 위해 모든 POST 방식의 데이터 전송에는 CSRF 토큰 값이 있어야 합니다. CSRF 토큰은 실제 서버에서 허용한 요청이 맞는지 확인하기 위한 토큰입니다. 사용자의 세션에 임의의 값을 저장하여 요청마다 그 값을 포함하여 전송하면 서버에서 세션에 저장된 값과 요청이 온 값이 일치하는지 확인하여 CSRF를 방어합니다.

 여기서 잠깐

CSRF

CSRF(Cross Site Request Forgery)란 사이트간 위조 요청으로 사용자가 자신의 의지와 상관없이 해커가 의도한 대로 수정, 등록, 삭제 등의 행위를 웹사이트 요청하게 하는 공격을 말합니다.

[함께 해봐요 4-6] 회원 가입 컨트롤러 소스코드 작성하기

com.shop.controller.MemberController.java

```java
01  package com.shop.controller;
02
03  .....기존 임포트 생략.....
04
05  import com.shop.entity.Member;
06  import org.springframework.security.crypto.password.PasswordEncoder;
07  import org.springframework.web.bind.annotation.PostMapping;
08
09  @RequestMapping("/members")
10  @Controller
11  @RequiredArgsConstructor
12  public class MemberController {
13
14      private final MemberService memberService;
15      private final PasswordEncoder passwordEncoder;
16
```

```
17      @GetMapping(value = "/new")
18      public String memberForm(Model model){
19          model.addAttribute("memberFormDto", new MemberFormDto());
20          return "member/memberForm";
21      }
22
23      @PostMapping(value = "/new")
24      public String memberForm(MemberFormDto memberFormDto){
25
26          Member member = Member.createMember(memberFormDto, passwordEncoder);
27          memberService.saveMember(member);
28
29          return "redirect:/";
30      }
31
32  }
```

회원가입 후 메인 페이지로 갈 수 있도록 MainController.java 소스를 하나 작성하겠습니다.

com.shop.controller.MainController.java

```
01  package com.shop.controller;
02
03  import org.springframework.stereotype.Controller;
04  import org.springframework.web.bind.annotation.GetMapping;
05
06  @Controller
07  public class MainController {
08
09      @GetMapping(value="/")
10      public String main(){
11          return "main";
12      }
13
14  }
```

resources/templates 폴더 아래에 main.html 파일을 생성합니다. 메인 페이지는 추후 등록된 상품의
목록을 보여주도록 수정하겠습니다.

```
01  <!DOCTYPE html>
02  <html xmlns:th="http://www.thymeleaf.org"
03        xmlns:layout="http://www.ultraq.net.nz/thymeleaf/layout"
04        layout:decorate="~{layouts/layout1}">
05
06  <div layout:fragment="content">
07
08      <h1>메인페이지입니다.</h1>
09
10  </div>
```

웹 브라우저에 "localhost/members/new" URL을 입력하면 [그림 4–10]과 같이 회원 가입 페이지로 이동하는 것을 볼 수 있습니다. 회원 가입 등록을 위해 정보를 입력하고 〈Submit〉 버튼을 누르면 회원가입이 되면서 메인 페이지로 화면이 이동합니다. 하지만 지금 상태로에서는 이름이나 비밀번호를 입력하지 않아도 정상적으로 저장됩니다.

[그림 4–10] 회원 가입 페이지

회원 가입 페이지에서 서버로 넘어오는 값을 검증하기 위해서 pom.xml에 "spring–boot–starter–validation"을 추가하겠습니다.

```xml
01  <dependency>
02      <groupId>org.springframework.boot</groupId>
03      <artifactId>spring-boot-starter-validation</artifactId>
04  </dependency>
```

유효한 값인지 판단하는 소스가 여러 군데 흩어지면 관리하기가 힘듭니다. 자바 빈 밸리데이션을 이용하면 객체의 값을 효율적으로 검증할 수 있습니다. 빈 검증 어노테이션을 몇 가지 살펴보겠습니다.

[표 3-1] javax.validation 어노테이션 예시

어노테이션	설명
@NotEmpty	NULL 체크 및 문자열의 경우 길이 0인지 검사
@NotBlank	NULL 체크 및 문자열의 경우 길이 0 및 빈 문자열(" ") 검사
@Length(min=, max=)	최소, 최대 길이 검사
@Email	이메일 형식인지 검사
@Max(숫자)	지정한 값보다 작은지 검사
@Min(숫자)	지정한 값보다 큰지 검사
@Null	값이 NULL인지 검사
@NotNull	값이 NULL이 아닌지 검사

유효성을 검증할 클래스의 필드에 어노테이션을 선언합니다.

com.shop.dto.MemberFormDto.java

```java
01  package com.shop.dto;
02
03  import lombok.Getter;
04  import lombok.Setter;
05  import org.hibernate.validator.constraints.Length;
06
07  import javax.validation.constraints.Email;
08  import javax.validation.constraints.NotBlank;
09  import javax.validation.constraints.NotEmpty;
10
```

```
11   @Getter @Setter
12   public class MemberFormDto {
13
14       @NotBlank(message = "이름은 필수 입력 값입니다.")
15       private String name;
16
17       @NotEmpty(message = "이메일은 필수 입력 값입니다.")
18       @Email(message = "이메일 형식으로 입력해주세요.")
19       private String email;
20
21       @NotEmpty(message = "비밀번호는 필수 입력 값입니다.")
22       @Length(min=8, max=16, message = "비밀번호는 8자 이상, 16자 이하로 입력해주세요")
23       private String password;
24
25       @NotEmpty(message = "주소는 필수 입력 값입니다.")
26       private String address;
27
28   }
```

회원 가입이 성공하면 메인 페이지로 리다이렉트 시켜주고, 회원 정보 검증 및 중복회원 가입 조건에
의해 실패한다면 다시 회원 가입 페이지로 돌아가 실패 이유를 화면에 출력해 주겠습니다.

com.shop.controller.MemberController.java

```
01   package com.shop.controller;
02
03   .....기존 임포트 생략.....
04
05   import org.springframework.validation.BindingResult;
06   import javax.validation.Valid;
07
08   @RequestMapping("/members")
09   @Controller
10   @RequiredArgsConstructor
11   public class MemberController {
12
13       .....코드 생략.....
14
15       @PostMapping(value = "/new")
16       public String newMember(@Valid MemberFormDto memberFormDto,
                        BindingResult bindingResult, Model model){  ────❶
```

```
17
18        if(bindingResult.hasErrors()){                                              ❷
19            return "member/memberForm";
20        }
21
22        try {
23            Member member = Member.createMember(memberFormDto, passwordEncoder);
24            memberService.saveMember(member);
25        } catch (IllegalStateException e){
26            model.addAttribute("errorMessage", e.getMessage());                      ❸
27            return "member/memberForm";
28        }
29
30        return "redirect:/";
31    }
32
33 }
```

❶, ❷ 검증하려는 객체의 앞에 @Valid 어노테이션을 선언하고, 파라미터로 bindingResult 객체를 추가합니다. 검사 후 결과는 bindingResult에 담아줍니다. bindingResult.hasErrors()를 호출하여 에러가 있다면 회원 가입 페이지로 이동합니다.

❸ 회원 가입 시 중복 회원 가입 예외가 발생하면 에러 메시지를 뷰로 전달합니다.

유효하지 않은 회원 가입 정보를 입력 후 서버로 전송하면 해당 이유를 화면에서 보여줍니다.

[그림 4-11] 회원 가입 시 데이터 검증 결과

회원 가입이 정상적으로 이루어졌다면 메인 페이지로 이동합니다.

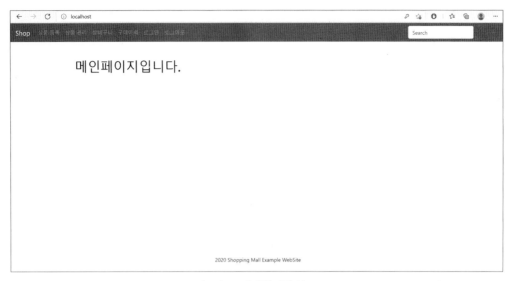

[그림 4-12] 회원 가입 성공

메인 페이지로 이동한 것만 봐서는 실제로 데이터베이스에 데이터가 저장됐는지 궁금할 수 있습니다. 1장에서 설치했던 MySQL Workbench tool을 실행시켜 로컬 데이터베이스에 접속합니다. [그림 4-13]의 쿼리처럼 "shop" 데이터베이스를 선택 후 member 테이블을 조회하면 제가 가입할 때 입력한 이메일 주소인 "test@test.com" 데이터가 들어간 모습을 확인할 수 있습니다. 비밀번호도 입력한 값이 아닌 암호화되어 저장됩니다.

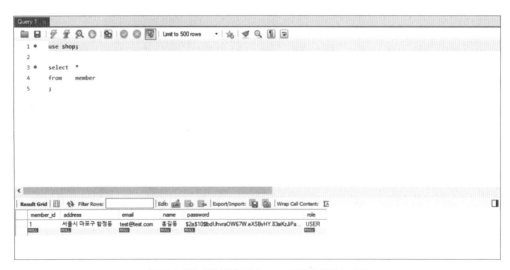

[그림 4-13] 회원 가입 정보 mysql 데이터 베이스 조회

  로그인/로그아웃 구현하기

스프링 시큐리티를 이용하여 로그인/로그아웃 기능을 구현해보겠습니다.

4.4.1 UserDetailsService

- UserDetailService 인터페이스는 데이터베이스에서 회원 정보를 가져오는 역할을 담당합니다.
- `loadUserByUsername()` 메소드가 존재하며, 회원 정보를 조회하여 사용자의 정보와 권한을 갖는 UserDetails 인터페이스를 반환합니다.

스프링 시큐리티에서 UserDetailService를 구현하고 있는 클래스를 통해 로그인 기능을 구현한다고 생각하면 됩니다.

4.4.2 UserDetail

스프링 시큐리티에서 회원의 정보를 담기 위해서 사용하는 인터페이스는 UserDetails입니다. 이 인터페이스를 직접 구현하거나 스프링 시큐리티에서 제공하는 User 클래스를 사용합니다. User 클래스는 UserDetails 인터페이스를 구현하고 있는 클래스입니다.

4.4.3 로그인/로그아웃 구현하기

로그인 기능 구현을 위해 기존에 만들었던 MemberService가 UserDetailsService를 구현해봅니다.

```
01  package com.shop.service;
02
03  .....기존 임포트 생략.....
04
05  import org.springframework.security.core.userdetails.User;
06  import org.springframework.security.core.userdetails.UserDetails;
07  import org.springframework.security.core.userdetails.UserDetailsService;
08  import org.springframework.security.core.userdetails.UsernameNotFoundException;
09
10  @Service
11  @Transactional
12  @RequiredArgsConstructor
13  public class MemberService implements UserDetailsService {                    ❶
14
15      .....코드 생략.....
16
17      @Override
18      public UserDetails loadUserByUsername(String email) throws
    UsernameNotFoundException {                                                  ❷
19          Member member = memberRepository.findByEmail(email);
20
21          if(member == null){
22              throw new UsernameNotFoundException(email);
23          }
24
25          return User.builder()                                                ❸
26                  .username(member.getEmail())
27                  .password(member.getPassword())
28                  .roles(member.getRole().toString())
29                  .build();
30      }
31  }
```

❶ MemberService가 UserDetailsService를 구현합니다.

❷ UserDetailsService 인터페이스의 loadUserByUsername() 메소드를 오버라이딩합니다. 로그인할 유저의 email
을 파라미터로 전달받습니다.

❸ UserDetail을 구현하고 있는 User 객체를 반환해줍니다. User 객체를 생성하기 위해서 생성자로 회원의 이메일,
비밀번호, role을 파라미터 넘겨 줍니다.

```
01  package com.shop.config;
02
03  .....기존 임포트 생략.....
04
05  import com.shop.service.MemberService;
06  import org.springframework.beans.factory.annotation.Autowired;
07  import org.springframework.security.config.annotation.authentication.
          builders.AuthenticationManagerBuilder;
08  import org.springframework.security.web.util.matcher.AntPathRequestMatcher;
09
10  @Configuration
11  @EnableWebSecurity
12  public class SecurityConfig extends WebSecurityConfigurerAdapter {
13
14      @Autowired
15      MemberService memberService;
16
17      @Override
18      protected void configure(HttpSecurity http) throws Exception {
19          http.formLogin()
20                  .loginPage("/members/login") ──────────────────── ❶
21                  .defaultSuccessUrl("/") ──────────────────── ❷
22                  .usernameParameter("email") ──────────────── ❸
23                  .failureUrl("/members/login/error") ──────── ❹
24                  .and()
25                  .logout()
26                  .logoutRequestMatcher(new AntPathRequestMatcher
                                      ("/members/logout")) ──── ❺
27                  .logoutSuccessUrl("/") ──────────────────── ❻
28          ;
29      }
30
31      @Bean
32      public PasswordEncoder passwordEncoder(){
33          return new BCryptPasswordEncoder();
34      }
35
```

```
36    @Override
37    protected void configure(AuthenticationManagerBuilder auth)
   throws Exception {                                                    ❼
38        auth.userDetailsService(memberService)
              .passwordEncoder(passwordEncoder());                        ❽
39    }
40 }
```

❶ 로그인 페이지 URL을 설정합니다.

❷ 로그인 성공 시 이동할 URL을 설정합니다.

❸ 로그인 시 사용할 파라미터 이름으로 email을 지정합니다.

❹ 로그인 실패 시 이동할 URL을 설정합니다.

❺ 로그아웃 URL을 설정합니다.

❻ 로그아웃 성공 시 이동할 URL을 설정합니다.

❼, ❽ Spring Security에서 인증은 AuthenticationManager를 통해 이루어지며 AuthenticationManagerBuilder가 AuthenticationManager를 생성합니다. userDetailService를 구현하고 있는 객체로 memberService를 지정해주며, 비밀번호 암호화를 위해 passwordEncoder를 지정해줍니다.

이제 로그인 페이지를 만들도록 하겠습니다. 로그인 페이지에서는 회원의 아이디와 비밀번호를 입력하는 입력란과 회원 가입을 하지 않았을 경우 회원 가입 페이지로 이동할 수 있는 버튼을 만들겠습니다.

resources/templates/member/memberLoginForm.html

```html
01 <!DOCTYPE html>
02 <html xmlns:th="http://www.thymeleaf.org"
03       xmlns:layout="http://www.ultraq.net.nz/thymeleaf/layout"
04       layout:decorate="~{layouts/layout1}">
05
06 <!-- 사용자 CSS 추가 -->
07 <th:block layout:fragment="css">
08     <style>
09         .error {
10             color: #bd2130;
11         }
12     </style>
13 </th:block>
14
15 <div layout:fragment="content">
16
```

```
17    <form role="form" method="post" action="/members/login">
18        <div class="form-group">
19            <label th:for="email">이메일주소</label>
20            <input type="email" name="email" class="form-control"
                       placeholder="이메일을 입력해주세요">
21        </div>
22        <div class="form-group">
23            <label th:for="password">비밀번호</label>
24            <input type="password" name="password" id="password"
                       class="form-control" placeholder="비밀번호 입력">
25        </div>
26        <p th:if="${loginErrorMsg}" class="error" th:text="${loginErrorMsg}"></p>
27        <button class="btn btn-primary">로그인</button>
28        <button type="button" class="btn btn-primary"
                       onClick="location.href='/members/new'">회원가입</button>
29        <input type="hidden" th:name="${_csrf.parameterName}"
                       th:value="${_csrf.token}">
30    </form>
31
32 </div>
33
34 </html>
```

로그인 페이지를 만들었으니까 이동할 수 있도록 MemberController에 로직을 구현하겠습니다. 또한 로그인 실패 시 "아이디 또는 비밀번호를 확인해주세요"라는 메시지를 담아서 로그인 페이지로 보내겠습니다.

com.shop.controller.MemberController.java

```
01  package com.shop.controller;
02
03  .....기존 임포트 생략.....
04
05  @RequestMapping("/members")
06  @Controller
07  @RequiredArgsConstructor
08  public class MemberController {
09
10      .....코드 생략.....
11
```

```
12      @GetMapping(value = "/login")
13      public String loginMember(){
14          return "/member/memberLoginForm";
15      }
16
17      @GetMapping(value = "/login/error")
18      public String loginError(Model model){
19          model.addAttribute("loginErrorMsg", "아이디 또는 비밀번호를 확인해주세요");
20          return "/member/memberLoginForm";
21      }
22  }
```

드디어 로그인/로그아웃 구현이 완료됐습니다. 회원 가입 후 로그인 페이지로 이동하여 아이디와 비밀번호를 입력 후 〈로그인〉 버튼을 클릭합니다. 현재 애플리케이션 재실행 시 데이터베이스의 테이블을 삭제 후 재생성하므로, 회원가입을 진행한 후 로그인을 합니다. 로그인 페이지 경로는 네비게이션 바에 미리 입력해두었으니 로그인 메뉴를 클릭하면 아이디와 비밀번호를 입력하는 페이지로 이동합니다.

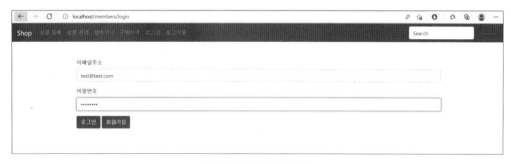

[그림 4-14] 로그인 화면

회원 아이디나 비밀번호를 잘못 입력했을 때 다음과 같이 "아이디 또는 비밀번호를 확인해주세요"라는 문구가 나타납니다.

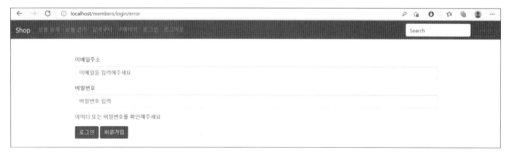

[그림 4-15] 로그인 실패

로그인이 성공하였다면 메인 페이지로 이동하도록 설정하였기 때문에 [그림 4-16]과 같은 메인 페이지 화면이 나타날 것 입니다.

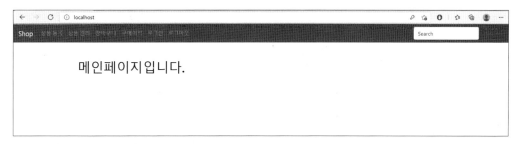

[그림 4-16] 로그인 성공

[함께 해봐요 4-8]에서는 화면을 이용해서 로그인이 정상적으로 되는지 테스트를 하였습니다. 화면을 이용하지 않고 Spring Security를 테스트하는 방법을 알아보겠습니다. spring-security-test 의 존성을 pom.xml에 추가하겠습니다.

[함께 해봐요 4-9] 로그인 테스트하기

pom.xml

```xml
01  <dependency>
02      <groupId>org.springframework.security</groupId>
03      <artifactId>spring-security-test</artifactId>
04      <scope>test</scope>
05      <version>${spring-security.version}</version>
06  </dependency>
```

로그인 테스트를 위해 test 패키지에 MemberControllerTest 클래스를 작성합니다.

com.shop.controller.MemberControllerTest.java

```java
01  package com.shop.controller;
02
03  import com.shop.dto.MemberFormDto;
04  import com.shop.entity.Member;
05  import com.shop.service.MemberService;
06  import org.junit.jupiter.api.DisplayName;
07  import org.junit.jupiter.api.Test;
08  import org.springframework.beans.factory.annotation.Autowired;
09  import org.springframework.boot.test.autoconfigure.web.servlet
            .AutoConfigureMockMvc;
```

```
10  import org.springframework.boot.test.context.SpringBootTest;
11  import org.springframework.security.crypto.password.PasswordEncoder;
12  import org.springframework.security.test.web.servlet.response
              .SecurityMockMvcResultMatchers;
13  import org.springframework.test.context.TestPropertySource;
14  import org.springframework.test.web.servlet.MockMvc;
15  import org.springframework.transaction.annotation.Transactional;
16
17  import static org.springframework.security.test.web.servlet.request
                      .SecurityMockMvcRequestBuilders.formLogin;
18
19  @SpringBootTest
20  @AutoConfigureMockMvc ──────────────────────────────────────────────── ❶
21  @Transactional
22  @TestPropertySource(locations="classpath:application-test.properties")
23  class MemberControllerTest {
24
25      @Autowired
26      private MemberService memberService;
27
28      @Autowired
29      private MockMvc mockMvc; ──────────────────────────────────────── ❷
30
31      @Autowired
32      PasswordEncoder passwordEncoder;
33
34      public Member createMember(String email, String password){ ────── ❸
35          MemberFormDto memberFormDto = new MemberFormDto();
36          memberFormDto.setEmail(email);
37          memberFormDto.setName("홍길동");
38          memberFormDto.setAddress("서울시 마포구 합정동");
39          memberFormDto.setPassword(password);
40          Member member = Member.createMember(memberFormDto, passwordEncoder);
41          return memberService.saveMember(member);
42      }
43
44      @Test
45      @DisplayName("로그인 성공 테스트")
46      public void loginSuccessTest() throws Exception{
47          String email = "test@email.com";
48          String password = "1234";
49          this.createMember(email, password);
```

```
50          mockMvc.perform(formLogin().userParameter("email")
                .loginProcessingUrl("/members/login")                        ❹
51              .user(email).password(password))
52          .andExpect(SecurityMockMvcResultMatchers.authenticated());  ❺
53      }
54
55  }
```

❶ MockMvc 테스트를 위해 @AutoConfigureMockMvc 어노테이션을 선언합니다.

❷ MockMvc 클래스를 이용해 실제 객체와 비슷하지만 테스트에 필요한 기능만 가지는 가짜 객체입니다. MockMvc 객체를 이용하면 웹 브라우저에서 요청을 하는 것처럼 테스트할 수 있습니다.

❸ 로그인 예제 진행을 위해서 로그인 전 회원을 등록하는 메소드를 만들어줍니다.

❹ 회원 가입 메소드를 실행 후 가입된 회원 정보로 로그인이 되는지 테스트를 진행합니다. userParameter()를 이용하여 이메일을 아이디로 세팅하고 로그인 URL에 요청합니다.

❺ 로그인이 성공하여 인증되었다면 테스트 코드가 통과합니다.

[그림 4-17] 로그인 성공 케이스 테스트 코드 실행 결과

로그인이 실패하는 테스트 코드도 작성해 보겠습니다. 회원가입은 정상적으로 진행했는데, 비밀번호를 잘못 입력하여 인증되지 않은 결과값이 나오는 테스트 코드입니다.

```
01  package com.shop.controller;
02
03  .....기존 임포트 생략.....
04
05  @SpringBootTest
06  @AutoConfigureMockMvc
07  @Transactional
08  @TestPropertySource(locations="classpath:application-test.properties")
09  class MemberControllerTest {
10
11      .....코드 생략.....
12
13      @Test
14      @DisplayName("로그인 실패 테스트")
15      public void loginFailTest() throws Exception{
16          String email = "test@email.com";
```

```
17          String password = "1234";
18          this.createMember(email, password);
19          mockMvc.perform(formLogin().userParameter("email")
                    .loginProcessingUrl("/members/login")
20                  .user(email).password("12345"))
21                  .andExpect(SecurityMockMvcResultMatchers.unauthenticated()); ❶
22      }
23  }
```

❶ 회원 가입은 정상적으로 진행하였지만 회원가입 시 입력한 비밀번호가 아닌 다른 비밀번호로 로그인을 시도하여
인증되지 않은 결과 값이 출력되어 테스트가 통과합니다.

[그림 4-18] 로그인 실패 케이스 테스트 코드 실행 결과

 [함께 해봐요 4-10] 로그인/로그아웃 화면 연동하기

현재 상태로는 로그인을 해도 메뉴바에는 로그인이라는 메뉴가 나타납니다. 로그인 상태라면 '로그아
웃'이라는 메뉴가 나타나야 로그인 된 상태임을 알 수 있고, 다른 아이디로 로그인하려면 현재 계정으
로부터 로그아웃하고, 다시 로그인을 해야 합니다. 상품 등록 메뉴의 경우 관리자만 상품을 등록할 수
있도록 노출돼야 합니다.

이를 도와주는 라이브러리로 'thymeleaf-extras-springsecurity5'가 있습니다. pom.xml 아래의 의
존성을 추가하겠습니다.

pom.xml

```
01  <dependency>
02      <groupId>org.thymeleaf.extras</groupId>
03      <artifactId>thymeleaf-extras-springsecurity5</artifactId>
04  </dependency>
```

```html
01  <!DOCTYPE html>
02  <html xmlns:th="http://www.thymeleaf.org"
03        xmlns:sec="http://www.thymeleaf.org/extras/spring-security">  ❶
04
05  <div th:fragment="header">
06      <nav class="navbar navbar-expand-sm bg-primary navbar-dark">
07          <button class="navbar-toggler" type="button" data-toggle="collapse"
08                  data-target="#navbarTogglerDemo03"
                    aria-controls="navbarTogglerDemo03"
09                  aria-expanded="false" aria-label="Toggle navigation">
10              <span class="navbar-toggler-icon"></span>
11          </button>
12          <a class="navbar-brand" href="/">Shop</a>
13
14          <div class="collapse navbar-collapse" id="navbarTogglerDemo03">
15              <ul class="navbar-nav mr-auto mt-2 mt-lg-0">
16                  <li class="nav-item"
                            sec:authorize="hasAnyAuthority('ROLE_ADMIN')">  ❷
17                      <a class="nav-link" href="/admin/item/new">상품 등록</a>
18                  </li>
19                  <li class="nav-item"
20                          sec:authorize="hasAnyAuthority('ROLE_ADMIN')">  ❸
21                      <a class="nav-link" href="/admin/items">상품 관리</a>
22                  </li>
23                  <li class="nav-item" sec:authorize="isAuthenticated()">  ❹
24                      <a class="nav-link" href="/cart">장바구니</a>
25                  </li>
26                  <li class="nav-item" sec:authorize="isAuthenticated()">  ❺
27                      <a class="nav-link" href="/orders">구매이력</a>
28                  </li>
29                  <li class="nav-item" sec:authorize="isAnonymous()">  ❻
30                      <a class="nav-link" href="/members/login">로그인</a>
31                  </li>
32                  <li class="nav-item" sec:authorize="isAuthenticated()">  ❼
33                      <a class="nav-link" href="/members/logout">로그아웃</a>
34                  </li>
35              </ul>
36              <form class="form-inline my-2 my-lg-0"
43                      th:action="@{/}" method="get">
```

```
37                     <input name="searchQuery" class="form-control mr-sm-2"
                              type="search" placeholder="Search" aria-label="Search">
38                     <button class="btn btn-outline-success my-2 my-sm-0"
                              type="submit">Search</button>
39             </form>
40         </div>
41     </nav>
42 </div>
43
44 </html>
```

❶ Spring Security 태그를 사용하기 위해서 네임스페이스를 추가합니다.

❷, ❸ 관리자 계정(ADMIN ROLE)으로 로그인한 경우 상품 등록, 상품 관리 메뉴를 보여줍니다.

❹, ❺ 장바구니와 구매이력 페이지의 경우 로그인(인증) 했을 경우에만 보여주도록 합니다.

❻ 로그인하지 않은 상태이면 로그인 메뉴를 보여줍니다.

❼ 로그인한 상태이면 로그아웃 메뉴를 보여줍니다.

소스 수정 후 다시 로그인을 하면 '로그아웃' 메뉴가 나타나는 것을 확인할 수 있습니다.

[그림 4-19] 회원 역할에 따른 네비게이션 노출

이제 로그아웃을 호출해보겠습니다. "localhost/members/logout" 경로를 호출하면 로그인 정보가 사라지면서 메인 페이지가 나타나고 '로그인' 메뉴가 나타나는 것을 볼 수 있습니다.

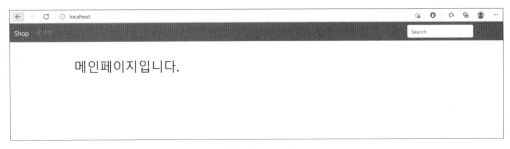

[그림 4-20] 회원 역할에 따른 네비게이션 노출

4.5 페이지 권한 설정하기

마지막으로 페이지 접근 권한을 설정하는 방법을 알아보겠습니다. 상품 등록 페이지의 경우 ADMIN 계정만 접근이 가능하고, 일반 USER 계정은 접근을 할 수 없도록 설정을 추가하겠습니다.

ADMIN 계정만 접근할 수 있는 상품 등록 페이지를 미리 생성하겠습니다.

 [함께 해봐요 4-11] 페이지 권한 설정하기

resources/templates/item/itemForm.html

```
01  <!DOCTYPE html>
02  <html xmlns:th="http://www.thymeleaf.org"
03      xmlns:layout="http://www.ultraq.net.nz/thymeleaf/layout"
04      layout:decorate="~{layouts/layout1}">
05
06  <div layout:fragment="content">
07
08      <h1>상품등록 페이지입니다.</h1>
09
10  </div>
11
12  </html>
```

상품 등록 페이지에 접근할 수 있도록 ItemController 클래스를 작성합니다.

```
01  package com.shop.controller;
02
03  import org.springframework.stereotype.Controller;
04  import org.springframework.web.bind.annotation.GetMapping;
05
06  @Controller
07  public class ItemController {
08
09      @GetMapping(value = "/admin/item/new")
10      public String itemForm(){
11          return "/item/itemForm";
12      }
13
14  }
```

ajax의 경우 http request header에 XMLHttpRequest 라는 값이 세팅되어 요청이 오는데, 인증되지 않은 사용자가 ajax로 리소스를 요청할 경우 "Unauthorized" 에러를 발생시키고 나머지 경우는 로그인 페이지로 리다이렉트 시켜줍니다.

```
01  package com.shop.config;
02  import org.springframework.security.core.AuthenticationException;
03  import org.springframework.security.web.AuthenticationEntryPoint;
04  import javax.servlet.ServletException;
05  import javax.servlet.http.HttpServletRequest;
06  import javax.servlet.http.HttpServletResponse;
07  import java.io.IOException;
08
09  public class CustomAuthenticationEntryPoint implements
    AuthenticationEntryPoint {
10
11      @Override
12      public void commence(HttpServletRequest request, HttpServletResponse
        response,
13              AuthenticationException authException) throws IOException,
                ServletException {
14
15          if ("XMLHttpRequest".equals(request.getHeader("x-requested-with"))) {
16              response.sendError(HttpServletResponse.SC_UNAUTHORIZED,
```

```
                         "Unauthorized");
17           } else {
18               response.sendRedirect("/members/login");
19           }
20       }
21
22   }
```

```
                                          com.shop.config.SecurityConfig.java
01   package com.shop.config;
02
03   .....기존 임포트 생략.....
04
05   import org.springframework.security.config.annotation.web.builders.WebSecurity;
06
07   @Configuration
08   @EnableWebSecurity
09   public class SecurityConfig extends WebSecurityConfigurerAdapter {
10
11       .....코드 생략.....
12
13       @Override
14       protected void configure(HttpSecurity http) throws Exception {
15           http.formLogin()
16                   .loginPage("/members/login")
17                   .defaultSuccessUrl("/")
18                   .usernameParameter("email")
19                   .failureUrl("/members/login/error")
20                   .and()
21                   .logout()
22                   .logoutRequestMatcher(new AntPathRequestMatcher
                                       ("/members/logout"))
23                   .logoutSuccessUrl("/")
24           ;
25
26           http.authorizeRequests()                                    ❶
27                   .mvcMatchers("/", "/members/**",
                               "/item/**", "/images/**").permitAll()     ❷
28                   .mvcMatchers("/admin/**").hasRole("ADMIN")          ❸
29                   .anyRequest().authenticated()                       ❹
```

```
30          ;
31
32          http.exceptionHandling()
33                  .authenticationEntryPoint
                    (new CustomAuthenticationEntryPoint())                    ❺
34          ;
35      }
36
37      @Override
38      public void configure(WebSecurity web) throws Exception {
39          web.ignoring().antMatchers("/css/**", "/js/**", "/img/**");      ❻
40      }
41  }
```

❶ 시큐리티 처리에 HttpServletRequest를 이용한다는 것을 의미합니다.

❷ permitAll()을 통해 모든 사용자가 인증(로그인)없이 해당 경로에 접근할 수 있도록 설정합니다. 메인 페이지,
회원 관련 URL, 뒤에서 만들 상품 상세 페이지, 상품 이미지를 불러오는 경로가 이에 해당합니다.

❸ /admin으로 시작하는 경로는 해당 계정이 ADMIN Role일 경우에만 접근 가능하도록 설정합니다.

❹ ❷, ❸에서 설정해준 경로를 제외한 나머지 경로들은 모두 인증을 요구하도록 설정합니다.

❺ 인증되지 않은 사용자가 리소스에 접근하였을 때 수행되는 핸들러를 등록합니다.

❻ static 디렉터리의 하위 파일은 인증을 무시하도록 설정합니다.

현재 회원 가입 시 권한을 USER로 생성하므로, 로그인 후 'http://localhost/admin/item/new'라는
상품 등록 ADMIN 페이지에 접근하려고 하면 403 Forbidden에러가 나타납니다.

[그림 4-21] USER Role 회원 ADMIN 페이지 접근 실패

관리자 회원의 경우 따로 회원 가입 페이지가 있어야 하지만 예제에서는 회원 가입 시 ADMIN으로
계정 생성 후 페이지에 접근이 가능한지만 살펴보겠습니다.

```
01  package com.shop.entity;
02
03  @Entity
04  @Table(name="member")
05  @Getter @Setter
06  @ToString
07  public class Member {
08
09      .....코드 생략.....
10
11      public static Member createMember(MemberFormDto memberFormDto,
                                          PasswordEncoder passwordEncoder){
12          Member member = new Member();
13          member.setName(memberFormDto.getName());
14          member.setEmail(memberFormDto.getEmail());
15          member.setAddress(memberFormDto.getAddress());
16          String password = passwordEncoder.encode(memberFormDto.getPassword());
17          member.setPassword(password);
18          member.setRole(Role.ADMIN);                                          ❶
19          return member;
20      }
21
22  }
```

❶ Member 엔티티 생성 시 USER Role로 생성하던 권한을 ADMIN Role로 생성하도록 수정합니다.

다시 회원 가입을 진행하여 로그인 후 상품 등록 페이지로 접근하면 정상적으로 화면이 나오는 것을 볼 수 있습니다. [그림 4-22]과 같이 관리자 계정으로 로그인하였기 때문에 "상품 등록", "상품 관리" 메뉴도 네비게이션 바에 노출되는 것을 볼 수 있습니다.

[그림 4-22] ADMIN Role 회원 ADMIN 페이지 접근 성공

현재 로그인된 사용자의 Role에 따라 상품 등록 페이지에 접근이 가능한지 테스트 코드를 작성하겠습니다.

[함께 해봐요 4-12] 유저 접근 권한 테스트하기

com.shop.controller.ItemControllerTest.java

```java
01  package com.shop.controller;
02
03  import org.junit.jupiter.api.DisplayName;
04  import org.junit.jupiter.api.Test;
05  import org.springframework.beans.factory.annotation.Autowired;
06  import org.springframework.boot.test.autoconfigure.web.servlet.AutoConfigureMockMvc;
07  import org.springframework.boot.test.context.SpringBootTest;
08  import org.springframework.security.test.context.support.WithMockUser;
09  import org.springframework.test.context.TestPropertySource;
10  import org.springframework.test.web.servlet.MockMvc;
11  import org.springframework.test.web.servlet.request.MockMvcRequestBuilders;
12
13  import static org.springframework.test.web.servlet.result
                    .MockMvcResultHandlers.print;
14  import static org.springframework.test.web.servlet.result
                    .MockMvcResultMatchers.status;
15
16  @SpringBootTest
17  @AutoConfigureMockMvc
18  @TestPropertySource(locations="classpath:application-test.properties")
19  class ItemControllerTest {
20
21      @Autowired
22      MockMvc mockMvc;
23
24      @Test
25      @DisplayName("상품 등록 페이지 권한 테스트")
26      @WithMockUser(username = "admin", roles = "ADMIN") ─────────────❶
27      public void itemFormTest() throws Exception{
28          mockMvc.perform(MockMvcRequestBuilders.get("/admin/item/new")) ──❷
29                  .andDo(print()) ────────────────────────❸
30                  .andExpect(status().isOk()); ─────────────────❹
31      }
32
33  }
```

❶ 현재 회원의 이름이 admin이고, role이 ADMIN인 유저가 로그인된 상태로 테스트를 할 수 있도록 해주는 어노테이션입니다.

❷ 상품 등록 페이지에 요청을 get 요청을 보냅니다.

❸ 요청과 응답 메시지를 확인할 수 있도록 콘솔창에 출력해줍니다.

❹ 응답 상태 코드가 정상인지 확인합니다.

현재 로그인된 계정의 Role이 ADMIN이므로 정상적으로 접근이 되며 테스트가 통과합니다.

[그림 4-23] ADMIN Role 회원 ADMIN 페이지 접근 성공

이번에는 로그인된 사용자의 Role이 일반 USER면, 상품 등록 페이지에 접근이 안 되는지 테스트하겠습니다.

```
                                              com.shop.controller.ItemControllerTest.java
01  package com.shop.controller;

02

03  .....기존 임포트 생략.....

04

05  @SpringBootTest
06  @AutoConfigureMockMvc
07  @TestPropertySource(locations="classpath:application-test.properties")
08  class ItemControllerTest {

09

10      .....코드 생략.....

11

12      @Test
13      @DisplayName("상품 등록 페이지 일반 회원 접근 테스트")
14      @WithMockUser(username = "user", roles = "USER") ────────────────────❶
15      public void itemFormNotAdminTest() throws Exception{
16          mockMvc.perform(MockMvcRequestBuilders.get("/admin/item/new"))
17              .andDo(print())
18              .andExpect(status().isForbidden()); ──────────────────────❷
19      }

20

21  }
```

❶ 현재 인증된 사용자의 Role을 USER로 세팅합니다.
❷ 상품 등록 페이지 진입 요청 시 Forbidden 예외가 발생하면 테스트가 성공적으로 통과합니다.

테스트 코드 실행 시 테스트가 정상적으로 통과하는 것을 볼 수 있습니다.

[그림 4-24] 상품 등록 페이지 USER Role 접근 테스트 결과

4장에서는 스프링 시큐리티를 이용하여 회원 가입 및 로그인 기능을 구현해보았습니다. Role을 이용하여 페이지에 대한 접근 권한 설정하는 방법과 테스트 코드 작성까지 완료했습니다. 스프링 시큐리티를 이용해서 회원에 대한 기본적인 기능들을 만들었지만, 스프링 시큐리티 아키텍처의 자세한 설명은 하지 않았습니다.

처음부터 스프링 시큐리티의 원리를 이해하려고 하면 어렵기 때문에 일단 한번 만들어보는 것을 목적으로 예제 코드를 작성했습니다. 예제를 진행하면서 인증과 인가에 어느 정도는 감을 잡으셨을 것입니다. 스프링 시큐리티를 좀 더 자세히 알고 싶다면 스프링 시큐리티의 아키텍처를 공부하시면 왜 이렇게 동작하는지 알 수 있을 것입니다.

연관 관계 매핑

 학습목표

1. 연관 관계 매핑의 종류와 엔티티 연관 관계 매핑을 설정하는 방법을 알아본다.
2. 매핑된 엔티티 조회 시 즉시 로딩과 지연 로딩의 차이점을 이해한다.

앞에서는 단일 엔티티를 조회하거나 데이터를 수정하는 작업을 예제로 다루었습니다.
5장에서는 연관 관계 매핑을 알아보겠습니다. 데이터베이스에서 테이블끼리 외래키를
통해 연관 관계를 맺듯이 엔티티끼리 연관 관계를 매핑해서 사용합니다. 중요한 내용
이므로 예제를 통해서 하나씩 살펴봅니다.

5.1 연관 관계 매핑 종류

엔티티들은 대부분 다른 엔티티와 연관 관계를 맺고 있습니다. JPA에서는 엔티티에 연관 관계를 매핑해두고 필요할 때 해당 엔티티와 연관된 엔티티를 사용하여 좀 더 객체지향적으로 프로그래밍할 수 있도록 도와줍니다. 연관 관계 매핑의 기초를 알아보겠습니다.

첫 번째로 기억해야 할 것은 연관 관계 매핑의 종류입니다. 아래 내용을 보시면 총 4가지의 매핑 관계가 보일 것입니다. 일대일 매핑을 예로 들어보겠습니다. 쇼핑몰에서 회원들은 각자 자신의 장바구니를 하나 갖고 있습니다. 장바구니 입장에서 보아도 자신과 매핑되는 한 명의 회원을 갖는 것이죠. 즉, 회원 엔티티와 장바구니 엔티티는 일대일 매핑입니다. 일대다 매핑의 예시로는 하나의 장바구니에는 여러 개의 상품이 들어갈 수 있습니다. 즉, 장바구니 엔티티와 장바구니 상품 엔티티는 일대다 매핑입니다.

- 일대일(1:1): @OneToOne
- 일대다(1:N): @OneToMany
- 다대일(N:1): @ManyToOne
- 다대다(N:M): @ManyToMany

두 번째로 중요한 것은 엔티티를 매핑할 때는 방향성을 고려해야 합니다. 테이블에서 관계는 항상 양방향이지만, 객체에서는 단방향과 양방향이 존재합니다. 이렇게 설명으로만 들어서는 알 수 없으므로 바로 예제를 통해 알아보겠습니다.

- 단방향
- 양방향

5.1.1 일대일 단방향 매핑하기

회원 엔티티는 4장에서 만들었기 때문에 장바구니(Cart) 엔티티를 만들고 회원 엔티티와 연관 관계 매핑을 설정하겠습니다. [그림 5-1]은 장바구니와 회원 간 관계를 다이어그램으로 표현한 그림입니다.

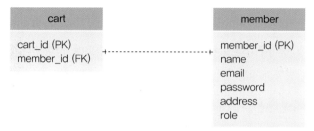

[그림 5-1] 장바구니 - 회원 ERD(Entity Relationship Diagram)

[함께 해봐요 5-1] 장바구니 엔티티 설계하기

com.shop.entity.Cart.java

```
01  package com.shop.entity;
02
03  import lombok.Getter;
04  import lombok.Setter;
05  import lombok.ToString;
06
07  import javax.persistence.*;
08
09  @Entity
10  @Table(name = "cart")
11  @Getter @Setter
12  @ToString
13  public class Cart {
14
15      @Id
16      @Column(name = "cart_id")
17      @GeneratedValue(strategy = GenerationType.AUTO)
18      private Long id;
19
20      @OneToOne                                              ❶
21      @JoinColumn(name="member_id")                          ❷
22      private Member member;
23
24  }
```

① @OneToOne 어노테이션을 이용해 회원 엔티티와 일대일로 매핑을 합니다.

② @JoinColumn 어노테이션을 이용해 매핑할 외래키를 지정합니다. name 속성에는 매핑할 외래키의 이름을 설정합니다. @JoinColumn의 name을 명시하지 않으면 JPA가 알아서 ID를 찾지만 컬럼명이 원하는 대로 생성되지 않을 수 있기 때문에 직접 지정하겠습니다.

소스코드를 다 작성한 후 회원(Member) 엔티티를 보면 회원 엔티티에는 장바구니(Cart) 엔티티와 관련된 소스가 전혀 없다는 것을 확인하셨을 것입니다. 즉, 장바구니 엔티티가 일방적으로 회원 엔티티를 참조하고 있습니다. 장바구니와 회원은 일대일로 매핑돼 있으며, 장바구니 엔티티가 회원 엔티티를 참조하는 일대일 단방향 매핑입니다.

애플리케이션을 실행하면 콘솔창에 cart 테이블이 생성되는 쿼리문이 실행되는 것을 볼 수 있습니다.

```
Hibernate:

    create table cart (
        cart_id bigint not null,
        member_id bigint,
        primary key (cart_id)
    )
```

[그림 5-2] cart 테이블 생성

cart 테이블은 member_id 컬럼을 외래키foreign key로 갖습니다. 테이블을 먼저 생성하는 쿼리문이 실행되고 member_id를 foreign key로 지정하는 쿼리문이 실행됩니다.

```
Hibernate:

    alter table cart
        add constraint FKix170nytunweovf2v9137mx2o
        foreign key (member_id)
        references member
```

[그림 5-3] cart table foregin key 추가

장바구니 엔티티와 회원 엔티티의 매핑이 완료됐습니다. 이렇게 매핑을 맺어주면 장바구니 엔티티를 조회하면서 회원 엔티티의 정보도 동시에 가져올 수 있는 장점이 있습니다.

실제로 장바구니 Cart 엔티티를 조회하면 연관된 Member 엔티티를 가지고 오는지 테스트 코드를 작성해보겠습니다. 우선 JpaRepository를 상속받는 CartRepository 인터페이스를 생성합니다.

```
01   package com.shop.repository;
02
03   import com.shop.entity.Cart;
04   import org.springframework.data.jpa.repository.JpaRepository;
05
06   public interface CartRepository extends JpaRepository<Cart, Long> {
07
08   }
```

CartTest 클래스를 생성 후 아래 코드를 작성해 테스트를 진행하겠습니다.

com.shop.entity.CartTest.java

```
01   package com.shop.entity;
02
03   import com.shop.dto.MemberFormDto;
04   import com.shop.repository.CartRepository;
05   import com.shop.repository.MemberRepository;
06   import org.junit.jupiter.api.DisplayName;
07   import org.junit.jupiter.api.Test;
08   import org.springframework.beans.factory.annotation.Autowired;
09   import org.springframework.boot.test.context.SpringBootTest;
10   import org.springframework.security.crypto.password.PasswordEncoder;
11   import org.springframework.test.context.TestPropertySource;
12   import org.springframework.transaction.annotation.Transactional;
13
14   import javax.persistence.EntityManager;
15   import javax.persistence.EntityNotFoundException;
16   import javax.persistence.PersistenceContext;
17
18   import static org.junit.jupiter.api.Assertions.assertEquals;
19
20   @SpringBootTest
21   @Transactional
22   @TestPropertySource(locations="classpath:application-test.properties")
23   class CartTest {
24
```

```
25      @Autowired
26      CartRepository cartRepository;
27
28      @Autowired
29      MemberRepository memberRepository;
30
31      @Autowired
32      PasswordEncoder passwordEncoder;
33
34      @PersistenceContext
35      EntityManager em;
36
37      public Member createMember(){                                               ❶
38          MemberFormDto memberFormDto = new MemberFormDto();
39          memberFormDto.setEmail("test@email.com");
40          memberFormDto.setName("홍길동");
41          memberFormDto.setAddress("서울시 마포구 합정동");
42          memberFormDto.setPassword("1234");
43          return Member.createMember(memberFormDto, passwordEncoder);
44      }
45
46      @Test
47      @DisplayName("장바구니 회원 엔티티 매핑 조회 테스트")
48      public void findCartAndMemberTest(){
49          Member member = createMember();
50          memberRepository.save(member);
51
52          Cart cart = new Cart();
53          cart.setMember(member);
54          cartRepository.save(cart);
55
56          em.flush();                                                             ❷
57          em.clear();                                                             ❸
58
59          Cart savedCart = cartRepository.findById(cart.getId())                  ❹
60                  .orElseThrow(EntityNotFoundException::new);
61          assertEquals(savedCart.getMember().getId(), member.getId());            ❺
62      }
63
64  }
```

① 회원 엔티티를 생성하는 메소드를 만듭니다.

② JPA는 영속성 컨텍스트에 데이터를 저장 후 트랜잭션이 끝날 때 flush()를 호출하여 데이터베이스에 반영합니다. 회원 엔티티와 장바구니 엔티티를 영속성 컨텍스트에 저장 후 엔티티 매니저로부터 강제로 flush()를 호출하여 데이터베이스에 반영합니다.

③ JPA는 영속성 컨텍스트로부터 엔티티를 조회 후 영속성 컨텍스트에 엔티티가 없을 경우 데이터베이스를 조회합니다. 실제 데이터베이스에서 장바구니 엔티티를 가지고 올 때 회원 엔티티도 같이 가지고오는지 보기 위해서 영속성 컨텍스트를 비워주겠습니다.

④ 저장된 장바구니 엔티티를 조회합니다.

⑤ 처음에 저장한 member 엔티티의 id와 savedCart에 매핑된 member 엔티티의 id를 비교합니다.

테스트 코드를 디버깅 모드로 실행 후 하나씩 따라가보면 ② 코드에서 장바구니와 회원 데이터를 insert하는 쿼리문이 콘솔창에 출력되는 것을 볼 수 있습니다. 쓰기 지연 SQL 저장소에 저장된 쿼리문이 데이터베이스에 반영됩니다.

④ 코드를 실행할 때는 cart테이블과 member 테이블을 조인해서 가져오는 쿼리문이 실행됩니다. cart 엔티티를 조회하면서 member 엔티티도 동시에 가져오는 것입니다.

```
Hibernate:
    select
        cart0_.cart_id as cart_id1_0_0_,
        cart0_.member_id as member_i2_0_0_,
        member1_.member_id as member_i1_3_1_,
        member1_.address as address2_3_1_,
        member1_.email as email3_3_1_,
        member1_.name as name4_3_1_,
        member1_.password as password5_3_1_,
        member1_.role as role6_3_1_
    from
        cart cart0_
    left outer join
        member member1_
            on cart0_.member_id=member1_.member_id
    where
        cart0_.cart_id=?
```

[그림 5-4] 장바구니 엔티티 조회 실행 쿼리

엔티티를 조회할 때 해당 엔티티와 매핑된 엔티티도 한 번에 조회하는 것을 '즉시 로딩'이라고 합니다. 일대일(@OneToOne), 다대일(@ManyToOne)로 매핑할 경우 즉시 로딩을 기본 Fetch 전략으로 설정합니다. Cart.java 클래스에서 member 엔티티와 일대일 매핑 관계를 맺어줄 때 따로 옵션을 주지 않으면 아래 코드와 같이 FetchType.EAGER(즉시 로딩)로 설정하는 것과 동일합니다.

```
@OneToOne(fetch = FetchType.EAGER)
@JoinColumn(name="member_id")
private Member member;
```

5.1.2 다대일 단방향 매핑하기

장바구니에는 고객이 관심이 있거나 나중에 사려는 상품들을 담아둘 것입니다. 하나의 장바구니에는 여러 개의 상품들이 들어갈 수 있습니다. 또한 같은 상품을 여러 개 주문할 수도 있으므로 몇 개를 담아 줄 것인지도 설정해줘야 합니다.

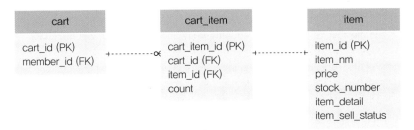

[그림 5-5] 장바구니 – 장바구니 상품 – 상품 ERD

[함께 해봐요 5-3] 장바구니 아이템 엔티티 설계하기

com.shop.entity.CartItem.java

```
01  package com.shop.entity;
02
03  import lombok.Getter;
04  import lombok.Setter;
05
06  import javax.persistence.*;
07
08  @Entity
09  @Getter @Setter
10  @Table(name="cart_item")
11  public class CartItem {
12
13      @Id
14      @GeneratedValue
15      @Column(name = "cart_item_id")
16      private Long id;
17
18      @ManyToOne
19      @JoinColumn(name="cart_id")
20      private Cart cart;                                              ❶
21
```

```
22      @ManyToOne
23      @JoinColumn(name = "item_id")
24      private Item item;                                                    ❷
25
26      private int count;                                                    ❸
27
28  }
```

❶ 하나의 장바구니에는 여러 개의 상품을 담을 수 있으므로 @ManyToOne 어노테이션을 이용하여 다대일 관계로
   매핑합니다.

❷ 장바구니에 담을 상품의 정보를 알아야 하므로 상품 엔티티를 매핑해줍니다. 하나의 상품은 여러 장바구니의 장바
   구니 상품으로 담길 수 있으므로 마찬가지로 @ManyToOne 어노테이션을 이용하여 다대일 관계로 매핑합니다.

❸ 같은 상품을 장바구니에 몇 개 담을지 저장합니다.

장바구니 상품 도메인 설계가 끝났으므로 애플리케이션을 재실행하여 콘솔창에 출력되는 쿼리문을
보겠습니다. cart_item 테이블에 @JoinColumn 어노테이션에 name으로 설정한 값이 컬럼 id로 추
가됩니다.

```
Hibernate:

    create table cart_item (
       cart_item_id bigint not null,
        count integer not null,
        cart_id bigint,
        item_id bigint,
        primary key (cart_item_id)
    ) engine=InnoDB
```

[그림 5-6] cart_item 테이블 생성

엔티티와 매핑되는 테이블에 @JoinColumn 어노테이션의 name으로 설정한 값이 foreign key로 추
가되는 것도 볼 수 있습니다. 어떤 테이블에 컬럼이 추가되는지 헷갈릴 수 있는데 @JoinColumn 어
노테이션을 사용하는 엔티티에 컬럼이 추가된다고 생각하시면 됩니다.

```
Hibernate:

    alter table cart_item
        add constraint FK1uobyhgl1wvgt1jpccia8xxs3
        foreign key (cart_id)
        references cart (cart_id)
Hibernate:

    alter table cart_item
        add constraint FKdljf497fwm1f8eb1h8t6n50u9
        foreign key (item_id)
        references item (item_id)
```

[그림 5-7] cart_item table foreign key 추가

5.1.3 다대일/일대다 양방향 매핑하기

양방향 매핑이란 단방향 매핑이 2개 있다고 생각하시면 됩니다. 위의 예제에서 현재는 장바구니 상품 엔티티가 장바구니를 참조하는 단방향 매핑입니다. 장바구니 엔티티에 장바구니 상품 엔티티를 일대다 관계로 매핑을 해준다면 양방향 매핑이 되는 것입니다.

주문과 주문 상품의 매핑을 통해 양방향 매핑을 알아보겠습니다.

주문 엔티티를 먼저 설계하겠습니다. "com.shop.constant" 패키지 아래에 주문의 상태를 나타내는 OrderStatus enum을 만들겠습니다. 주문을 한 상태인 "ORDER"와 주문 취소 상태인 "CANCEL" 2 가지가 존재합니다.

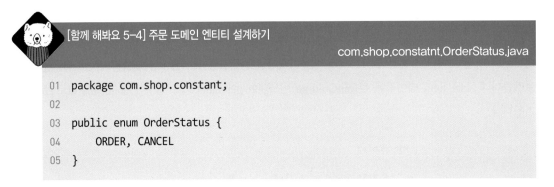

[함께 해봐요 5-4] 주문 도메인 엔티티 설계하기

com.shop.constatnt.OrderStatus.java

```
01   package com.shop.constant;
02
03   public enum OrderStatus {
04       ORDER, CANCEL
05   }
```

주문 엔티티를 먼저 만들겠습니다. 엔티티를 먼저 설계 후 주문과 주문 상품 엔티티의 매핑 관계를 정의하겠습니다.

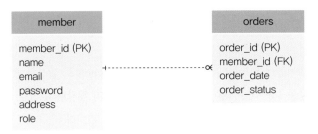

member		orders
member_id (PK) name email password address role	+---------------⟨	order_id (PK) member_id (FK) order_date order_status

[그림 5-8] 회원-주문 ERD

```
01  package com.shop.entity;
02
03  import com.shop.constant.OrderStatus;
04  import lombok.Getter;
05  import lombok.Setter;
06
07  import javax.persistence.*;
08  import java.time.LocalDateTime;
09
10  @Entity
11  @Table(name = "orders") ─────────────────────────────────── ❶
12  @Getter @Setter
13  public class Order {
14
15      @Id @GeneratedValue
16      @Column(name = "order_id")
17      private Long id;
18
19      @ManyToOne
20      @JoinColumn(name = "member_id")
21      private Member member; ─────────────────────────────── ❷
22
23      private LocalDateTime orderDate;   //주문일
24
25      @Enumerated(EnumType.STRING)
26      private OrderStatus orderStatus;   //주문상태
27
28      private LocalDateTime regTime;
29
30      private LocalDateTime updateTime;
31
32  }
```

❶ 정렬할 때 사용하는 "order" 키워드가 있기 때문에 Order 엔티티에 매핑되는 테이블로 "orders"를 지정합니다.
❷ 한 명의 회원은 여러 번 주문을 할 수 있으므로 주문 엔티티 기준에서 다대일 단방향 매핑을 합니다.

주문 상품 엔티티는 장바구니 상품 엔티티(CartItem)와 거의 비슷합니다. 주문 상품 엔티티와 주문
엔티티의 단방향 매핑을 먼저 설정하겠습니다.

```
01  package com.shop.entity;
02
03  import lombok.Getter;
04  import lombok.Setter;
05
06  import javax.persistence.*;
07  import java.time.LocalDateTime;
08
09  @Entity
10  @Getter @Setter
11  public class OrderItem {
12
13      @Id @GeneratedValue
14      @Column(name = "order_item_id")
15      private Long id;
16
17      @ManyToOne
18      @JoinColumn(name = "item_id")
19      private Item item;                                                    ❶
20
21      @ManyToOne
22      @JoinColumn(name = "order_id")
23      private Order order;                                                  ❷
24
25      private int orderPrice;   //주문가격
26
27      private int count;   //수량
28
29      private LocalDateTime regTime;
30
31      private LocalDateTime updateTime;
32  }
```

❶ 하나의 상품은 여러 주문 상품으로 들어갈 수 있으므로 주문 상품 기준으로 다대일 단방향 매핑을 설정합니다.

❷ 한 번의 주문에 여러 개의 상품을 주문할 수 있으므로 주문 상품 엔티티와 주문 엔티티를 다대일 단방향 매핑을 먼저 설정합니다.

다대일과 일대다는 반대 관계라고 생각하시면 됩니다. 주문 상품 엔티티 기준에서 다대일 매핑이었으므로 주문 엔티티 기준에서는 주문 상품 엔티티와 일대다 관계로 매핑하면 됩니다. 또한 양방향 매핑에서는 '연관 관계 주인'을 설정해야 한다는 점이 중요합니다.

ORDERS와 ORDER_ITEM 테이블을 ORDER_ID를 외래키로 조인하면 주문에 속한 상품이 어떤 상품들이 있는지 알 수 있고, 주문 상품은 어떤 주문에 속하는지를 알 수 있습니다. 즉, 테이블은 외래키 하나로 양방향 조회가 가능합니다.

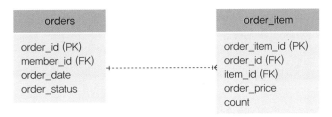

[그림 5-9] 주문 - 주문 상품 ERD

엔티티는 테이블과 다릅니다. 엔티티를 양방향 연관 관계로 설정하면 객체의 참조는 둘인데 외래키는 하나이므로 둘 중 누가 외래키를 관리할지를 정해야 합니다.

- 연관 관계의 주인은 외래키가 있는 곳으로 설정
- 연관 관계의 주인이 외래키를 관리(등록, 수정, 삭제)
- 주인이 아닌 쪽은 연관 관계 매핑 시 mappedBy 속성의 값으로 연관 관계의 주인을 설정
- 주인이 아닌 쪽은 읽기만 가능

다음 코드를 통해서 위의 내용을 적용해봅니다. 연관 관계의 주인 설정을 자세히 보셔야 합니다. Order 엔티티에 OrderItem과 연관 관계 매핑을 추가하겠습니다. OrderItem 엔티티에서 이미 다대일 단방향 매핑을 했으므로 양방향 매핑이 됩니다.

```
                                            com.shop.entity.Order.java
01   package com.shop.entity;
02
03   .....기존 임포트 생략.....
04
05   import java.util.ArrayList;
06   import java.util.List;
07
08   @Entity
09   @Table(name = "orders")
10   @Getter @Setter
11   public class Order {
12
```

```
13      @Id @GeneratedValue
14      @Column(name = "order_id")
15      private Long id;
16
17      @ManyToOne
18      @JoinColumn(name = "member_id")
19      private Member member;
20
21      private LocalDateTime orderDate;   //주문일
22
23      @Enumerated(EnumType.STRING)
24      private OrderStatus orderStatus;   //주문상태
25
26      @OneToMany(mappedBy = "order")  ────────────────────────── ❶
27      private List<OrderItem> orderItems = new ArrayList<>();  ── ❷
28
29      private LocalDateTime regTime;
30
31      private LocalDateTime updateTime;
32
33  }
```

❶ 주문 상품 엔티티와 일대다 매핑을 합니다. 외래키(order_id)가 order_item 테이블에 있으므로 연관 관계의 주인은 OrderItem 엔티티입니다. Order 엔티티가 주인이 아니므로 "mappedBy" 속성으로 연관 관계의 주인을 설정합니다. 속성의 값으로 "order"를 적어준 이유는 OrderItem에 있는 Order에 의해 관리된다는 의미로 해석하시면 됩니다. 즉, 연관 관계의 주인의 필드인 order를 mappedBy의 값으로 세팅하면 됩니다.

❷ 하나의 주문이 여러 개의 주문 상품을 갖으므로 List 자료형을 사용해서 매핑을 합니다.

무조건 양방향으로 연관 관계를 매핑하면 해당 엔티티는 엄청나게 많은 테이블과 연관 관계를 맺게 되고 엔티티 클래스 자체가 복잡해지기 때문에 연관 관계 단방향 매핑으로 설계 후 나중에 필요할 경우 양방향 매핑을 추가하는 것을 권합니다.

5.1.4 다대다 매핑하기

결론부터 말씀드리면 다대다 매핑은 실무에서는 사용하지 않는 매핑 관계입니다. 관계형 데이터베이스는 정규화된 테이블 2개로 다대다를 표현할 수 없습니다. 따라서 연결 테이블을 생성해서 다대다 관계를 일대다, 다대일 관계로 풀어냅니다.

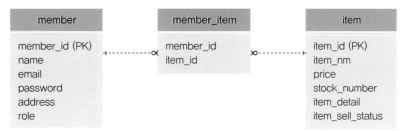

[그림 5-10] 연결 테이블을 이용한 회원과 상품의 일대다, 다대일 관계

객체는 테이블과 다르게 컬렉션을 사용해서 다대다 관계를 표현할 수 있습니다. member 엔티티는 item을 리스트 형태로 가질 수 있으며, item 엔티티도 member를 리스트로 가질 수 있습니다.

[그림 5-11] 회원, 상품 엔티티 다대다 관계 표현

지금 만들고 있는 쇼핑몰 프로젝트에서는 다대다 관계를 사용하지 않지만, 코드로 표현해 본다면 다음과 같습니다. @ManyToMany 어노테이션을 사용해서 다대다 매핑이 가능합니다. 아래 코드는 프로젝트에 추가하지 않고, 다대다 매핑의 진행 방식 정도만 보고 가시면 됩니다.

```
01  public class Item {
02
03      @ManyToMany
04      @JoinTable(
05              name = "member_item",
06              joinColumns = @JoinColumn(name = "member_id"),
07              inverseJoinColumns = @JoinColumn(name = "item_id")
08      )
09      private List<Member> member;
10
11  }
```

애플리케이션을 실행하면 member_item이라는 연결 테이블이 생성되는 것도 확인할 수 있습니다.

```
Hibernate:

    create table member_item (
       member_id bigint not null,
        item_id bigint not null
    ) engine=InnoDB
```

[그림 5-12] member_item 중간 테이블 생성

다대다 매핑을 사용하지 않는 이유는 연결 테이블에는 컬럼을 추가할 수 없기 때문입니다. 연결 테이블에는 조인 컬럼뿐 아니라 추가 컬럼들이 필요한 경우가 많습니다. 또한 엔티티를 조회할 때 member 엔티티에서 item을 조회하면 중간 테이블이 있기 때문에 어떤 쿼리문이 실행될지 예측하기도 쉽지 않습니다. 따라서 연결 테이블용 엔티티를 하나 생성한 후 일대다 다대일 관계로 매핑을 하면 됩니다.

5.2 영속성 전이

특정 엔티티와 연관된 엔티티의 상태를 함께 변화시키는 옵션을 알아보겠습니다.

5.2.1 영속성 전이란?

영속성 전이 즉, 'cascade'의 사전적 정의는 '작은 폭포', '폭포처럼 흐르다'라는 뜻이 있습니다. 영속성 전이란 엔티티의 상태를 변경할 때 해당 엔티티와 연관된 엔티티의 상태 변화를 전파시키는 옵션입니다. 이때 부모는 One에 해당하고 자식은 Many에 해당합니다. 예를 들어 Order 엔티티가 삭제되었을 때 해당 엔티티와 연관되어 있는 OrderItem 엔티티가 함께 삭제 되거나, Order 엔티티를 저장 할 때 Order 엔티티에 담겨있던 OrderItem 엔티티를 한꺼번에 저장할 수 있습니다. 상태가 전파되는 모습을 폭포가 흐르는 모습으로 상상하면 떠올리기가 쉽습니다.

CASCADE 종류	설명
PERSIST	부모 엔티티가 영속화될 때 자식 엔티티도 영속화
MERGE	부모 엔티티가 병합될 때 자식 엔티티도 병합
REMOVE	부모 엔티티가 삭제될 때 연관된 자식 엔티티도 삭제
REFRESH	부모 엔티티가 refresh되면 연관된 자식 엔티티도 refresh
DETACH	부모 엔티티가 detach 되면 연관된 자식 엔티티도 detach 상태로 변경
ALL	부모 엔티티의 영속성 상태 변화를 자식 엔티티에 모두 전이

영속성 전이 옵션을 무분별하게 사용할 경우 삭제되지 말아야 할 데이터가 삭제될 수 있으므로 조심해서 사용해야 합니다. 영속성 전이 옵션은 단일 엔티티에 완전히 종속적이고 부모 엔티티와 자식 엔티티의 라이프 사이클이 유사할 때 cascade 옵션을 활용하시기를 추천드립니다.

주문 엔티티를 저장하기 위해서 JpaRepository를 상속받는 OrderRepository 인터페이스를 생성합니다.

```
01  package com.shop.repository;
02
03  import com.shop.entity.Order;
04  import org.springframework.data.jpa.repository.JpaRepository;
05
06  public interface OrderRepository extends JpaRepository<Order, Long> {
07
08  }
```

@OneToMany 어노테이션에 cascade 옵션을 설정합니다.

com.shop.entity.Order.java

```
01  package com.shop.entity;
02
03  .....기존 임포트 생략.....
04
05  @Entity
06  @Table(name = "orders")
07  @Getter @Setter
08  public class Order {
09
10      .....코드 생략.....
11
12      @OneToMany(mappedBy = "order", cascade = CascadeType.ALL) ──────❶
13      private List<OrderItem> orderItems = new ArrayList<>();
14
15  }
```

❶ 부모 엔티티의 영속성 상태 변화를 자식 엔티티에 모두 전이하는 CascadeTypeAll 옵션을 설정하겠습니다.

영속성 전이 옵션 설정이 완료됐습니다. 실제로 주문 엔티티를 저장할 때 영속성 전이가 일어나지는 테스트 코드를 통해 알아보겠습니다. 고객이 주문할 상품을 선택하고 주문할 때 주문 엔티티를 저장하면서 주문 상품 엔티티도 함께 저장되는 경우라고 생각하시면 됩니다.

```java
01  package com.shop.entity;
02
03  import com.shop.constant.ItemSellStatus;
04  import com.shop.repository.ItemRepository;
05  import com.shop.repository.OrderRepository;
06  import org.junit.jupiter.api.DisplayName;
07  import org.junit.jupiter.api.Test;
08  import org.springframework.beans.factory.annotation.Autowired;
09  import org.springframework.boot.test.context.SpringBootTest;
10  import org.springframework.test.context.TestPropertySource;
11  import org.springframework.transaction.annotation.Transactional;
12
13  import javax.persistence.EntityManager;
14  import javax.persistence.EntityNotFoundException;
15  import javax.persistence.PersistenceContext;
16  import java.time.LocalDateTime;
17
18  import static org.junit.jupiter.api.Assertions.assertEquals;
19
20  @SpringBootTest
21  @TestPropertySource(locations="classpath:application-test.properties")
22  @Transactional
23  class OrderTest {
24
25      @Autowired
26      OrderRepository orderRepository;
27
28      @Autowired
29      ItemRepository itemRepository;
30
31      @PersistenceContext
32      EntityManager em;
33
34      public Item createItem(){
35          Item item = new Item();
36          item.setItemNm("테스트 상품");
37          item.setPrice(10000);
38          item.setItemDetail("상세설명");
39          item.setItemSellStatus(ItemSellStatus.SELL);
40          item.setStockNumber(100);
41          item.setRegTime(LocalDateTime.now());
```

```
42          item.setUpdateTime(LocalDateTime.now());
43          return item;
44      }
45
46      @Test
47      @DisplayName("영속성 전이 테스트")
48      public void cascadeTest(){
49
50          Order order = new Order();
51
52          for(int i=0;i<3;i++){
53              Item item = this.createItem();
54              itemRepository.save(item);
55              OrderItem orderItem = new OrderItem();
56              orderItem.setItem(item);
57              orderItem.setCount(10);
58              orderItem.setOrderPrice(1000);
59              orderItem.setOrder(order);
60              order.getOrderItems().add(orderItem);  ──────────── ❶
61          }
62
63          orderRepository.saveAndFlush(order);  ──────────────── ❷
64          em.clear();  ──────────────────────────────────────── ❸
65
66          Order savedOrder = orderRepository.findById(order.getId())  ── ❹
67                  .orElseThrow(EntityNotFoundException::new);
68          assertEquals(3, savedOrder.getOrderItems().size());
69      }
70
71  }
```

❶ 아직 영속성 컨텍스트에 저장되지 않은 orderItem 엔티티를 order 엔티티에 담아줍니다.

❷ order 엔티티를 저장하면서 강제로 flush를 호출하여 영속성 컨텍스트에 있는 객체들을 데이터베이스에 반영합니다.

❸ 영속성 컨텍스트의 상태를 초기화합니다.

❹ 영속성 컨텍스트를 초기화했기 때문에 데이터베이스에서 주문 엔티티를 조회합니다. select 쿼리문이 실행되는 것을 콘솔창에서 확인할 수 있습니다.

❺ itemOrder 엔티티 3개가 실제로 데이터베이스에 저장되었는지 검사합니다.

❷ 코드 실행 시 flush를 호출하면서 콘솔창에 insert 쿼리문이 출력되는 것을 확인할 수 있습니다. 주문 데이터가 먼저 데이터베이스에 반영됩니다.

```
Hibernate:
    insert
    into
        orders
        (member_id, order_date, order_status, reg_time, update_time, order_id)
    values
        (?, ?, ?, ?, ?, ?)
```

[그림 5-13] flush 호출 시 orders 테이블 insert 쿼리문 실행

그후 영속성이 전이되면서 order에 담아 두었던 orderItem이 insert되는 것을 확인할 수 있습니다. 총 3개의 orderItem을 담았두었으므로 3번의 insert 쿼리문이 실행됩니다.

```
Hibernate:
    insert
    into
        order_item
        (reg_time, update_time, created_by, modified_by, count, item_id, order_id, order_price, order_item_id)
    values
        (?, ?, ?, ?, ?, ?, ?, ?, ?)
```

[그림 5-14] flush 호출 시 order_item 테이블 insert 쿼리문 실행

테스트 코드 실행 결과 실제 조회되는 orderItem이 3개이므로 테스트가 정상적으로 통과합니다.

[그림 5-15] 영속성 전이 테스트 실행 결과

5.2.2 고아 객체 제거하기

다음으로 알아볼 내용은 고아 객체 제거입니다. 부모 엔티티와 연관 관계가 끊어진 자식 엔티티를 고아 객체라고 합니다. 영속성 전이 기능과 같이 사용하면 부모 엔티티를 통해서 자식의 생명 주기를 관리할 수 있습니다.

영속성 전이 기능과 마찬가지로 고아 객체 제거 기능을 사용하기 위해서 주의사항이 있습니다. 고아 객체 제거 기능은 참조하는 곳이 하나일 때만 사용해야 합니다. 다른 곳에서도 참조하고 있는 엔티티인데 삭제하면 문제가 생길 수 있습니다. OrderItem 엔티티를 Order 엔티티가 아닌 다른 곳에서 사용하고 있다면 이 기능을 사용하면 안 됩니다. @OneToOne, @OneToMany 어노테이션에서 옵션으로 사용하시면 됩니다.

고아 객체 제거를 사용하기 위해서 @OneToMany 어노테이션에 "orphanRemoval = true" 옵션을
추가합니다.

```java
01  package com.shop.entity;
02
03  .....기존 임포트 생략.....
04
05  @Entity
06  @Table(name = "orders")
07  @Getter @Setter
08  public class Order {
09
10      .....코드 생략.....
11
12      @OneToMany(mappedBy = "order", cascade = CascadeType.ALL ,
                    orphanRemoval = true)
13      private List<OrderItem> orderItems = new ArrayList<>();
14
15  }
```

주문 엔티티(부모 엔티티)에서 주문 상품(자식 엔티티)를 삭제했을 때 orderItem 엔티티가 삭제되는
지 테스트 코드를 작성해보겠습니다.

```java
01  package com.shop.entity;
02
03  .....기존 임포트 생략.....
04
05  import com.shop.repository.MemberRepository;
06
07  @SpringBootTest
08  @TestPropertySource(locations="classpath:application-test.properties")
09  @Transactional
10  class OrderTest {
11
12      .....코드 생략.....
13
```

```java
14      @Autowired
15      MemberRepository memberRepository;
16
17      public Order createOrder(){ ─────────────────────────────────── ❶
18          Order order = new Order();
19
20          for(int i=0;i<3;i++){
21              Item item = createItem();
22              itemRepository.save(item);
23              OrderItem orderItem = new OrderItem();
24              orderItem.setItem(item);
25              orderItem.setCount(10);
26              orderItem.setOrderPrice(1000);
27              orderItem.setOrder(order);
28              order.getOrderItems().add(orderItem);
29          }
30
31          Member member = new Member();
32          memberRepository.save(member);
33
34          order.setMember(member);
35          orderRepository.save(order);
36          return order;
37      }
38
39      @Test
40      @DisplayName("고아객체 제거 테스트")
41      public void orphanRemovalTest(){
42          Order order = this.createOrder();
43          order.getOrderItems().remove(0); ──────────────────────── ❷
44          em.flush();
45      }
46
47  }
```

❶ 주문 데이터를 생성해서 저장하는 메소드를 만듭니다.

❷ order 엔티티에서 관리하고 있는 orderItem 리스트의 0번째 인덱스 요소를 제거합니다.

flush()를 호출하면 콘솔창에 orderItem을 삭제하는 쿼리문이 출력되는 것을 확인할 수 있습니다. 즉, 부모 엔티티와 연관 관계가 끊어졌기 때문에 고아 객체를 삭제하는 쿼리문이 실행되는 것입니다.

```
Hibernate:
    delete
    from
        order_item
    where
        order_item_id=?
```

[그림 5-16] 고아 객체가 될 경우 delete 쿼리문 실행

Cascade 옵션 중 REMOVE 옵션과 헷갈릴 수 있습니다. Cascade REMOVE 옵션은 부모 엔티티가 삭제될 때 연관된 자식 엔티티도 함께 삭제됩니다. order를 삭제하면 oreder에 매핑되어 있던 orderItem이 함께 삭제되는 것입니다.

5.3 지연 로딩

연관된 엔티티를 사용할 때 조회하는 지연 로딩과 지연 로딩을 사용해야 하는 이유를 알아보겠습니다.

[함께 해봐요 5-7]에서 엔티티를 조회할 때 연관된 엔티티를 함께 조회하는 즉시 로딩을 알아보겠습니다. 즉시 로딩 이외에도 지연 로딩이라는 Fetch 전략이 있습니다. 지연 로딩을 배우기 전에 주문 데이터 저장 후 OrderItem 엔티티를 조회해 보겠습니다.

OrderItem을 조회하기 위해서 JpaRepository를 상속 받는 OrderItemRepository 인터페이스를 생성합니다.

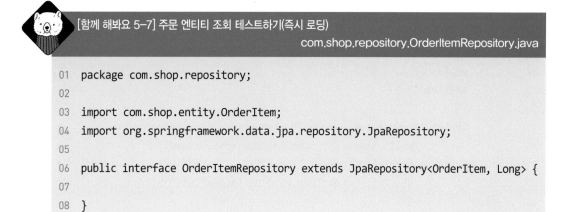

[함께 해봐요 5-7] 주문 엔티티 조회 테스트하기(즉시 로딩)

com.shop.repository.OrderItemRepository.java

```java
01  package com.shop.repository;
02
03  import com.shop.entity.OrderItem;
04  import org.springframework.data.jpa.repository.JpaRepository;
05
06  public interface OrderItemRepository extends JpaRepository<OrderItem, Long> {
07
08  }
```

주문 데이터를 먼저 데이터베이스에 저장하고, 저장한 주문 상품 데이터를 조회해 보겠습니다.

```
01  package com.shop.entity;
02
03  .....기존 임포트 생략.....
04
05  import com.shop.repository.OrderItemRepository;
06
07  @SpringBootTest
08  @TestPropertySource(locations="classpath:application-test.properties")
09  @Transactional
10  class OrderTest {
11
12      .....코드 생략.....
13
14      @Autowired
15      OrderItemRepository orderItemRepository;
16
17      @Test
18      @DisplayName("지연 로딩 테스트")
19      public void lazyLoadingTest(){
20          Order order = this.createOrder();                                    ❶
21          Long orderItemId = order.getOrderItems().get(0).getId();
22          em.flush();
23          em.clear();
24
25          OrderItem orderItem = orderItemRepository.findById(orderItemId)      ❷
26                  .orElseThrow(EntityNotFoundException::new);
27          System.out.println("Order class : " +
28                          orderItem.getOrder().getClass());                    ❸
28      }
29
30  }
```

❶ 기존에 만들었던 주문 생성 메소드를 이용하여 주문 데이터를 저장합니다.

❷ 영속성 컨텍스트의 상태 초기화 후 order 엔티티에 저장했던 주문 상품 아이디를 이용하여 orderItem을 데이터베이스에서 다시 조회합니다.

❸ orderItem 엔티티에 있는 order 객체의 클래스를 출력합니다. Order 클래스가 출력되는 것을 확인할 수 있습니다.

• 출력 결과: Order class : class com.shop.entity.Order

❷ 코드에서 orderItem 데이터를 조회하면 콘솔창에서 엄청나게 긴 쿼리문을 볼 수 있습니다. orderItem 엔티티 하나를 조회했을 뿐인데 order_item 테이블과 item, orders, member 테이블을 조인해서 한꺼번에 가지고 오고 있습니다.

```
01  Hibernate:
02      select
03          orderitem0_.order_item_id as order_it1_4_0_,
04          orderitem0_.count as count2_4_0_,
05          orderitem0_.item_id as item_id6_4_0_,
06          orderitem0_.order_id as order_id7_4_0_,
07          orderitem0_.order_price as order_pr3_4_0_,
08          orderitem0_.reg_time as reg_time4_4_0_,
09          orderitem0_.update_time as update_t5_4_0_,
10          item1_.item_id as item_id1_2_1_,
11          item1_.item_detail as item_det2_2_1_,
12          item1_.item_nm as item_nm3_2_1_,
13          item1_.item_sell_status as item_sel4_2_1_,
14          item1_.price as price5_2_1_,
15          item1_.reg_time as reg_time6_2_1_,
16          item1_.stock_number as stock_nu7_2_1_,
17          item1_.update_time as update_t8_2_1_,
18          order2_.order_id as order_id1_5_2_,
19          order2_.member_id as member_i6_5_2_,
20          order2_.order_date as order_da2_5_2_,
21          order2_.order_status as order_st3_5_2_,
22          order2_.reg_time as reg_time4_5_2_,
23          order2_.update_time as update_t5_5_2_,
24          member3_.member_id as member_i1_3_3_,
25          member3_.address as address2_3_3_,
26          member3_.email as email3_3_3_,
27          member3_.name as name4_3_3_,
28          member3_.password as password5_3_3_,
29          member3_.role as role6_3_3_
30      from
31          order_item orderitem0_
32      left outer join
33          item item1_
34              on orderitem0_.item_id=item1_.item_id
35      left outer join
36          orders order2_
37              on orderitem0_.order_id=order2_.order_id
38      left outer join
39          member member3_
40              on order2_.member_id=member3_.member_id
41      where
42          orderitem0_.order_item_id=?
```

일대일, 다대일로 매핑할 경우 기본 전략인 즉시 로딩을 통해 엔티티를 함께 가지고 옵니다. 심지어 Order 엔티티는 자신과 다대일로 매핑된 Member 엔티티도 가지고 오고 있습니다. 작성하고 있는 비즈니스 로직에서 사용하지 않을 데이터도 한꺼번에 들고 오는 것입니다.

지금 예제에서는 4개의 테이블을 조인해서 가지고 오지만, 실제 비즈니스를 하고 있다면 매핑되는 엔티티의 개수는 훨씬 많습니다. 그렇게 되면 개발자는 쿼리가 어떻게 실행될지 예측할 수 없습니다. 또한 사용하지 않는 데이터도 한꺼번에 조회하므로 성능 문제도 있을 수 있습니다. 따라서 즉시 로딩은 실무에서는 사용하기 힘듭니다.

즉시 로딩을 사용하는 대신에 지연 로딩 방식을 사용해야합니다. FetchType.LAZY 방식으로 설정하겠습니다.

```
com.shop.entity.OrderItem.java

01  package com.shop.entity;
02
03  import lombok.Getter;
04  import lombok.Setter;
05
06  import javax.persistence.*;
07  import java.time.LocalDateTime;
08
09  @Entity
10  @Getter @Setter
11  public class OrderItem {
12
13      @Id @GeneratedValue
14      @Column(name = "order_item_id")
15      private Long id;
16
17      @ManyToOne(fetch = FetchType.LAZY)
18      @JoinColumn(name = "item_id")
19      private Item item;
20
21      @ManyToOne(fetch = FetchType.LAZY)
22      @JoinColumn(name = "order_id")
23      private Order order;
24
25      private int orderPrice;   //주문 가격
26
```

```
27       private int count;   //수량
28
29       private LocalDateTime regTime;
30
31       private LocalDateTime updateTime;
32  }
```

지연 로딩으로 변경 후 기존 테스트 코드를 수정 후 다시 실행해보겠습니다.

```
01  package com.shop.entity;
02
03  .....기존 임포트 생략.....
04
05  @SpringBootTest
06  @TestPropertySource(locations="classpath:application-test.properties")
07  @Transactional
08  class OrderTest {
09
10      .....코드 생략.....
11
12      @Test
13      @DisplayName("지연 로딩 테스트")
14      public void lazyLoadingTest(){
15          Order order = this.createOrder();
16          Long orderItemId = order.getOrderItems().get(0).getId();
17          em.flush();
18          em.clear();
19
20          OrderItem orderItem = orderItemRepository.findById(orderItemId)
21                  .orElseThrow(EntityNotFoundException::new);
22          System.out.println("Order class : " + orderItem.getOrder().getClass());  ❶
23          System.out.println("=============================");
24          orderItem.getOrder().getOrderDate();                                      ❷
25          System.out.println("=============================");
26      }
27
28  }
```

테스트 코드 실행 결과 orderItem 엔티티만 조회하는 쿼리문이 실행되는 것을 볼 수 있습니다.

```
Hibernate:
    select
        orderitem0_.order_item_id as order_it1_4_0_,
        orderitem0_.reg_time as reg_time2_4_0_,
        orderitem0_.update_time as update_t3_4_0_,
        orderitem0_.created_by as created_4_4_0_,
        orderitem0_.modified_by as modified5_4_0_,
        orderitem0_.count as count6_4_0_,
        orderitem0_.item_id as item_id8_4_0_,
        orderitem0_.order_id as order_id9_4_0_,
        orderitem0_.order_price as order_pr7_4_0_
    from
        order_item orderitem0_
    where
        orderitem0_.order_item_id=?
```

[그림 5-17] 지연 로딩 설정 후 테스트 실행 시 조회 쿼리

또한 ❶ 코드의 실행 결과 Order 클래스 조회 결과가 HibernateProxy라고 출력되는 것을 볼 수 있습니다. 지연 로딩으로 설정하면 실제 엔티티 대신에 프록시 객체를 넣어둡니다.

```
Order class : class com.shop.entity.Order$HibernateProxy$m4a15CKN
```

[그림 5-18] 지연 로딩 설정 후 OrderItem에 매핑된 Order 클래스 출력 결과

프록시 객체는 실제로 사용되기 전까지 데이터 로딩을 하지 않고, 실제 사용 시점에 조회 쿼리문이 실행됩니다. ❷ 코드에서 Order의 주문일(orderDate)을 조회할 때 select 쿼리문이 실행되는 것을 확인할 수 있습니다. 디버깅 모드로 실행 후 코드를 한 줄씩 실행해보면 쉽게 이해할 수 있을 것입니다.

```
Hibernate:
    select
        order0_.order_id as order_id1_5_0_,
        order0_.member_id as member_i6_5_0_,
        order0_.order_date as order_da2_5_0_,
        order0_.order_status as order_st3_5_0_,
        order0_.reg_time as reg_time4_5_0_,
        order0_.update_time as update_t5_5_0_,
        member1_.member_id as member_i1_3_1_,
        member1_.address as address2_3_1_,
        member1_.email as email3_3_1_,
        member1_.name as name4_3_1_,
        member1_.password as password5_3_1_,
        member1_.role as role6_3_1_
    from
        orders order0_
    left outer join
        member member1_
            on order0_.member_id=member1_.member_id
    where
        order0_.order_id=?
```

[그림 5-19] order 주문일 조회 시 실행되는 조회 쿼리

인텔리제이에서 @OneToMany 어노테이션을 〈Ctrl〉+마우스로 클릭하면 @OneToMany 어노테이션의 경우는 기본 FetchType이 LAZY 방식으로 되어 있는 것을 확인할 수 있습니다.

```java
@Target({ElementType.METHOD, ElementType.FIELD})
@Retention(RetentionPolicy.RUNTIME)
public @interface OneToMany {
    Class targetEntity() default void.class;

    CascadeType[] cascade() default {};

    FetchType fetch() default FetchType.LAZY;

    String mappedBy() default "";

    boolean orphanRemoval() default false;
}
```

[그림 5-20] @OneToMany 어노테이션 default FetchType

어떤 어노테이션은 즉시 로딩이고, 어떤 어노테이션은 지연 로딩인데 사람인 이상 헷갈릴 수 있습니다. 연관 관계 매핑 어노테이션에 Fetch 전략을 LAZY로 직접 설정하겠습니다.

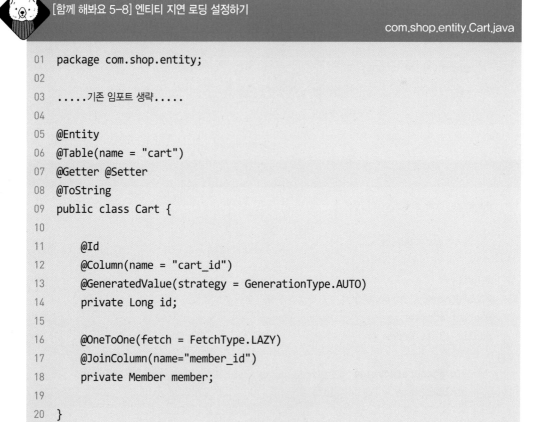

[함께 해봐요 5-8] 엔티티 지연 로딩 설정하기

com.shop.entity.Cart.java

```java
01  package com.shop.entity;
02
03  .....기존 임포트 생략.....
04
05  @Entity
06  @Table(name = "cart")
07  @Getter @Setter
08  @ToString
09  public class Cart {
10
11      @Id
12      @Column(name = "cart_id")
13      @GeneratedValue(strategy = GenerationType.AUTO)
14      private Long id;
15
16      @OneToOne(fetch = FetchType.LAZY)
17      @JoinColumn(name="member_id")
18      private Member member;
19
20  }
```

```java
01  package com.shop.entity;
02
03  .....기존 임포트 생략.....
04
05  @Entity
06  @Getter @Setter
07  @Table(name="cart_item")
08  public class CartItem {
09
10      @Id
11      @GeneratedValue
12      @Column(name = "cart_item_id")
13      private Long id;
14
15      @ManyToOne(fetch = FetchType.LAZY)
16      @JoinColumn(name="cart_id")
17      private Cart cart;
18
19      @ManyToOne(fetch = FetchType.LAZY)
20      @JoinColumn(name = "item_id")
21      private Item item;
22
23      private int count;
24
25  }
```

```java
01  package com.shop.entity;
02
03  .....기존 임포트 생략.....
04
05  @Entity
06  @Table(name = "orders")
07  @Getter @Setter
08  public class Order {
09
10      @Id @GeneratedValue
11      @Column(name = "order_id")
```

```
12      private Long id;
13

14      @ManyToOne(fetch = FetchType.LAZY)
15      @JoinColumn(name = "member_id")
16      private Member member;
17

18      private LocalDateTime orderDate;   //주문일
19

20      @Enumerated(EnumType.STRING)
21      private OrderStatus orderStatus;   //주문상태
22

23      @OneToMany(mappedBy = "order", cascade = CascadeType.ALL
24              , orphanRemoval = true, fetch = FetchType.LAZY)
25      private List<OrderItem> orderItems = new ArrayList<>();
26

27      private LocalDateTime regTime;
28

29      private LocalDateTime updateTime;
30
31  }
```

5.4 Auditing을 이용한 엔티티 공통 속성 공통화

이번 절은 연관 관계 매핑과는 상관없는 내용입니다. 지금까지 설계한 Item, Order, OrderItem 엔티티를 보면 등록시간(regTime), 수정시간(updateTime) 멤버변수가 공통으로 들어가 있는 것을 확인할 수 있습니다.

실제 서비스를 운영할 때는 보통 등록시간과 수정시간, 등록자, 수정자를 테이블에 넣어 놓고 활용을 합니다. 그리고 데이터가 생성되거나 수정될 때 시간을 기록해주고, 어떤 사용자가 등록을 했는지 아이디를 남깁니다. 이 컬럼들은 버그가 있거나 문의가 들어왔을 때 활용이 가능합니다. 데이터를 대용량으로 데이터를 업데이트했는데, 다시 업데이트를 해야 할 경우 변경된 대상을 찾을 때 활용할 수도 있습니다.

Spring Data Jpa에서는 Auditing 기능을 제공하여 엔티티가 저장 또는 수정될 때 자동으로 등록일, 수정일, 등록자, 수정자를 입력해줍니다. Audit의 사전적 정의는 '감시하다' 입니다. 즉, 엔티티의 생성과 수정을 감시하고 있는 것입니다. 이런 공통 멤버 변수들을 추상 클래스로 만들고, 해당 추상 클래스를 상속받는 형태로 엔티티를 리팩토링 하겠습니다.

현재 로그인한 사용자의 정보를 등록자와 수정자로 지정하기 위해서 AuditorAware 인터페이스를 구현한 클래스를 생성합니다.

 [함께 해봐요 5-9] Auditing 기능을 활용한 데이터 추적하기

com.shop.config.AuditorAwareImpl.java

```
01  package com.shop.config;
02
03  import org.springframework.data.domain.AuditorAware;
04  import org.springframework.security.core.Authentication;
05  import org.springframework.security.core.context.SecurityContextHolder;
06
07  import java.util.Optional;
08
```

```
09    public class AuditorAwareImpl implements AuditorAware<String> {
10
11        @Override
12        public Optional<String> getCurrentAuditor() {
13            Authentication authentication =
      SecurityContextHolder.getContext().getAuthentication();
14            String userId = "";
15            if(authentication != null){
16                userId = authentication.getName();                          ❶
17            }
18            return Optional.of(userId);
19        }
20    }
```

❶ 현재 로그인 한 사용자의 정보를 조회하여 사용자의 이름을 등록자와 수정자로 지정합니다.

Auditing 기능을 사용하기 위해서 Config 파일을 생성하겠습니다.

com.shop.config.AuditConfig.java

```
01    package com.shop.config;
02
03    import org.springframework.context.annotation.Bean;
04    import org.springframework.context.annotation.Configuration;
05    import org.springframework.data.domain.AuditorAware;
06    import org.springframework.data.jpa.repository.config.EnableJpaAuditing;
07
08    @Configuration
09    @EnableJpaAuditing                                                      ❶
10    public class AuditConfig {
11
12        @Bean
13        public AuditorAware<String> auditorProvider() {                     ❷
14            return new AuditorAwareImpl();
15        }
16    }
```

❶ JPA의 Auditing 기능을 활성화합니다.
❷ 등록자와 수정자를 처리해주는 AuditorAware을 빈으로 등록합니다.

보통 테이블에 등록일, 수정일, 등록자, 수정자를 모두 다 넣어주지만 어떤 테이블은 등록자, 수정자를 넣지 않는 테이블도 있을 수 있습니다. 그런 엔티티는 BaseTimeEntity만 상속받을 수 있도록 BaseTimeEntity 클래스를 생성합니다.

```java
package com.shop.entity;

import lombok.Getter;
import lombok.Setter;
import org.springframework.data.annotation.CreatedDate;
import org.springframework.data.annotation.LastModifiedDate;
import org.springframework.data.jpa.domain.support.AuditingEntityListener;

import javax.persistence.Column;
import javax.persistence.EntityListeners;
import javax.persistence.MappedSuperclass;
import java.time.LocalDateTime;

@EntityListeners(value = {AuditingEntityListener.class})        ❶
@MappedSuperclass                                               ❷
@Getter @Setter
public abstract class BaseTimeEntity {

    @CreatedDate                                                ❸
    @Column(updatable = false)
    private LocalDateTime regTime;

    @LastModifiedDate                                           ❹
    private LocalDateTime updateTime;

}
```

❶ Auditing을 적용하기 위해서 @EntityListeners 어노테이션을 추가합니다.

❷ 공통 매핑 정보가 필요할 때 사용하는 어노테이션으로 부모 클래스를 상속 받는 자식 클래스에 매핑 정보만 제공합니다.

❸ 엔티티가 생성되어 저장될 때 시간을 자동으로 저장합니다.

❹ 엔티티의 값을 변경할 때 시간을 자동으로 저장합니다.

BaseEntity는 위에서 만든 BaseTimeEntity를 상속받고 있습니다. 등록일, 수정일, 등록자, 수정자를 모두 갖는 엔티티는 BaseEntity를 상속받으면 됩니다.

```
01  package com.shop.entity;
02
03  import lombok.Getter;
04  import org.springframework.data.annotation.CreatedBy;
05  import org.springframework.data.annotation.LastModifiedBy;
06  import org.springframework.data.jpa.domain.support.AuditingEntityListener;
07
08  import javax.persistence.Column;
09  import javax.persistence.EntityListeners;
10  import javax.persistence.MappedSuperclass;
11
12  @EntityListeners(value = {AuditingEntityListener.class})
13  @MappedSuperclass
14  @Getter
15  public abstract class BaseEntity extends BaseTimeEntity{
16
17      @CreatedBy
18      @Column(updatable = false)
19      private String createdBy;
20
21      @LastModifiedBy
22      private String modifiedBy;
23  }
```

Member 엔티티에 Auditing 기능을 적용하기 위해서 BaseEntity 클래스를 상속받도록 하겠습니다.

```
01  package com.shop.entity;
02
03  .....기존 임포트 생략.....
04
05  @Entity
06  @Table(name="member")
07  @Getter @Setter
```

```
08  @ToString
09  public class Member extends BaseEntity{
10
11      .....코드 생략.....
12
13  }
```

회원 엔티티 저장 시 자동으로 등록자, 수정자, 등록시간, 수정시간이 저장되는지 테스트 코드를 작성하겠습니다.

com.shop.entity.MemberTest.java

```
01  package com.shop.entity;
02
03  import com.shop.repository.MemberRepository;
04  import org.junit.jupiter.api.DisplayName;
05  import org.junit.jupiter.api.Test;
06  import org.springframework.beans.factory.annotation.Autowired;
07  import org.springframework.boot.test.context.SpringBootTest;
08  import org.springframework.security.test.context.support.WithMockUser;
09  import org.springframework.test.context.TestPropertySource;
10  import org.springframework.transaction.annotation.Transactional;
11
12  import javax.persistence.EntityManager;
13  import javax.persistence.EntityNotFoundException;
14  import javax.persistence.PersistenceContext;
15
16  @SpringBootTest
17  @Transactional
18  @TestPropertySource(locations="classpath:application-test.properties")
19  public class MemberTest {
20
21      @Autowired
22      MemberRepository memberRepository;
23
24      @PersistenceContext
25      EntityManager em;
26
```

```
27        @Test
28        @DisplayName("Auditing 테스트")
29        @WithMockUser(username = "gildong", roles = "USER") ················· ❶
30        public void auditingTest(){
31            Member newMember = new Member();
32            memberRepository.save(newMember);
33
34            em.flush();
35            em.clear();
36
37            Member member = memberRepository.findById(newMember.getId())
38                    .orElseThrow(EntityNotFoundException::new);
39
40            System.out.println("register time : " + member.getRegTime());
41            System.out.println("update time : " + member.getUpdateTime());
42            System.out.println("create member : " + member.getCreatedBy());
43            System.out.println("modify member : " + member.getModifiedBy());
44        }
45
46    }
```

❶ 스프링 시큐리티에서 제공하는 어노테이션으로 @WithMockUser에 지정한 사용자가 로그인한 상태라고 가정하고 테스트를 진행할 수 있습니다.

member 엔티티를 저장할 때 등록자나 등록일을 지정해주지 않았지만 저장 시간과 현재 로그인된 계정의 이름으로 저장된 것을 확인할 수 있습니다.

```
register time : 2021-03-07T16:15:07.551722
update time : 2021-03-07T16:15:07.551722
create member : gildong
modify member : gildong
```

[그림 5-21] Auditing 테스트 실행 콘솔 출력 결과

나머지 엔티티도 BaseEntity를 상속받도록 수정하겠습니다. 엔티티에 등록 시간(regTime)과 수정 시간(updateTime)이 멤버 변수로 있었다면 삭제 후 상속합니다. 반복적인 내용이므로 OrderItem 엔티티만 예시 코드로 작성하겠습니다. Cart, CartItem, Item, Order도 똑같이 수정합니다.

```java
01  package com.shop.entity;
02
03  import lombok.Getter;
04  import lombok.Setter;
05
06  import javax.persistence.*;
07
08  @Entity
09  @Getter @Setter
10  public class OrderItem extends BaseEntity{ ────────────────────── ➊
11
12      @Id @GeneratedValue
13      @Column(name = "order_item_id")
14      private Long id;
15
16      @ManyToOne(fetch = FetchType.LAZY)
17      @JoinColumn(name = "item_id")
18      private Item item;
19
20      @ManyToOne(fetch = FetchType.LAZY)
21      @JoinColumn(name = "order_id")
22      private Order order;
23
24      private int orderPrice;   //주문 가격
25
26      private int count;   //수량
27
28      private LocalDateTime regTime;   //삭제
29
30      private LocalDateTime updateTime; //삭제
31
32  }
```

❚ ➊ 기존에 있던 regTime, updateTime 변수를 삭제하고 BaseEntity를 상속받도록 소스코드를 수정합니다.

5장에서는 연관 관계 매핑을 알아보았습니다. 정말 중요한 내용이므로 이해가 되지 않는 부분이 있다면 다시 한번 확인해야 합니다. 엔티티가 서로 복잡한 연관 관계를 맺을 때 성능 이슈가 있기도 합니다. 5장에서는 지연 로딩을 통해서 쿼리문이 필요할 때만 실행되도록 최적화를 하였습니다. 결국 성능 저하는 데이터를 저장하거나 수정할 때 일어나기보다는, 데이터를 조회할 때 일어납니다. 6장에서 조회할 때 최적화를 할 수 있는 방법을 좀 더 살펴봅니다.

6장

상품 등록 및 조회하기

학습목표

1. 상품 등록 및 수정 기능을 구현하면서 Spring DATA JPA를 이용해 데이터를 처리하는 방법을 학습한다.

2. Querydsl을 이용해 등록한 상품 데이터를 다양한 조건에 따라서 조회하는 방법을 학습한다.

5장에서 엔티티끼리의 연관 관계 매핑을 설정해주었습니다. 6장에서는 앞에서 배운 것들을 이용해 상품 등록 및 수정 페이지와 등록한 상품을 조회하는 관리 페이지, 고객이 상품을 볼 수 있는 메인 페이지, 상품 상세 페이지를 만들어 봅니다.

6.1 상품 등록하기

상품 등록 기능을 구현하기 위해서 정말 많은 내용을 학습하였습니다. 앞에서 배운 내용들을 종합하여 상품을 등록하는 기능 및 페이지를 구현하겠습니다.

현재까지는 상품의 정보를 가지고 있는 상품(Item) 엔티티 클래스를 다루었고, 상품의 이미지를 저장하는 상품 이미지 엔티티를 만들겠습니다. 상품 이미지 엔티티는 이미지 파일명, 원본 이미지 파일명, 이미지 조회 경로, 대표 이미지 여부를 갖도록 설계하겠습니다. 대표 이미지 여부가 "Y"인 경우 메인 페이지에서 상품을 보여줄 때 사용합니다.

item	item_img
item_id (PK)	item_img_id (PK)
item_nm	item_id (FK)
price	img_name
stock_number	ori_img_name
item_detail	img_url
item_sell_status	rep_img_yn

[그림 6-1] 상품-상품 이미지 ERD

[함께 해봐요 6-1] 상품 등록 구현하기

com.shop.entity.ItemImg.java

```
01  package com.shop.entity;
02
03  import lombok.Getter;
04  import lombok.Setter;
05
06  import javax.persistence.*;
07
08  @Entity
09  @Table(name="item_img")
10  @Getter @Setter
11  public class ItemImg extends BaseEntity{
12
```

```
13      @Id
14      @Column(name="item_img_id")
15      @GeneratedValue(strategy = GenerationType.AUTO)
16      private Long id;
17
18      private String imgName;   //이미지 파일명
19
20      private String oriImgName;   //원본 이미지 파일명
21
22      private String imgUrl;   //이미지 조회 경로
23
24      private String repimgYn; //대표 이미지 여부
25
26      @ManyToOne(fetch = FetchType.LAZY) ················································ ❶
27      @JoinColumn(name = "item_id")
28      private Item item;
29
30      public void updateItemImg(String oriImgName, String imgName, String imgUrl){ ❷
31          this.oriImgName = oriImgName;
32          this.imgName = imgName;
33          this.imgUrl = imgUrl;
34      }
35
36  }
```

❶ 상품 엔티티와 다대일 단방향 관계로 매핑합니다. 지연 로딩을 설정하여 매핑된 상품 엔티티 정보가 필요할 경우 데이터를 조회하도록 합니다.

❷ 원본 이미지 파일명, 업데이트할 이미지 파일명, 이미지 경로를 파라미터로 입력 받아서 이미지 정보를 업데이트 하는 메소드입니다.

다음으로 상품 등록 및 수정에 사용할 데이터 전달용 DTO 클래스를 만들겠습니다. 엔티티 자체를 화면으로 반환할 수도 있지만 그럴 때 엔티티 클래스에 화면에서만 사용하는 값이 추가가 됩니다. 특히 실제 쇼핑몰에서 상품 등록 페이지는 정말 많은 데이터를 입력해야 상품을 등록할 수 있습니다.

상품을 등록할 때는 화면으로부터 전달받은 DTO 객체를 엔티티 객체로 변환하는 작업을 해야 하고, 상품을 조회할 때는 엔티티 객체를 DTO 객체로 바꿔주는 작업을 해야 합니다. 이 작업은 반복적인 작업입니다. 멤버 변수가 몇 개 없다면 금방 할 수도 있지만 멤버 변수가 많아진다면 상당한 시간을 소모합니다.

이를 도와주는 라이브러리로 modelmapper 라이브러리가 있습니다. 이 라이브러리는 서로 다른 클래스의 값을 필드의 이름과 자료형이 같으면 getter, setter를 통해 값을 복사해서 객체를 반환해줍니다. POM.XML에 해당 의존성을 추가하겠습니다. 현재 가장 최신 버전인 2.3.9 버전을 사용하겠습니다.

```
pom.xml
01 <dependency>
02     <groupId>org.modelmapper</groupId>
03     <artifactId>modelmapper</artifactId>
04     <version>2.3.9</version>
05 </dependency>
```

먼저 상품 저장 후 상품 이미지에 대한 데이터를 전달할 DTO 클래스를 만들겠습니다.

```
com.shop.dto.ItemImgDto.java
01 package com.shop.dto;
02
03 import com.shop.entity.ItemImg;
04 import lombok.Getter;
05 import lombok.Setter;
06 import org.modelmapper.ModelMapper;
07
08 @Getter @Setter
09 public class ItemImgDto {
10
11     private Long id;
12
13     private String imgName;
14
15     private String oriImgName;
16
17     private String imgUrl;
18
19     private String repImgYn;
20
21     private static ModelMapper modelMapper = new ModelMapper();   ········· ❶
22
```

```
23    public static ItemImgDto of(ItemImg itemImg){
24        return modelMapper.map(itemImg,ItemImgDto.class);    ❷
25    }
26
27 }
```

❶ 멤버 변수로 ModelMapper 객체를 추가합니다.

❷ ItemImg 엔티티 객체를 파라미터로 받아서 ItemImg 객체의 자료형과 멤버변수의 이름이 같을 때 ItemImgDto로
값을 복사해서 반환합니다. static 메소드로 선언해 ItemImgDto 객체를 생성하지 않아도 호출할 수 있도록 하겠습
니다.

다음으로 상품 데이터 정보를 전달하는 DTO를 만들겠습니다.

com.shop.dto.ItemFormDto.java

```
01 package com.shop.dto;
02
03 import com.shop.constant.ItemSellStatus;
04 import com.shop.entity.Item;
05 import lombok.Getter;
06 import lombok.Setter;
07 import org.modelmapper.ModelMapper;
08
09 import javax.validation.constraints.NotBlank;
10 import javax.validation.constraints.NotNull;
11 import java.util.ArrayList;
12 import java.util.List;
13
14 @Getter @Setter
15 public class ItemFormDto {
16
17    private Long id;
18
19    @NotBlank(message = "상품명은 필수 입력 값입니다.")
20    private String itemNm;
21
22    @NotNull(message = "가격은 필수 입력 값입니다.")
23    private Integer price;
24
25    @NotBlank(message = "이름은 필수 입력 값입니다.")
26    private String itemDetail;
27
```

```
28      @NotNull(message = "재고는 필수 입력 값입니다.")
29      private Integer stockNumber;
30
31      private ItemSellStatus itemSellStatus;
32
33      private List<ItemImgDto> itemImgDtoList = new ArrayList<>(); ──────── ❶
34
35      private List<Long> itemImgIds = new ArrayList<>(); ──────────── ❷
36
37      private static ModelMapper modelMapper = new ModelMapper();
38
39      public Item createItem(){
40          return modelMapper.map(this, Item.class); ─────────── ❸
41      }
42
43      public static ItemFormDto of(Item item){
44          return modelMapper.map(item,ItemFormDto.class); ──────── ❹
45      }
46
47  }
```

❶ 상품 저장 후 수정할 때 상품 이미지 정보를 저장하는 리스트입니다.

❷ 상품의 이미지 아이디를 저장하는 리스트입니다. 상품 등록 시에는 아직 상품의 이미지를 저장하지 않았기 때문에 아무 값도 들어가 있지 않고 수정 시에 이미지 아이디를 담아둘 용도로 사용합니다.

❸, ❹ modelMapper를 이용하여 엔티티 객체와 DTO 객체 간의 데이터를 복사하여 복사한 객체를 반환해주는 메소드입니다.

상품 등록 페이지로 접근할 수 있도록 기존에 만들어 두었던 ItemController 클래스도 수정하겠습니다. ItemFormDto를 model 객체에 담아서 뷰로 전달하도록 합니다.

```
                                                    com.shop.ItemController.java

01  package com.shop.controller;
02
03  .....기존 임포트 생략.....
04
05  import org.springframework.ui.Model;
06  import com.shop.dto.ItemFormDto;
07
08  @Controller
09  public class ItemController {
```

```
10
11      @GetMapping(value = "/admin/item/new")
12      public String itemForm(Model model){
13          model.addAttribute("itemFormDto", new ItemFormDto());
14          return "item/itemForm";
15      }
16
17  }
```

상품 등록 페이지 또한 기존에 미리 만들어 두었던 itemForm.html 파일을 수정하겠습니다. 상품 등록 페이지는 굉장히 복잡한 페이지입니다. 현재는 상품 데이터로 몇 개 밖에 사용을 안 하지만 실제 쇼핑몰은 엄청난 양의 데이터를 입력해야 합니다.

상품 등록 같은 관리자 페이지에서 중요한 것은 데이터의 무결성을 보장해야 한다는 것입니다. 데이터가 의도와 다르게 저장된다거나, 잘못된 값이 저장되지 않도록 밸리데이션(validation)을 해야 합니다. 특히 데이터끼리 서로 연관이 있으면 어떤 데이터가 변함에 따라서 다른 데이터도 함께 체크를 해야 하는 경우가 많습니다.

이제 상품 등록 페이지 소스를 작성하겠습니다. 보통 자바스크립트 파일과 CSS 파일은 static 폴더에 따로 만들어서 관리하지만 예제 진행의 편의상 하나의 파일로 작성하겠습니다. 소스가 길어서 전체 소스를 먼저 소개하고 하나씩 살펴보겠습니다.

6~8장에서는 화면을 만들기 위한 소스코드의 양이 많아서 해당 소스는 깃허브에서 복사하여 사용하는 것을 권합니다.

- 깃허브 주소 : https://github.com/roadbook2/shop

resources/templates/item/itemForm.html

```
01  <!DOCTYPE html>
02  <html xmlns:th="http://www.thymeleaf.org"
03        xmlns:layout="http://www.ultraq.net.nz/thymeleaf/layout"
04        layout:decorate="~{layouts/layout1}">
05
06  <!-- 사용자 스크립트 추가 -->
07  <th:block layout:fragment="script">
08
09      <script th:inline="javascript">
10          $(document).ready(function(){
11              var errorMessage = [[${errorMessage}]];
12              if(errorMessage != null){
```

```
13                    alert(errorMessage);
14              }

16          bindDomEvent();

18      });

20      function bindDomEvent(){
21          $(".custom-file-input").on("change", function() {
22              var fileName = $(this).val().split("\\").pop();   //이미지 파일명
23              var fileExt = fileName.substring(fileName.lastIndexOf(".")+1);
                // 확장자 추출
24              fileExt = fileExt.toLowerCase(); //소문자 변환

26              if(fileExt != "jpg" && fileExt != "jpeg" && fileExt != "gif"
                   && fileExt != "png" && fileExt != "bmp"){
27                  alert("이미지 파일만 등록이 가능합니다.");
28                  return;
29              }

31              $(this).siblings(".custom-file-label").html(fileName);
32          });
33      }

35  </script>

37  </th:block>

39  <!-- 사용자 CSS 추가 -->
40  <th:block layout:fragment="css">
41      <style>
42          .input-group {
43              margin-bottom : 15px
44          }
45          .img-div {
46              margin-bottom : 10px
47          }
48          .fieldError {
49              color: #bd2130;
50          }
51      </style>
52  </th:block>
```

```
53
54  <div layout:fragment="content">
55
56      <form role="form" method="post" enctype="multipart/form-data"
            th:object="${itemFormDto}">
57
58          <p class="h2">
59              상품 등록
60          </p>
61
62          <input type="hidden" th:field="*{id}">
63
64          <div class="form-group">
65              <select th:field="*{itemSellStatus}" class="custom-select">
66                  <option value="SELL">판매중</option>
67                  <option value="SOLD_OUT">품절</option>
68              </select>
69          </div>
70
71          <div class="input-group">
72              <div class="input-group-prepend">
73                  <span class="input-group-text">상품명</span>
74              </div>
75              <input type="text" th:field="*{itemNm}" class="form-control"
                    placeholder="상품명을 입력해주세요">
76          </div>
77          <p th:if="${#fields.hasErrors('itemNm')}" th:errors="*{itemNm}"
             class="fieldError">Incorrect data</p>
78
79          <div class="input-group">
80              <div class="input-group-prepend">
81                  <span class="input-group-text">가격</span>
82              </div>
83              <input type="number" th:field="*{price}" class="form-control"
                    placeholder="상품의 가격을 입력해주세요">
84          </div>
85          <p th:if="${#fields.hasErrors('price')}" th:errors="*{price}"
             class="fieldError">Incorrect data</p>
86
87          <div class="input-group">
88              <div class="input-group-prepend">
89                  <span class="input-group-text">재고</span>
```

```
90              </div>
91              <input type="number" th:field="*{stockNumber}"
                        class="form-control" placeholder="상품의 재고를 입력해주세요">
92          </div>
93          <p th:if="${#fields.hasErrors('stockNumber')}" th:errors="*{stockNumber}"
                class="fieldError">Incorrect data</p>
94
95          <div class="input-group">
96              <div class="input-group-prepend">
97                  <span class="input-group-text">상품 상세 내용</span>
98              </div>
99              <textarea class="form-control" aria-label="With textarea"
                        th:field="*{itemDetail}"></textarea>
100         </div>
101         <p th:if="${#fields.hasErrors('itemDetail')}" th:errors="*{itemDetail}"
                class="fieldError">Incorrect data</p>
102
103         <div th:if="${#lists.isEmpty(itemFormDto.itemImgDtoList)}">
104             <div class="form-group" th:each="num: ${#numbers.sequence(1,5)}">
105                 <div class="custom-file img-div">
106                     <input type="file" class="custom-file-input"
                                name="itemImgFile">
107                     <label class="custom-file-label"
                                th:text="상품이미지 + ${num}"></label>
108                 </div>
109             </div>
110         </div>
111
112         <div th:if = "${not #lists.isEmpty(itemFormDto.itemImgDtoList)}">
113             <div class="form-group" th:each="itemImgDto,
                    status: ${itemFormDto.itemImgDtoList}">
114                 <div class="custom-file img-div">
115                     <input type="file" class="custom-file-input"
                                name="itemImgFile">
116                     <input type="hidden" name="itemImgIds"
                                th:value="${itemImgDto.id}">
117                     <label class="custom-file-label" th:text="${not #strings
                                .isEmpty(itemImgDto.oriImgName)} ? ${itemImgDto
                                .oriImgName} : '상품이미지' + ${status.index+1}">
                                </label>
118                 </div>
119             </div>
```

```
120        </div>
121
122        <div th:if="${#strings.isEmpty(itemFormDto.id)}"
                style="text-align: center">
123            <button th:formaction="@{/admin/item/new}" type="submit"
                    class="btn btn-primary">저장</button>
124        </div>
125        <div th:unless="${#strings.isEmpty(itemFormDto.id)}"
                style="text-align: center">
126            <button th:formaction="@{'/admin/item/' + ${itemFormDto.id} }"
                    type="submit" class="btn btn-primary">수정</button>
127        </div>
128        <input type="hidden" th:name="${_csrf.parameterName}"
                th:value="${_csrf.token}">
129
130    </form>
131
132 </div>
133
134 </html>
```

우선 스크립트 코드부터 살펴보겠습니다.

```
01  <script th:inline="javascript">
02      $(document).ready(function(){
03          var errorMessage = [[${errorMessage}]];  ─────────────────────────────① 
04          if(errorMessage != null){
05              alert(errorMessage);
06          }
07
08          bindDomEvent();
09
10      });
11
12      function bindDomEvent(){
13          $(".custom-file-input").on("change", function() {
14              var fileName = $(this).val().split("\\").pop();  //이미지 파일명
15              var fileExt = fileName.substring(fileName.lastIndexOf(".")+1);
                // 확장자 추출
16              fileExt = fileExt.toLowerCase(); //소문자 변환
17
```

```
18            if(fileExt != "jpg" && fileExt != "jpeg" && fileExt != "gif" &&
              fileExt != "png" && fileExt != "bmp"){ ──────────────── ❷
19                alert("이미지 파일만 등록이 가능합니다.");
20                return;
21            }
22
23            $(this).siblings(".custom-file-label").html(fileName); ──────── ❸
24        });
25    }
26
27 </script>
```

❶ 상품 등록 시 실패 메시지를 받아서 상품 등록 페이지에 재진입 시 alert를 통해서 실패 사유를 보여줍니다.

❷ 파일 첨부 시 이미지 파일인지 검사를 합니다. 보통 데이터를 검증할 때는 스크립트에서 밸리데이션을 한 번 하고, 스크립트는 사용자가 변경이 가능하므로 서버에서 한 번 더 밸리데이션을 합니다. 스크립트에서 밸리데이션을 하는 이유는 서버쪽으로 요청을 하면 네트워크를 통해 서버에 요청이 도착하고 다시 그 결과를 클라이언트에 반환하는 등 리소스를 소모하기 때문입니다.

❸ label 태그 안의 내용을 jquery의 .html()을 이용하여 파일명을 입력해줍니다.

파일을 전송할 때는 form 태그에 enctype(인코딩 타입) 값으로 "multipart/form-data"를 입력합니다. 모든 문자를 인코딩하지 않음을 명시합니다. 이 속성은 method 속성값이 "post"인 경우에만 사용할 수 있습니다.

```
<form role="form" method="post" enctype="multipart/form-data"
      th:object="${itemFormDto}">
```

상품 판매 상태의 경우 판매 중과 품절 상태가 있습니다. 상품 주문이 많이 들어와서 재고가 없을 경우 주문 시 품절 상태로 바꿔줄 것입니다. 또한 상품을 등록만 먼저 해놓고 팔지 않을 경우에도 이용할 수 있습니다.

```
01 <div class="form-group">
02     <select th:field="*{itemSellStatus}" class="custom-select">
03         <option value="SELL">판매중</option>
04         <option value="SOLD_OUT">품절</option>
05     </select>
06 </div>
```

상품 이미지의 경우에는 상품을 등록할 때와 상품을 저장할 때 2가지 경우로 나뉩니다.

```
01  <div th:if="${#lists.isEmpty(itemFormDto.itemImgDtoList)}">  ──────────── ❶
02      <div class="form-group" th:each="num: ${#numbers.sequence(1,5)}">  ──────── ❷
03          <div class="custom-file img-div">
04              <input type="file" class="custom-file-input" name="itemImgFile">
05              <label class="custom-file-label" th:text="상품이미지 + ${num}"></label>  ❸
06          </div>
07      </div>
08  </div>
09
10  <div th:if = "${not #lists.isEmpty(itemFormDto.itemImgDtoList)}">  ──────────── ❹
11      <div class="form-group" th:each="itemImgDto,
            status: ${itemFormDto.itemImgDtoList}">
12          <div class="custom-file img-div">
13              <input type="file" class="custom-file-input" name="itemImgFile">
14              <input type="hidden" name="itemImgIds" th:value="${itemImgDto.id}">  ❺
15              <label class="custom-file-label"
                        th:text="${not #strings.isEmpty(itemImgDto.oriImgName)}
                        ? ${itemImgDto.oriImgName} : '상품이미지' + ${status.index+1}">
                        </label>  ──────────────────────────────────────── ❻
16          </div>
17      </div>
18  </div>
```

❶ 상품 이미지 정보를 담고 있는 리스트가 비어 있다면 상품을 등록하는 경우입니다.

❷ 타임리프의 유틸리티 객체 #numbers.sequence(start, end)를 이용하면 start부터 end까지 반복 처리를 할 수 있습니다. 상품 등록 시 이미지의 개수를 최대 5개로 하겠습니다. num에는 1부터 5까지 숫자가 할당됩니다.

❸ label 태그에는 몇 번째 상품 이미지인지 표시를 합니다.

❹ 상품 이미지 정보를 담고 있는 리스트가 비어 있지 않다면 상품을 수정하는 경우입니다.

❺ 상품 수정 시 어떤 이미지가 수정됐는지를 알기 위해서 상품 이미지의 아이디를 hidden 값으로 숨겨둡니다.

❻ 타임리프의 유틸리티 객체인 #string.isEmpty(string)을 이용하여 저장된 이미지 정보가 있다면 파일의 이름을 보여주고, 없다면 '상품 이미지+번호'를 출력합니다.

```
01  <div th:if="${#strings.isEmpty(itemFormDto.id)}" style="text-align: center">  ❶
02      <button th:formaction="@{/admin/item/new}" type="submit"
                class="btn btn-primary">저장</button>
03  </div>
04  <div th:unless="${#strings.isEmpty(itemFormDto.id)}" style="text-align: center">  ❷
05      <button th:formaction="@{'/admin/item/' + ${itemFormDto.id} }"
                type="submit" class="btn btn-sprimary">수정</button>
06  </div>
```

❶ 상품 아이디가 없는 경우(상품을 처음 등록할 경우) 저장 로직을 호출하는 버튼을 보여줍니다.

❷ 상품의 아이디가 있는 경우 수정 로직을 호출하는 버튼을 보여줍니다.

이제 상품 등록 페이지에 접근해보겠습니다. 4장에서 admin으로 시작하는 URL은 관리자 계정 (ADMIN ROLE)일 경우에만 접근이 가능하도록 설정했습니다. 따라서 회원가입 및 로그인을 먼저 하도록 합니다. 소스를 작성하면서 애플리케이션을 재실행하면 테이블을 삭제하고 다시 만들기 때문에 이전에 가입했던 회원 데이터도 삭제됩니다. 소스를 수정하고 애플리케이션을 재실행하면 다시 회원 가입을 해야 하기 때문에 귀찮을 수 있습니다.

이 과정을 생략하기 위해 application.prperties의 ddl-auto 속성을 validate로 변경하면 애플리케이션 실행 시점에 테이블을 삭제한 후 재생성하지 않으며 엔티티와 테이블이 매핑이 정상적으로 되어 있는지만 확인합니다. 엔티티를 추가가 필요할 경우 create와 validate를 번갈아 가면서 사용하면 조금 편하게 개발을 진행할 수 있습니다.

application.properties 설정 변경하기

```
spring.jpa.hibernate.ddl-auto=validate
```

application.properties의 설정이 validate이면 테스트 코드 실행 시 테이블이 자동으로 생성되지 않으므로 테스트 환경에서는 ddl-auto를 create로 설정합니다.

application-test.properties 설정 추가하기

```
spring.jpa.hibernate.ddl-auto=create
```

회원 가입 후 다시 로그인을 하였다면 다음과 같은 메인 페이지를 볼 수 있습니다. 회원 가입 시 ADMIN ROLE로 가입을 진행하였기 때문에 상품 등록 메뉴가 보이는 것을 확인할 수 있습니다.

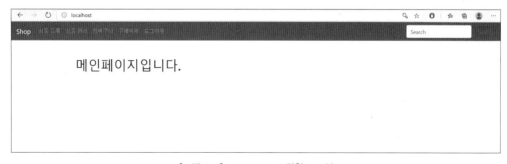

[그림 6-2] ADMIN ROLE 회원 로그인

상품 등록 메뉴를 클릭하면 방금 전에 만들었던 상품 등록 페이지가 보이는 것을 확인할 수 있습니다. 상품 등록 페이지 구현은 끝났습니다. 이제 상품을 등록하기 위한 로직을 만들겠습니다. 상품을 저장하는 로직과 수정하는 로직은 한 군데에서 처리하도록 하겠습니다.

[그림 6-3] 상품 등록 페이지

이미지 파일을 등록할 때 서버에서 각 파일의 최대 사이즈와 한번에 다운 요청할 수 있는 파일의 크기를 지정할 수 있습니다. 또한 컴퓨터에서 어떤 경로에 저장할지를 관리하기 위해서 프로퍼티에 itemImgLocation을 추가하겠습니다. 저는 C 폴더 아래에 shop/item 폴더를 만든 후 여기에 이미지를 저장하겠습니다. 프로젝트 내부가 아닌 자신의 컴퓨터에서 파일을 찾는 경로로 uploadPath 프로퍼티를 추가합니다.

application.properties 설정 추가하기

```
#파일 한 개당 최대 사이즈
spring.servlet.multipart.maxFileSize=20MB

#요청당 최대 파일 크기
spring.servlet.multipart.maxRequestSize=100MB

#상품 이미지 업로드 경로
itemImgLocation=C:/shop/item

#리소스 업로드 경로
uploadPath=file:///C:/shop/
```

업로드한 파일을 읽어올 경로를 설정하겠습니다. WebMvcConfigurer 인터페이스를 구현하는 WebMvcConfig.java 파일을 작성합니다. addResourceHandlers 메소드를 통해서 자신의 로컬 컴퓨터에 업로드한 파일을 찾을 위치를 설정합니다.

```java
com.shop.config.WebMvcConfig.java
01  package com.shop.config;
02
03  import org.springframework.beans.factory.annotation.Value;
04  import org.springframework.context.annotation.Configuration;
05  import org.springframework.web.servlet.config.annotation.ResourceHandlerRegistry;
06  import org.springframework.web.servlet.config.annotation.WebMvcConfigurer;
07
08  @Configuration
09  public class WebMvcConfig implements WebMvcConfigurer {
10
11      @Value("${uploadPath}")                                           ❶
12      String uploadPath;
13
14      @Override
15      public void addResourceHandlers(ResourceHandlerRegistry registry) {
16          registry.addResourceHandler("/images/**")                    ❷
17                  .addResourceLocations(uploadPath);                   ❸
18      }
19  }
```

❶ application.properties에 설정한 "uploadPath" 프로퍼티 값을 읽어옵니다.
❷ 웹 브라우저에 입력하는 url에 /images로 시작하는 경우 uploadPath에 설정한 폴더를 기준으로 파일을 읽어오도록 설정합니다.
❸ 로컬 컴퓨터에 저장된 파일을 읽어올 root 경로를 설정합니다.

다음으로 파일을 처리하는 FileService 클래스를 만들겠습니다. 파일을 업로드하는 메소드와 삭제하는 메소드를 작성하겠습니다.

```
01  package com.shop.service;
02
03  import lombok.extern.java.Log;
04  import org.springframework.stereotype.Service;
05
06  import java.io.File;
07  import java.io.FileOutputStream;
08  import java.util.UUID;
09
10  @Service
11  @Log
12  public class FileService {
13
14      public String uploadFile(String uploadPath, String originalFileName,
                                  byte[] fileData) throws Exception{
15          UUID uuid = UUID.randomUUID();                                        ❶
16          String extension = originalFileName.substring(originalFileName
                              .lastIndexOf("."));
17          String savedFileName = uuid.toString() + extension;                   ❷
18          String fileUploadFullUrl = uploadPath + "/" + savedFileName;
19          FileOutputStream fos = new FileOutputStream(fileUploadFullUrl);       ❸
20          fos.write(fileData);                                                  ❹
21          fos.close();
22          return savedFileName;                                                 ❺
23      }
24
25      public void deleteFile(String filePath) throws Exception{
26          File deleteFile = new File(filePath);                                 ❻
27
28          if(deleteFile.exists()) {                                             ❼
29              deleteFile.delete();
30              log.info("파일을 삭제하였습니다.");
31          } else {
32              log.info("파일이 존재하지 않습니다.");
33          }
34      }
35
36  }
```

❶ UUID(Universally Unique Identifier)는 서로 다른 개체들을 구별하기 위해서 이름을 부여할 때 사용합니다. 실제 사용 시 중복될 가능성이 거의 없기 때문에 파일의 이름으로 사용하면 파일명 중복 문제를 해결할 수 있습니다.

❷ UUID로 받은 값과 원래 파일의 이름의 확장자를 조합해서 저장될 파일 이름을 만듭니다.

❸ FileOutputStream 클래스는 바이트 단위의 출력을 내보내는 클래스입니다. 생성자로 파일이 저장될 위치와 파일의 이름을 넘겨 파일에 쓸 파일 출력 스트림을 만듭니다.

❹ fileData를 파일 출력 스트림에 입력합니다.

❺ 업로드된 파일의 이름을 반환합니다.

❻ 파일이 저장된 경로를 이용하여 파일 객체를 생성합니다.

❼ 해당 파일이 존재하면 파일을 삭제합니다.

상품의 이미지 정보를 저장하기 위해서 repository 패키지 아래에 JpaRepository를 상속받는 ItemImgRepository 인터페이스를 만듭니다.

```
com.shop.repository.ItemImgRepository.java
01  package com.shop.repository;
02
03  import com.shop.entity.ItemImg;
04  import org.springframework.data.jpa.repository.JpaRepository;
05
06  public interface ItemImgRepository extends JpaRepository<ItemImg, Long> {
07
08  }
```

다음으로 상품 이미지를 업로드하고, 상품 이미지 정보를 저장하는 ItemImgService 클래스를 service 패키지 아래에 생성합니다.

```
com.shop.service.ItemImgService.java
01  package com.shop.service;
02
03  import com.shop.entity.ItemImg;
04  import com.shop.repository.ItemImgRepository;
05  import lombok.RequiredArgsConstructor;
06  import org.springframework.beans.factory.annotation.Value;
07  import org.springframework.stereotype.Service;
08  import org.springframework.transaction.annotation.Transactional;
09  import org.springframework.web.multipart.MultipartFile;
10  import org.thymeleaf.util.StringUtils;
11
```

```
12  @Service
13  @RequiredArgsConstructor
14  @Transactional
15  public class ItemImgService {
16
17      @Value("${itemImgLocation}")                                         ❶
18      private String itemImgLocation;
19
20      private final ItemImgRepository itemImgRepository;
21
22      private final FileService fileService;
23
24      public void saveItemImg(ItemImg itemImg, MultipartFile itemImgFile)
    throws Exception{
25          String oriImgName = itemImgFile.getOriginalFilename();
26          String imgName = "";
27          String imgUrl = "";
28
29          //파일 업로드
30          if(!StringUtils.isEmpty(oriImgName)){
31              imgName = fileService.uploadFile(itemImgLocation, oriImgName,
                      itemImgFile.getBytes());                              ❷
32              imgUrl = "/images/item/" + imgName;                        ❸
33          }
34
35          //상품 이미지 정보 저장
36          itemImg.updateItemImg(oriImgName, imgName, imgUrl);            ❹
37          itemImgRepository.save(itemImg);                              ❺
38      }
39
40  }
```

❶ @Value 어노테이션을 통해 application.properties 파일에 등록한 itemImgLocation 값을 불러와서 itemImgLocation 변수에 넣어 줍니다.

❷ 사용자가 상품의 이미지를 등록했다면 저장할 경로와 파일의 이름, 파일을 파일의 바이트 배열을 파일 업로드 파라미터로 uploadFile 메소드를 호출합니다. 호출 결과 로컬에 저장된 파일의 이름을 imgName 변수에 저장합니다.

❸ 저장한 상품 이미지를 불러올 경로를 설정합니다. 외부 리소스를 불러오는 urlPatterns로 WebMvcConfig 클래스에서 "/images/**"를 설정해주었습니다. 또한 application.properties에서 설정한 uploadPath 프로퍼티 경로인 "C:/shop/" 아래 item 폴더에 이미지를 저장하므로 상품 이미지를 불러오는 경로로 "/images/item/"를 붙여줍니다.

❹, ❺ 입력받은 상품 이미지 정보를 저장합니다.
  • imgName: 실제 로컬에 저장된 상품 이미지 파일의 이름
  • oriImgName: 업로드했던 상품 이미지 파일의 원래 이름
  • imgUrl: 업로드 결과 로컬에 저장된 상품 이미지 파일을 불러오는 경로

상품을 하나 등록하기 위해서 정말 많은 클래스들을 작성하고 있습니다. 실제 서비스는 이것보다 훨씬 많은 클래스가 필요할 것입니다. 다음으로 상품을 등록하는 ItemService 클래스를 만들겠습니다.

```java
package com.shop.service;

import com.shop.dto.ItemFormDto;
import com.shop.entity.Item;
import com.shop.entity.ItemImg;
import com.shop.repository.ItemImgRepository;
import com.shop.repository.ItemRepository;
import lombok.RequiredArgsConstructor;
import org.springframework.stereotype.Service;
import org.springframework.transaction.annotation.Transactional;
import org.springframework.web.multipart.MultipartFile;

import java.util.List;

@Service
@Transactional
@RequiredArgsConstructor
public class ItemService {

    private final ItemRepository itemRepository;
    private final ItemImgService itemImgService;
    private final ItemImgRepository itemImgRepository;

    public Long saveItem(ItemFormDto itemFormDto,
    List<MultipartFile> itemImgFileList) throws Exception{

        //상품 등록
        Item item = itemFormDto.createItem();                       ❶
        itemRepository.save(item);                                  ❷

        //이미지 등록
        for(int i=0;i<itemImgFileList.size();i++){
            ItemImg itemImg = new ItemImg();
            itemImg.setItem(item);
            if(i == 0)                                              ❸
                itemImg.setRepimgYn("Y");
```

```
36              else
37                  itemImg.setRepimgYn("N");
38              itemImgService.saveItemImg(itemImg, itemImgFileList.get(i));  ❹
39          }
40
41          return item.getId();
42      }
43
44  }
```

❶ 상품 등록 폼으로부터 입력 받은 데이터를 이용하여 item 객체를 생성합니다.

❷ 상품 데이터를 저장합니다.

❸ 첫 번째 이미지일 경우 대표 상품 이미지 여부 값을 "Y"로 세팅합니다. 나머지 상품 이미지는 "N"으로 설정합니다.

❹ 상품의 이미지 정보를 저장합니다.

마지막으로 상품을 등록하는 url을 ItemController 클래스에 추가하겠습니다.

com.shop.controller.ItemController.java

```
01  package com.shop.controller;
02
03  .....기존 임포트 생략.....
04
05  import com.shop.service.ItemService;
06  import lombok.RequiredArgsConstructor;
07  import org.springframework.web.bind.annotation.PostMapping;
08  import javax.validation.Valid;
09  import org.springframework.validation.BindingResult;
10  import org.springframework.web.bind.annotation.RequestParam;
11  import org.springframework.web.multipart.MultipartFile;
12  import java.util.List;
13
14  @Controller
15  @RequiredArgsConstructor
16  public class ItemController {
17
18      private final ItemService itemService;
19
20      .....코드 생략.....
21
```

```
22    @PostMapping(value = "/admin/item/new")
23    public String itemNew(@Valid ItemFormDto itemFormDto, BindingResult
      bindingResult, Model model, @RequestParam("itemImgFile") List<MultipartFile>
      itemImgFileList){
24
25        if(bindingResult.hasErrors()){                                          ❶
26            return "item/itemForm";
27        }
28
29        if(itemImgFileList.get(0).isEmpty() && itemFormDto.getId() == null){  ❷
30            model.addAttribute("errorMessage", "첫번째 상품 이미지는 필수 입력 값 입니다.");
31            return "item/itemForm";
32        }
33
34        try {
35            itemService.saveItem(itemFormDto, itemImgFileList);                ❸
36        } catch (Exception e){
37            model.addAttribute("errorMessage", "상품 등록 중 에러가 발생하였습니다.");
38            return "item/itemForm";
39        }
40
41        return "redirect:/";                                                   ❹
42    }
43
44 }
```

❶ 상품 등록 시 필수 값이 없다면 다시 상품 등록 페이지로 전환합니다.

❷ 상품 등록 시 첫 번째 이미지가 없다면 에러 메시지와 함께 상품 등록 페이지로 전환합니다. 상품의 첫 번째 이미지는 메인 페이지에서 보여줄 상품 이미지로 사용하기 위해서 필수 값으로 지정하겠습니다.

❸ 상품 저장 로직을 호출합니다. 매개 변수로 상품 정보와 상품 이미지 정보를 담고 있는 itemImgFileList를 넘겨줍니다.

❹ 상품이 정상적으로 등록되었다면 메인 페이지로 이동합니다.

이제 상품 저장 로직 테스트 코드를 작성해보겠습니다. 비즈니스가 점점 커져가면서 상품에 추가되는 데이터들이 많습니다. 즉, 소스를 수정할 일이 많기 때문에 저장 로직에 대한 테스트 코드와 테스트 케이스를 잘 만들어 두는 게 중요합니다.

이미지가 잘 저장됐는지 테스트 코드를 작성하기 위해서 ItemImgRepository 인터페이스에 findByItemIdOrderByIdAsc 메소드를 추가하겠습니다. 매개변수로 넘겨준 상품 아이디를 가지며, 상품 이미지 아이디의 오름차순으로 가져오는 쿼리 메소드입니다.

```
01  package com.shop.repository;
02
03  .....기존 임포트 생략.....
04
05  import java.util.List;
06
07  public interface ItemImgRepository extends JpaRepository<ItemImg, Long> {
08
09      List<ItemImg> findByItemIdOrderByIdAsc(Long itemId);
10
11  }
```

테스트를 위해 ItemServiceTest 클래스를 만들겠습니다.

```
01  package com.shop.service;
02
03  import com.shop.constant.ItemSellStatus;
04  import com.shop.dto.ItemFormDto;
05  import com.shop.entity.Item;
06  import com.shop.entity.ItemImg;
07  import com.shop.repository.ItemImgRepository;
08  import com.shop.repository.ItemRepository;
09  import org.junit.jupiter.api.DisplayName;
10  import org.junit.jupiter.api.Test;
11  import org.springframework.beans.factory.annotation.Autowired;
12  import org.springframework.boot.test.context.SpringBootTest;
13  import org.springframework.mock.web.MockMultipartFile;
14  import org.springframework.security.test.context.support.WithMockUser;
15  import org.springframework.test.context.TestPropertySource;
16  import org.springframework.transaction.annotation.Transactional;
17  import org.springframework.web.multipart.MultipartFile;
18
19  import javax.persistence.EntityNotFoundException;
20  import java.util.ArrayList;
21  import java.util.List;
22
```

```java
23  import static org.junit.jupiter.api.Assertions.assertEquals;
24
25  @SpringBootTest
26  @Transactional
27  @TestPropertySource(locations="classpath:application-test.properties")
28  class ItemServiceTest {
29
30      @Autowired
31      ItemService itemService;
32
33      @Autowired
34      ItemRepository itemRepository;
35
36      @Autowired
37      ItemImgRepository itemImgRepository;
38
39      List<MultipartFile> createMultipartFiles() throws Exception{          ❶
40
41          List<MultipartFile> multipartFileList = new ArrayList<>();
42
43          for(int i=0;i<5;i++){
44              String path = "C:/shop/item/";
45              String imageName = "image" + i + ".jpg";
46              MockMultipartFile multipartFile =
                                      new MockMultipartFile(path, imageName,
                                      "image/jpg", new byte[]{1,2,3,4});
47              multipartFileList.add(multipartFile);
48          }
49
50          return multipartFileList;
51      }
52
53      @Test
54      @DisplayName("상품 등록 테스트")
55      @WithMockUser(username = "admin", roles = "ADMIN")
56      void saveItem() throws Exception{
57          ItemFormDto itemFormDto = new ItemFormDto();          ❷
58          itemFormDto.setItemNm("테스트상품");
59          itemFormDto.setItemSellStatus(ItemSellStatus.SELL);
60          itemFormDto.setItemDetail("테스트 상품 입니다.");
61          itemFormDto.setPrice(1000);
62          itemFormDto.setStockNumber(100);
```

```
63
64          List<MultipartFile> multipartFileList = createMultipartFiles();
65          Long itemId = itemService.saveItem(itemFormDto, multipartFileList);     ❸
66
67          List<ItemImg> itemImgList =
                           itemImgRepository.findByItemIdOrderByIdAsc(itemId);
68          Item item = itemRepository.findById(itemId)
69              .orElseThrow(EntityNotFoundException::new);
70
71          assertEquals(itemFormDto.getItemNm(), item.getItemNm()); ──────────── ❹
72          assertEquals(itemFormDto.getItemSellStatus(),
                    item.getItemSellStatus());
73          assertEquals(itemFormDto.getItemDetail(), item.getItemDetail());
74          assertEquals(itemFormDto.getPrice(), item.getPrice());
75          assertEquals(itemFormDto.getStockNumber(), item.getStockNumber());
76          assertEquals(multipartFileList.get(0).getOriginalFilename(),
                    itemImgList.get(0).getOriImgName()); ───────────────── ❺
77      }
78 }
```

❶ MockMultipartFile 클래스를 이용하여 가짜 MultipartFile 리스트를 만들어서 반환해주는 메소드입니다.
❷ 상품 등록 화면에서 입력 받는 상품 데이터를 세팅해줍니다.
❸ 상품 데이터와 이미지 정보를 파라미터로 넘겨서 저장 후 저장된 상품의 아이디 값을 반환 값으로 리턴해줍니다.
❹ 입력한 상품 데이터와 실제로 저장된 상품 데이터가 같은지 확인합니다.
❺ 상품 이미지는 첫 번째 파일의 원본 이미지 파일 이름만 같은지 확인하겠습니다.

테스트 코드 실행 결과 테스트가 정상적으로 통과했음을 볼 수 있습니다. 참고로 테스트 실행을 하면
더미 데이터로 넣은 이미지 데이터가 상품 이미지를 저장하는 폴더에 생성됩니다.

[그림 6-4] 상품 등록 테스트

테스트까지 마쳤으니 이제 상품 등록 페이지에서 데이터를 입력 후 실제로 등록이 되는지 확인해보겠
습니다. 상품을 등록할 때 사용하는 이미지 자체가 중요한 것이 아니므로 이미지를 인터넷에서 다운
로드해서 진행하거나, 깃허브 소스 폴더 'resources/static/images'에 올려둔 예제 이미지를 사용해서
도 됩니다.

[그림 6-5] 상품 데이터 입력

⟨저장⟩ 버튼을 눌렀을 때 상품이 정상적으로 저장됐다면 다음과 같이 메인 페이지로 이동됩니다.

[그림 6-6] 상품 저장 시 메인 페이지 이동

파일 업로드 경로인 C:/shop/item 경로에 들어가보면 업로드한 청바진 사진과 스웨터 사진이 올라온 것을 확인할 수 있습니다.

[그림 6-7] 상품 등록 후 이미지 저장 결과

여기서 잠깐

저자의 경험

상품 등록 페이지처럼 복잡한 페이지의 경우 기존에는 자바스크립트와 jQuery만으로 처리를 하였는데, Vue.
js 프레임워크를 도입 후 개발이 조금 더 편해졌습니다. 가장 큰 장점으로 느꼈던 것은 데이터가 변하면 해
당 데이터를 보여주는 영역에 뷰도 자동으로 바뀌고, 데이터가 변하는 걸 감시하고 있다가 이벤트를 발생하
기 쉽다는 점이었습니다. 서비스를 운영하는 데 화면이 너무 복잡하고 서로 얽혀 있는 데이터가 많으면 이런
Vue.js 프레임워크를 도입하는 것도 좋은 방법이라고 생각합니다.

6.2 상품 수정하기

상품 등록 기능을 구현하였으니 등록한 상품 정보를 볼 수 있는 상품 상세 페이지 진입 및 상품 데이터를 수정할 수 있도록 기능을 구현하겠습니다.

상품 등록 후 콘솔창을 보면 insert into item 쿼리문이 실행되는 것을 볼 수 있습니다. 저는 마지막 값에 item_id 값이 insert 됩니다. binding parameter 값을 확인해보면 상품의 아이디는 2번입니다. 여러분은 상품 아이디가 다를 수 있습니다. 해당 상품 아이디를 이용해서 상품 수정 페이지에 진입하겠습니다.

```
Hibernate:
    insert
    into
        item
        (reg_time, update_time, created_by, modified_by, item_detail, item_nm, item_sell_status, price, stock_number, item_id)
        values
        (?, ?, ?, ?, ?, ?, ?, ?, ?, ?)
2021-03-05 13:48:36.908 TRACE 8936 --- [nio-80-exec-10] o.h.type.descriptor.sql.BasicBinder      : binding parameter [1] as [TIMESTAMP] - [2021-03-05T13:48:36.823002800]
2021-03-05 13:48:36.908 TRACE 8936 --- [nio-80-exec-10] o.h.type.descriptor.sql.BasicBinder      : binding parameter [2] as [TIMESTAMP] - [2021-03-05T13:48:36.823002800]
2021-03-05 13:48:36.909 TRACE 8936 --- [nio-80-exec-10] o.h.type.descriptor.sql.BasicBinder      : binding parameter [3] as [VARCHAR] - [test@test.com]
2021-03-05 13:48:36.909 TRACE 8936 --- [nio-80-exec-10] o.h.type.descriptor.sql.BasicBinder      : binding parameter [4] as [VARCHAR] - [test@test.com]
2021-03-05 13:48:36.909 TRACE 8936 --- [nio-80-exec-10] o.h.type.descriptor.sql.BasicBinder      : binding parameter [5] as [CLOB] - [상품 등록 테스트입니다.]
2021-03-05 13:48:36.910 TRACE 8936 --- [nio-80-exec-10] o.h.type.descriptor.sql.BasicBinder      : binding parameter [6] as [VARCHAR] - [테스트상품]
2021-03-05 13:48:36.911 TRACE 8936 --- [nio-80-exec-10] o.h.type.descriptor.sql.BasicBinder      : binding parameter [7] as [VARCHAR] - [SELL]
2021-03-05 13:48:36.911 TRACE 8936 --- [nio-80-exec-10] o.h.type.descriptor.sql.BasicBinder      : binding parameter [8] as [INTEGER] - [10000]
2021-03-05 13:48:36.911 TRACE 8936 --- [nio-80-exec-10] o.h.type.descriptor.sql.BasicBinder      : binding parameter [9] as [INTEGER] - [100]
2021-03-05 13:48:36.911 TRACE 8936 --- [nio-80-exec-10] o.h.type.descriptor.sql.BasicBinder      : binding parameter [10] as [BIGINT] - [2]
```

[그림 6-8] 상품 등록 후 이미지 저장 결과

먼저 등록된 상품을 불러오는 메소드를 ItemService 클래스에 추가하겠습니다.

[함께 해봐요 6-2] 상품 수정하기

com.shop.service.ItemService.java

```java
01  package com.shop.service;
02
03  .....기존 임포트 생략.....
04
05  import com.shop.dto.ItemImgDto;
06  import javax.persistence.EntityNotFoundException;
07  import java.util.ArrayList;
08
```

```
09  @Service
10  @Transactional
11  @RequiredArgsConstructor
12  public class ItemService {
13
14      .....코드 생략.....
15
16      @Transactional(readOnly = true) ─────────────────────────────── ❶
17      public ItemFormDto getItemDtl(Long itemId){
18
19          List<ItemImg> itemImgList =
      itemImgRepository.findByItemIdOrderByIdAsc(itemId); ───────────── ❷
20          List<ItemImgDto> itemImgDtoList = new ArrayList<>();
21          for (ItemImg itemImg : itemImgList) { ───────────────────── ❸
22              ItemImgDto itemImgDto = ItemImgDto.of(itemImg);
23              itemImgDtoList.add(itemImgDto);
24          }
25
26          Item item = itemRepository.findById(itemId) ─────────────── ❹
27                  .orElseThrow(EntityNotFoundException::new);
28          ItemFormDto itemFormDto = ItemFormDto.of(item);
29          itemFormDto.setItemImgDtoList(itemImgDtoList);
30          return itemFormDto;
31      }
32
33  }
```

❶ 상품 데이터를 읽어오는 트랜잭션을 읽기 전용을 설정합니다. 이럴 경우 JPA가 더티체킹(변경감지)을 수행하지 않아서 성능을 향상 시킬 수 있습니다.

❷ 해당 상품의 이미지를 조회합니다. 등록순으로 가지고 오기 위해서 상품 이미지 아이디 오름차순으로 가지고 오겠습니다.

❸ 조회한 ItemImg 엔티티를 ItemImgDto 객체로 만들어서 리스트에 추가합니다.

❹ 상품의 아이디를 통해 상품 엔티티를 조회합니다. 존재하지 않을 때는 EntityNotFoundException을 발생시킵니다.

상품 수정 페이지로 진입하기 위해서 ItemController 클래스에 코드를 추가하겠습니다. 실무에서는 등록 수정을 할 때 서버에 전달하는 데이터가 많이 다르기 때문에 보통 등록용 페이지와 수정용 페이지를 나눠서 개발합니다. 예제에서는 상품 수정 페이지도 기존에 사용하던 상품 등록 페이지 (ItemForm.html)를 그대로 사용하겠습니다.

```
01  package com.shop.controller;
02
03  .....기존 임포트 생략.....
04
05  import org.springframework.web.bind.annotation.PathVariable;
06  import javax.persistence.EntityNotFoundException;
07
08  @Controller
09  @RequiredArgsConstructor
10  public class ItemController {
11
12      .....코드 생략.....
13
14      @GetMapping(value = "/admin/item/{itemId}")
15      public String itemDtl(@PathVariable("itemId") Long itemId, Model model){
16
17          try {
18              ItemFormDto itemFormDto = itemService.getItemDtl(itemId);    ──❶
19              model.addAttribute("itemFormDto", itemFormDto);
20          } catch(EntityNotFoundException e){    ───────────────────────────❷
21              model.addAttribute("errorMessage", "존재하지 않는 상품 입니다.");
22  model.addAttribute("itemFormDto", new ItemFormDto());
23              return "item/itemForm";
24          }
25
26          return "item/itemForm";
27      }
28  }
```

❶ 조회한 상품 데이터를 모델에 담아서 뷰로 전달합니다.
❷ 상품 엔티티가 존재하지 않을 경우 에러메시지를 담아서 상품 등록 페이지로 이동합니다.

저장한 상품을 조회하기 위해서 웹 브라우저에 http://localhost/admin/item/2 입력해보겠습니다.
저는 상품 아이디가 2로 발급되어 URL에 2를 입력했습니다. 상품 등록 때 insert 되는 상품 아이디
를 확인해주세요. 상품 수정 페이지에 진입하면 등록한 상품이 정상적으로 보이는 것을 확인할 수 있
습니다.

[그림 6-9] 상품 수정 페이지

상품 이미지 수정을 위해서 ItemImgSerivce 클래스를 수정하겠습니다. 상품 이미지 데이터를 수정할 때는 변경감지 기능을 사용하겠습니다.

```java
                                          com.shop.service.ItemImgService.java
01  package com.shop.service;
02
03  .....기존 임포트 생략.....
04
05  import javax.persistence.EntityNotFoundException;
06
07  @Service
08  @RequiredArgsConstructor
09  @Transactional
10  public class ItemImgService {
11
12      .....코드 생략.....
13
14      public void updateItemImg(Long itemImgId, MultipartFile itemImgFile)
    throws Exception{
15          if(!itemImgFile.isEmpty()){                                      ❶
16              ItemImg savedItemImg = itemImgRepository.findById(itemImgId)  ❷
17                      .orElseThrow(EntityNotFoundException::new);
18
```

```
19                    //기존 이미지 파일 삭제
20                    if(!StringUtils.isEmpty(savedItemImg.getImgName())) {          ❸
21                        fileService.deleteFile(itemImgLocation+"/"+
                                                savedItemImg.getImgName());
22                    }
23
24                    String oriImgName = itemImgFile.getOriginalFilename();
25                    String imgName = fileService.uploadFile(itemImgLocation,
                                        oriImgName, itemImgFile.getBytes());          ❹
26                    String imgUrl = "/images/item/" + imgName;
27                    savedItemImg.updateItemImg(oriImgName, imgName, imgUrl);        ❺
28                }
29            }
30
31    }
```

❶ 상품 이미지를 수정한 경우 상품 이미지를 업데이트합니다.

❷ 상품 이미지 아이디를 이용하여 기존에 저장했던 상품 이미지 엔티티를 조회합니다.

❸ 기존에 등록된 상품 이미지 파일이 있을 경우 해당 파일을 삭제합니다.

❹ 업데이트한 상품 이미지 파일을 업로드합니다.

❺ 변경된 상품 이미지 정보를 세팅해줍니다. 여기서 중요한 점은 상품 등록 때처럼 itemImgRepository.save()
로직을 호출하지 않는다는 것입니다. savedItemImg 엔티티는 현재 영속 상태이므로 데이터를 변경하는 것만으로
변경 감지 기능이 동작하여 트랜잭션이 끝날 때 update 쿼리가 실행됩니다. 여기서 중요한 것은 엔티티가 영속 상
태여야 한다는 것입니다.

이제 상품을 업데이트하는 로직을 구현하겠습니다. 먼저 Item 클래스에 상품 데이터를 업데이트하
는 로직을 만들겠습니다. 엔티티 클래스에 비즈니스 로직을 추가한다면 조금 더 객체지향적으로 코
딩을 할 수 있고, 코드를 재활용할 수 있습니다. 또한 데이터 변경 포인트를 한군데에서 관리할 수
있습니다.

```
                                                          com.shop.entity.Item.java

01    package com.shop.entity;
02
03    .....기존 임포트 생략.....
04
05    import com.shop.dto.ItemFormDto;
06
07    @Entity
08    @Table(name="item")
```

```
09  @Getter @Setter
10  @ToString
11  public class Item extends BaseEntity{
12
13      .....코드 생략.....
14
15      public void updateItem(ItemFormDto itemFormDto){
16          this.itemNm = itemFormDto.getItemNm();
17          this.price = itemFormDto.getPrice();
18          this.stockNumber = itemFormDto.getStockNumber();
19          this.itemDetail = itemFormDto.getItemDetail();
20          this.itemSellStatus = itemFormDto.getItemSellStatus();
21      }
22
23  }
```

상품을 업데이트할 때도 마찬가지로 변경 감지 기능을 사용합니다.

com.shop.service.ItemService.java

```
01  package com.shop.service;
02
03  .....기존 임포트 생략.....
04
05  @Service
06  @Transactional
07  @RequiredArgsConstructor
08  public class ItemService {
09
10      .....코드 생략.....
11
12      public Long updateItem(ItemFormDto itemFormDto,
    List<MultipartFile> itemImgFileList) throws Exception{
13
14          //상품 수정
15          Item item = itemRepository.findById(itemFormDto.getId())      ❶
16                  .orElseThrow(EntityNotFoundException::new);
17          item.updateItem(itemFormDto);                                 ❷
18
19          List<Long> itemImgIds = itemFormDto.getItemImgIds();          ❸
20
```

```
21          //이미지 등록
22          for(int i=0;i<itemImgFileList.size();i++){
23              itemImgService.updateItemImg(itemImgIds.get(i),
    itemImgFileList.get(i));                                            ❹
24          }
25
26          return item.getId();
27      }
28
29  }
```

❶ 상품 등록 화면으로부터 전달 받은 상품 아이디를 이용하여 상품 엔티티를 조회합니다.

❷ 상품 등록 화면으로부터 전달 받은 ItemFormDto를 통해 상품 엔티티를 업데이트합니다.

❸ 상품 이미지 아이디 리스트를 조회합니다.

❹ 상품 이미지를 업데이트하기 위해서 updateItemImg() 메소드에 상품 이미지 아이디와, 상품 이미지 파일 정보를 파라미터로 전달합니다.

상품을 수정하는 URL을 ItemController 클래스에 추가하겠습니다. 상품 등록 때 추가했던 코드와 거의 비슷합니다.

```
                                            com.shop.controller.ItemController.java
01  package com.shop.controller;
02
03  .....기존 임포트 생략.....
04
05  @Controller
06  @RequiredArgsConstructor
07  public class ItemController {
08
09      .....코드 생략.....
10
11      @PostMapping(value = "/admin/item/{itemId}")
12      public String itemUpdate(@Valid ItemFormDto itemFormDto,
    BindingResult bindingResult, @RequestParam("itemImgFile") List<MultipartFile>
    itemImgFileList, Model model){
13
14          if(bindingResult.hasErrors()){
15              return "item/itemForm";
16          }
17
```

```
18        if(itemImgFileList.get(0).isEmpty() && itemFormDto.getId() == null){
19            model.addAttribute("errorMessage", "첫번째 상품 이미지는 필수 입력 값 입니다.");
20            return "item/itemForm";
21        }
22
23        try {
24            itemService.updateItem(itemFormDto, itemImgFileList);            ──① 
25        } catch (Exception e){
26            model.addAttribute("errorMessage", "상품 수정 중 에러가 발생하였습니다.");
27            return "item/itemForm";
28        }
29
30        return "redirect:/";
31    }
32
33 }
```

❶ 상품 수정 로직을 호출합니다.

상품 데이터를 수정 후 저장해보겠습니다. 이미지는 2번에 등록한 스웨터 대신에 셔츠 사진을 등록하겠습니다. 데이터 수정 후 〈저장〉 버튼을 클릭합니다. 저장 후 다시 상품 수정 페이지로 진입하면 데이터가 정상적으로 수정된 것을 볼 수 있습니다.

[그림 6-10] 상품 수정 결과

또한 콘솔창을 확인해보면 변경 감지 기능으로 인해 업데이트 쿼리문이 실행됩니다.

```
Hibernate:
    update
        item_img
    set
        update_time=?,
        modified_by=?,
        img_name=?,
        img_url=?,
        item_id=?,
        ori_img_name=?,
        repimg_yn=?
    where
        item_img_id=?
```

[그림 6-11] 상품 수정 update 쿼리문 실행

상품 업로드 폴더를 확인해보면 기존에 있던 스웨터 이미지는 삭제됐고 셔츠 사진이 업로드된 것이 보입니다. 여러분도 기존에 올린 이미지 파일은 삭제되고 신규로 업로드한 이미지가 올라온 것을 볼 수 있을 것입니다.

[그림 6-12] 상품 이미지 업데이트 파일 확인

6.3 상품 관리하기

상품 상세 페이지에 진입하기 위해서 등록된 상품 번호를 직접 URL에 입력하여 상품 상세 페이지에 진입하였습니다. 상품 번호를 모를 경우 상세 페이지로 진입할 수 없으므로 등록된 상품 리스트를 조회할 수 있는 화면을 만들겠습니다.

상품 관리 화면에서는 상품을 조회하는 조건을 설정 후 페이징 기능을 통해 일정 개수의 상품만 불러오며, 선택한 상품 상세 페이지로 이동할 수 있는 기능까지 구현해 보겠습니다. 조회 조건으로 설정할 값은 다음과 같습니다.

조회 조건

- 상품 등록일
- 상품 판매 상태
- 상품명 또는 상품 등록자 아이디

이렇게 조회 조건이 복잡한 화면은 Querydsl을 이용해 조건에 맞는 쿼리를 동적으로 쉽게 생성할 수 있습니다. Querydsl을 사용하면 비슷한 쿼리를 재활용할 수 있다는 장점이 있습니다. 또한 자바 코드로 작성하기 때문에 IDE의 도움을 받아서 문법 오류를 바로 수정할 수 있습니다. 이번 예제에서는 페이징과 Querydsl 코드를 중심으로 공부하시면 됩니다.

Querydsl을 사용하기 위해서는 QDomain을 생성해야 합니다. 2장에서 target/generated-sources 폴더에 QItem 클래스를 생성 후 Querydsl을 사용하는 예제를 진행하였습니다. 해당 예제 이후에도 entity 클래스들을 계속 생성 및 변경하였으므로 QDomain을 생성하기 위해서 메이븐의 컴파일 명령을 실행합니다.

[그림 6-13] 메이븐 컴파일 실행

정상적으로 실행이 완료됐다면 지금까지 작성한 엔티티 클래스들이 QDomain 클래스로 생성된 것을 볼 수 있습니다.

[그림 6-14] QDomain 클래스 생성

다음으로 상품 데이터 조회 시 상품 조회 조건을 가지고 있는 ItemSearchDto 클래스를 만들겠습니다.

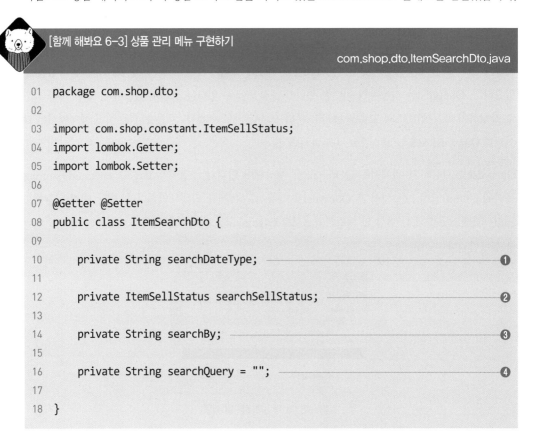

[함께 해봐요 6-3] 상품 관리 메뉴 구현하기

com.shop.dto.ItemSearchDto.java

```java
01  package com.shop.dto;
02
03  import com.shop.constant.ItemSellStatus;
04  import lombok.Getter;
05  import lombok.Setter;
06
07  @Getter @Setter
08  public class ItemSearchDto {
09
10      private String searchDateType;                          ❶
11
12      private ItemSellStatus searchSellStatus;                ❷
13
14      private String searchBy;                                ❸
15
16      private String searchQuery = "";                        ❹
17
18  }
```

❶ 현재 시간과 상품 등록일을 비교해서 상품 데이터를 조회합니다. 조회 시간 기준은 아래와 같습니다.
- all: 상품 등록일 전체
- 1d: 최근 하루 동안 등록된 상품
- 1w: 최근 일주일 동안 등록된 상품
- 1m: 최근 한달 동안 등록된 상품
- 6m: 최근 6개월 동안 등록된 상품

❷ 상품의 판매상태를 기준으로 상품 데이터를 조회합니다.

❸ 상품을 조회할 때 어떤 유형으로 조회할지 선택합니다.
- itemNm: 상품명
- createdBy: 상품 등록자 아이디

❹ 조회할 검색어 저장할 변수입니다. searchBy가 itemNm일 경우 상품명을 기준으로 검색하고, createdBy일 경우 상품 등록자 아이디 기준으로 검색합니다.

Querydsl을 Spring Data Jpa과 함께 사용하기 위해서는 사용자 정의 리포지토리를 정의해야 합니다. 총 3단계의 과정으로 구현하면 됩니다.

1. 사용자 정의 인터페이스 작성
2. 사용자 정의 인터페이스 구현
3. Spring Data Jpa 리포지토리에서 사용자 정의 인터페이스 상속

사용자 정의 인터페이스를 먼저 작성하겠습니다.

```
                                        com.shop.repository.ItemRepositoryCustom.java
01  package com.shop.repository;
02
03  import com.shop.dto.ItemSearchDto;
04  import com.shop.entity.Item;
05  import org.springframework.data.domain.Page;
06  import org.springframework.data.domain.Pageable;
07
08  public interface ItemRepositoryCustom {
09
10      Page<Item> getAdminItemPage(ItemSearchDto itemSearchDto, Pageable pageable);  ❶
11
12  }
```

❶ 상품 조회 조건을 담고 있는 itemSearchDto 객체와 페이징 정보를 담고 있는 pageable 객체를 파라미터로 받는 getAdminItemPage 메소드를 정의합니다. 반환 데이터로 Page<Item> 객체를 반환합니다.

두 번째로 ItemRepositoryCustom 인터페이스를 구현하는 ItemRepositoryCustomImpl 클래스를 작성합니다. 이때 주의할 점으로는 클래스명 끝에 "Impl"을 붙여주어야 정상적으로 동작합니다. Querydsl에서는 BooleanExpression이라는 where절에서 사용할 수 있는 값을 지원합니다. BooleanExpression을 반환하는 메소드를 만들고 해당 조건들을 다른 쿼리를 생성할 때 사용할 수 있기 때문에 중복 코드를 줄일 수 있다는 장점이 있습니다.

```java
                                          com.shop.repository.ItemRepositoryCustomImpl.java
01   package com.shop.repository;
02
03   import com.querydsl.core.QueryResults;
04   import com.querydsl.core.types.dsl.BooleanExpression;
05   import com.querydsl.jpa.impl.JPAQueryFactory;
06   import com.shop.constant.ItemSellStatus;
07   import com.shop.dto.ItemSearchDto;
08   import com.shop.entity.Item;
09   import com.shop.entity.QItem;
10
11   import org.springframework.data.domain.Page;
12   import org.springframework.data.domain.PageImpl;
13   import org.springframework.data.domain.Pageable;
14   import org.thymeleaf.util.StringUtils;
15
16   import javax.persistence.EntityManager;
17   import java.time.LocalDateTime;
18   import java.util.List;
19
20   public class ItemRepositoryCustomImpl implements ItemRepositoryCustom{    ❶
21
22       private JPAQueryFactory queryFactory;    ❷
23
24       public ItemRepositoryCustomImpl(EntityManager em){    ❸
25           this.queryFactory = new JPAQueryFactory(em);
26       }
27
28       private BooleanExpression searchSellStatusEq(ItemSellStatus searchSellStatus){    ❹
29           return searchSellStatus ==
null ? null : QItem.item.itemSellStatus.eq(searchSellStatus);    ❺
30       }
31
```

268

```
32      private BooleanExpression regDtsAfter(String searchDateType){ ────────── ❺
33          LocalDateTime dateTime = LocalDateTime.now();
34
35          if(StringUtils.equals("all", searchDateType) || searchDateType == null){
36              return null;
37          } else if(StringUtils.equals("1d", searchDateType)){
38              dateTime = dateTime.minusDays(1);
39          } else if(StringUtils.equals("1w", searchDateType)){
40              dateTime = dateTime.minusWeeks(1);
41          } else if(StringUtils.equals("1m", searchDateType)){
42              dateTime = dateTime.minusMonths(1);
43          } else if(StringUtils.equals("6m", searchDateType)){
44              dateTime = dateTime.minusMonths(6);
45          }
46
47          return QItem.item.regTime.after(dateTime);
48      }
49
50      private BooleanExpression searchByLike(String searchBy, String searchQuery){ ❻
51
52          if(StringUtils.equals("itemNm", searchBy)){
53              return QItem.item.itemNm.like("%" + searchQuery + "%");
54          } else if(StringUtils.equals("createdBy", searchBy)){
55              return QItem.item.createdBy.like("%" + searchQuery + "%");
56          }
57
58          return null;
59      }
60
61      @Override
62      public Page<Item> getAdminItemPage(ItemSearchDto itemSearchDto,
    Pageable pageable) {
63          QueryResults<Item> results = queryFactory ────────────────── ❼
64                  .selectFrom(QItem.item)
65                  .where(regDtsAfter(itemSearchDto.getSearchDateType()),
66                          searchSellStatusEq(itemSearchDto.getSearchSellStatus()),
67                          searchByLike(itemSearchDto.getSearchBy(),
    itemSearchDto.getSearchQuery()))
68                  .orderBy(QItem.item.id.desc())
69                  .offset(pageable.getOffset())
70                  .limit(pageable.getPageSize())
71                  .fetchResults();
```

```
72
73          List<Item> content = results.getResults();
74          long total = results.getTotal();
75          return new PageImpl<>(content, pageable, total);                    ⑧
76      }
77  }
```

❶ ItemRepositoryCustom 상속받습니다.

❷ 동적으로 쿼리를 생성하기 위해서 JPAQueryFactory 클래스를 사용합니다.

❸ JPAQueryFactory의 생성자로 EntityManager 객체를 넣어줍니다.

❹ 상품 판매 상태 조건이 전체(null)일 경우는 null을 리턴합니다. 결과값이 null이면 where절에서 해당 조건은 무시됩니다. 상품 판매 상태 조건이 null이 아니라 판매중 or 품절 상태라면 해당 조건의 상품만 조회합니다.

❺ searchDateType의 값에 따라서 dateTime의 값을 이전 시간의 값으로 세팅 후 해당 시간 이후로 등록된 상품만 조회합니다. 예를 들어 searchDateType 값이 "1m"인 경우 dateTime의 시간을 한 달 전으로 세팅 후 최근 한 달 동안 등록된 상품만 조회하도록 조건값을 반환합니다.

❻ searchBy의 값에 따라서 상품에 검색어를 포함하고 있는 상품 또는 상품 생성자의 아이디에 검색어를 포함하고 있는 상품을 조회하도록 조건값을 반환합니다.

❼ 이제 queryFactory를 이용해서 쿼리를 생성합니다. 쿼리문을 직접 작성할 때의 형태와 문법이 비슷한 것을 볼 수 있습니다.

- selectFrom(QItem.item): 상품 데이터를 조회하기 위해서 QItem의 item을 지정합니다.
- where 조건절: BooleanExpression 반환하는 조건문들을 넣어줍니다. ',' 단위로 넣어줄 경우 and 조건으로 인식합니다.
- offset: 데이터를 가지고 올 시작 인덱스를 지정합니다.
- limit: 한 번에 가지고 올 최대 개수를 지정합니다.
- fetchResult(): 조회한 리스트 및 전체 개수를 포함하는 QueryResults를 반환합니다. 상품 데이터 리스트 조회 및 상품 데이터 전체 개수를 조회하는 2번의 쿼리문이 실행됩니다.

❽ 조회한 데이터를 Page 클래스의 구현체인 PageImpl 객체로 반환합니다.

Querydsl의 결과 조회 메소드는 여러 가지가 있습니다.

[표 6-1] Querydsl 조회 결과를 반환하는 메소드

메소드	기능
QueryResults<T> fetchResults()	조회 대상 리스트 및 전체 개수를 포함하는 QueryResults 반환
List<T> fetch()	조회 대상 리스트 반환
T fetchOne()	조회 대상이 1건이면 해당 타입 반환. 조회 대상이 1건 이상이면 에러 발생
T fetchFirst()	조회 대상이 1건 또는 1건 이상이면 1건만 반환
long fetchCount()	해당 데이터 전체 개수 반환. count 쿼리 실행

마지막으로 ItemRepository 인터페이스에서 ItemRepositoryCustom 인터페이스를 상속합니다. 이 제 ItemRepository에서 Querydsl로 구현한 상품 관리 페이지 목록을 불러오는 getAdminItemPage() 메소드를 사용할 수 있습니다.

```
                                          com.shop.repository.ItemRepository.java
01  package com.shop.repository;
02
03  .....기존 임포트 생략.....
04
05  public interface ItemRepository extends JpaRepository<Item, Long>,
    QuerydslPredicateExecutor<Item>, ItemRepositoryCustom{
06
07      .....코드 생략.....
08
09  }
```

ItemService 클래스에 상품 조회 조건과 페이지 정보를 파라미터로 받아서 상품 데이터를 조회하는 getAdminItemPage() 메소드를 추가합니다. 데이터의 수정이 일어나지 않으므로 최적화를 위해 @ Transactional(readOnly=true) 어노테이션을 설정하겠습니다.

```
                                               com.shop.service.ItemService.java
01  package com.shop.service;
02
03  .....기존 임포트 생략.....
04
05  import com.shop.dto.ItemSearchDto;
06  import org.springframework.data.domain.Page;
07  import org.springframework.data.domain.Pageable;
08
09  @Service
10  @Transactional
11  @RequiredArgsConstructor
12  public class ItemService {
13
14      .....코드 생략.....
```

```
15
16        @Transactional(readOnly = true)
17        public Page<Item> getAdminItemPage(ItemSearchDto itemSearchDto,
   Pageable pageable){
18            return itemRepository.getAdminItemPage(itemSearchDto, pageable);
19        }
20
21    }
```

ItemController 클래스에 상품 관리 화면 이동 및 조회한 상품 데이터를 화면에 전달하는 로직을 구현하겠습니다. 현재 상품 데이터가 많이 없는 관계로 한 페이지당 총 3개의 상품만 보여주도록 하겠습니다. 페이지 번호는 0부터 시작하는 것에 유의합니다.

```
                                          com.shop.controller.ItemController.java
01    package com.shop.controller;
02
03    .....기존 임포트 생략.....
04
05    import com.shop.dto.ItemSearchDto;
06    import com.shop.entity.Item;
07    import org.springframework.data.domain.Page;
08    import org.springframework.data.domain.PageRequest;
09    import org.springframework.data.domain.Pageable;
10    import java.util.Optional;
11
12    @Controller
13    @RequiredArgsConstructor
14    public class ItemController {
15
16        .....코드 생략.....
17
18        @GetMapping(value = {"/admin/items", "/admin/items/{page}"})        ──❶
19        public String itemManage(ItemSearchDto itemSearchDto,
   @PathVariable("page") Optional<Integer> page, Model model){
20            Pageable pageable = PageRequest.of(page.isPresent() ? page.get() : 0, 3);  ❷
```

```
21          Page<Item> items =
    itemService.getAdminItemPage(itemSearchDto, pageable);    ❸
22          model.addAttribute("items", items);    ❹
23          model.addAttribute("itemSearchDto", itemSearchDto);    ❺
24          model.addAttribute("maxPage", 5);    ❻
25          return "item/itemMng";
26      }
27  }
```

❶ value에 상품 관리 화면 진입 시 URL에 페이지 번호가 없는 경우와 페이지 번호가 있는 경우 2가지를 매핑합니다.

❷ 페이징을 위해서 PageRequest.of 메소드를 통해 Pageable 객체를 생성합니다. 첫 번째 파라미터로는 조회할 페이지 번호, 두 번째 파라미터로는 한 번에 가지고 올 데이터 수를 넣어줍니다. URL 경로에 페이지 번호가 있으면 해당 페이지를 조회하도록 세팅하고, 페이지 번호가 없으면 0페이지를 조회하도록 합니다.

❸ 조회 조건과 페이징 정보를 파라미터로 넘겨서 Page〈Item〉 객체를 반환 받습니다.

❹ 조회한 상품 데이터 및 페이징 정보를 뷰에 전달합니다.

❺ 페이지 전환 시 기존 검색 조건을 유지한 채 이동할 수 있도록 뷰에 다시 전달합니다.

❻ 상품 관리 메뉴 하단에 보여줄 페이지 번호의 최대 개수입니다. 5로 설정했으므로 최대 5개의 이동할 페이지 번호만 보여줍니다.

이제 상품 관리 화면 페이지를 만들도록 하겠습니다. 상품 데이터를 페이징을 통해 가지고 오는 것을 확인하기 위해서 6개의 상품을 추가로 등록합니다.

먼저 구현이 완료 후 상품 관리 페이지 진입 시 나타나는 화면을 보여드리겠습니다. 상품 데이터를 테이블로 그려주는 영역과, 이동할 페이지를 선택하는 영역, 검색 조건을 세팅 후 검색하는 영역 총 3가지의 영역으로 이루어져 있습니다.

[그림 6-15] 상품 관리 페이지

template/item 폴더 아래에 itemMng.html 파일을 생성합니다. 전체 소스를 먼저 보여드린 후 하나씩 살펴 보겠습니다. 상품 관리 화면 페이지 소스도 내용이 길고 복잡하기 때문에 깃허브에서 복사해서 사용하시기를 권합니다.

```
01  <!DOCTYPE html>
02  <html xmlns:th="http://www.thymeleaf.org"
03        xmlns:layout="http://www.ultraq.net.nz/thymeleaf/layout"
04        layout:decorate="~{layouts/layout1}">
05
06  <!-- 사용자 스크립트 추가 -->
07  <th:block layout:fragment="script">
08      <script th:inline="javascript">
09
10          $(document).ready(function(){
11              $("#searchBtn").on("click",function(e) {
12                  e.preventDefault();
13                  page(0);
14              });
15          });
16
17          function page(page){
18              var searchDateType = $("#searchDateType").val();
19              var searchSellStatus = $("#searchSellStatus").val();
20              var searchBy = $("#searchBy").val();
21              var searchQuery = $("#searchQuery").val();
22
23              location.href="/admin/items/" + page +
    "?searchDateType=" + searchDateType
24                  + "&searchSellStatus=" + searchSellStatus
25                  + "&searchBy=" + searchBy
26                  + "&searchQuery=" + searchQuery;
27          }
28
29      </script>
30  </th:block>
31
32  <!-- 사용자 CSS 추가 -->
33  <th:block layout:fragment="css">
34      <style>
35          select{
36              margin-right:10px;
37          }
38      </style>
39  </th:block>
40
```

```
41  <div layout:fragment="content">
42
43      <form th:action="@{'/admin/items/' +
    ${items.number}}" role="form" method="get" th:object="${items}">
44          <table class="table">
45              <thead>
46              <tr>
47                  <td>상품아이디</td>
48                  <td>상품명</td>
49                  <td>상태</td>
50                  <td>등록자</td>
51                  <td>등록일</td>
52              </tr>
53              </thead>
54              <tbody>
55              <tr th:each="item, status: ${items.getContent()}">
56                  <td th:text="${item.id}"></td>
57                  <td>
58                      <a th:href="'/admin/item/'+${item.id}"
                           th:text="${item.itemNm}"></a>
59                  </td>
60                  <td th:text="${item.itemSellStatus ==
    T(com.shop.constant.ItemSellStatus).SELL} ? '판매중' : '품절'"></td>
61                  <td th:text="${item.createdBy}"></td>
62                  <td th:text="${item.regTime}"></td>
63              </tr>
64              </tbody>
65          </table>
66
67          <div th:with="start=${(items.number/maxPage)*maxPage + 1},
    end=(${(items.totalPages == 0) ? 1 : (start + (maxPage - 1)
    < items.totalPages ? start + (maxPage - 1) : items.totalPages)})" >
68              <ul class="pagination justify-content-center">
69
70                  <li class="page-item" th:classappend=
    "${items.first}?'disabled'">
71                      <a th:onclick="'javascript:page(' + ${items.number - 1}
    + ')'" aria-label='Previous' class="page-link">
72                          <span aria-hidden='true'>Previous</span>
73                      </a>
74                  </li>
75
```

```html
76          <li class="page-item" th:each=
    "page: ${#numbers.sequence(start, end)}" th:classappend=
    "${items.number eq page-1}?'active':''">
77                  <a th:onclick="'javascript:page(' + ${page - 1} + ')'"
    th:inline="text" class="page-link">[[${page}]]</a>
78          </li>
79
80          <li class="page-item" th:classappend="${items.last}?'disabled'">
81                  <a th:onclick="'javascript:page(' + ${items.number + 1}
    + ')'" aria-label='Next' class="page-link">
82                      <span aria-hidden='true'>Next</span>
83                  </a>
84          </li>
85
86      </ul>
87    </div>
88
89    <div class="form-inline justify-content-center" th:object="${itemSearchDto}">
90        <select th:field="*{searchDateType}" class="form-control"
                style="width:auto;">
91            <option value="all">전체기간</option>
92            <option value="1d">1일</option>
93            <option value="1w">1주</option>
94            <option value="1m">1개월</option>
95            <option value="6m">6개월</option>
96        </select>
97        <select th:field="*{searchSellStatus}" class="form-control"
                style="width:auto;">
98            <option value="">판매상태(전체)</option>
99            <option value="SELL">판매</option>
100           <option value="SOLD_OUT">품절</option>
101       </select>
102       <select th:field="*{searchBy}" class="form-control" style="width:auto;">
103           <option value="itemNm">상품명</option>
104           <option value="createdBy">등록자</option>
105       </select>
106       <input th:field="*{searchQuery}" type="text"
    class="form-control" placeholder="검색어를 입력해주세요">
107       <button id="searchBtn" type="submit"
    class="btn btn-primary">검색</button>
108   </div>
109 </form>
```

```
110
111 </div>
112
113 </html>
```

스크립트 쪽 소스를 먼저 보겠습니다. 상품을 검색할 때 주의해야 할 점은 〈검색〉 버튼을 클릭할 때 조회할 페이지 번호를 0으로 설정해서 조회해야 한다는 점입니다. 그래야 현재 조회 조건으로 다시 상품 데이터를 0페이지부터 조회합니다.

```
01 $(document).ready(function(){
02     $("#searchBtn").on("click",function(e) {
03         e.preventDefault();                                              ❶
04         page(0);                                                         ❷
05     });
06 });
07
08 function page(page){                                                     ❸
09     var searchDateType = $("#searchDateType").val();
10     var searchSellStatus = $("#searchSellStatus").val();
11     var searchBy = $("#searchBy").val();
12     var searchQuery = $("#searchQuery").val();
13
14     location.href="/admin/items/" + page + "?searchDateType=" + searchDateType
15     + "&searchSellStatus=" + searchSellStatus
16     + "&searchBy=" + searchBy
17     + "&searchQuery=" + searchQuery;
18 }
```

❶ 〈검색〉 버튼 클릭 시 form 태그의 전송을 막아줍니다.
❷ 〈검색〉 버튼을 클릭할 페이지 번호로 0번째 페이지를 조회하는 page 함수를 호출합니다.
❸ page 함수는 이동할 페이지 값을 받아서 현재 조회조건으로 설정된 상품 등록 기간, 판매 상태, 조회 유형, 검색어를 파라미터로 설정 후 상품 데이터를 조회합니다.

Table 영역에서는 조회한 상품 데이터를 그려줍니다.

```
01 <table class="table">
02     <thead>
03     <tr>
04         <td>상품아이디</td>
```

```
05          <td>상품명</td>
06          <td>상태</td>
07          <td>등록자</td>
08          <td>등록일</td>
09      </tr>
10      </thead>
11      <tbody>
12      <tr th:each="item, status: ${items.getContent()}">                    ❶
13          <td th:text="${item.id}"></td>
14          <td>
15              <a th:href="''/admin/item/'+${item.id}" th:text="${item.itemNm}"></a>
16          </td>
17          <td th:text="${item.itemSellStatus ==
    T(com.shop.constant.ItemSellStatus).SELL} ? '판매중' : '품절'"></td>         ❷
18          <td th:text="${item.createdBy}"></td>
19          <td th:text="${item.regTime}"></td>
20      </tr>
21      </tbody>
22  </table>
```

❶ items.getContent() 메소드를 호출하면 조회한 상품 데이터를 리스트를 얻을 수 있습니다. 해당 리스트를 th:each를 통해서 반복적으로 테이블의 row를 그려줍니다.

❷ 현재 상품의 판매 상태가 "SELL"이면 '판매 중'으로, 같지 않으면 '품절'로 보여줍니다.

다음 영역은 하단의 페이지 번호를 보여주는 영역입니다.

```
01  <div th:with="start=${(items.number/maxPage)*maxPage + 1},
    end=(${(items.totalPages == 0) ? 1 : (start + (maxPage - 1)
    < items.totalPages ? start + (maxPage - 1) : items.totalPages)})" >     ❶
02      <ul class="pagination justify-content-center">
03
04          <li class="page-item" th:classappend="${items.first}?'disabled'">  ❷
05              <a th:onclick="''javascript:page(' + ${items.number - 1} + ')'"
    aria-label='Previous' class="page-link">                                  ❸
06                  <span aria-hidden='true'>Previous</span>
07              </a>
08          </li>
09
```

```html
10        <li class="page-item" th:each="page: ${#numbers.sequence(start, end)}"
    th:classappend="${items.number eq page-1}?'active':''">                    ❹
11            <a th:onclick="''javascript:page(' + ${page - 1} + ')'"
    th:inline="text" class="page-link">[[${page}]]</a>                         ❺
12        </li>
13
14        <li class="page-item" th:classappend="${items.last}?'disabled'">     ❻
15            <a th:onclick="''javascript:page(' + ${items.number + 1} + ')'"
    aria-label='Next' class="page-link">                                       ❼
16                <span aria-hidden='true'>Next</span>
17            </a>
18        </li>
19
20    </ul>
21 </div>
```

❶ th:with는 변수값을 정의할 때 사용합니다. 페이지 시작 번호(start)와 페이지 끝 페이지 번호(end)를 구해서 저장합니다. 시작 페이지와 끝과 페이지 번호를 구하는 방법이 조금 복잡해 보이는데 정리하면 다음과 같습니다.
- start = (현재 페이지 번호/보여줄 페이지수) + 1
- end = start + (보여줄 페이지 수 - 1)

❷ 첫 번째 페이지면 이전 페이지로 이동하는 〈Previous〉 버튼을 선택 불가능하도록 disabled 클래스를 추가합니다.

❸ 〈Previous〉 버튼 클릭 시 현재 페이지에서 이전 페이지로 이동하도록 page 함수를 호출합니다.

❹ 현재 페이지이면 active 클래스를 추가합니다.

❺ 페이지 번호 클릭 시 해당 페이지로 이동하도록 page 함수를 호출합니다.

❻ 마지막 페이지일 경우 다음 페이지로 이동하는 〈Next〉 버튼을 선택 불가능하도록 disabled 클래스를 추가합니다.

❼ 〈Next〉 버튼 클릭 시 현재 페이지에서 다음 페이지로 이동하도록 page 함수를 호출합니다.

상품 관리 메뉴를 클릭하면 구현한 화면을 볼 수 있습니다. 하단의 상품 조회 조건을 여러 가지 선택 후 검색해보면 해당 조건에 맞는 상품들만 출력되는 것을 볼 수 있습니다.

[그림 6-16] 상품 관리 페이지

6.4 메인 화면

상품 등록 및 상품 관리 화면 개발이 끝났습니다. 이렇게 등록한 상품을 메인 페이지에서 고객이 볼 수 있도록 구현해 보겠습니다.

메인 페이지 구현도 상품 관리 메뉴 구현과 비슷하며, 동일하게 Querydsl을 사용하여 페이징 처리 및 네비게이션바에 있는 Search 버튼을 이용하여 상품명으로 검색이 가능하도록 구현하겠습니다.

또한 [함께 해봐요 6-3]에서는 Querydsl을 이용하여 상품 조회 시 결과 값을 받을 때 Item 객체로 반환값을 받았다면, 이번 예제에서는 @QueryProjection을 이용하여 상품 조회 시 DTO 객체로 결과 값을 받는 방법을 알아보겠습니다. @QueryProjection을 이용하면 Item 객체로 값을 받은 후 DTO 클래스로 변환하는 과정 없이 바로 DTO 객체를 뽑아낼 수 있습니다.

먼저 메인 페이지에서 상품을 보여줄 때 사용할 MainItemDto 클래스를 생성합니다.

 [함께 해봐요 6-4] 메인 페이지 구현하기

com.shop.dto.MainItemDto.java

```java
01  package com.shop.dto;
02
03  import com.querydsl.core.annotations.QueryProjection;
04  import lombok.Getter;
05  import lombok.Setter;
06
07  @Getter @Setter
08  public class MainItemDto {
09
10      private Long id;
11
12      private String itemNm;
13
14      private String itemDetail;
15
```

```
16        private String imgUrl;
17
18        private Integer price;
19
20        @QueryProjection ─────────────────────────────────────────────── ❶
21        public MainItemDto(Long id, String itemNm, String itemDetail,
                            String imgUrl,Integer price){
22            this.id = id;
23            this.itemNm = itemNm;
24            this.itemDetail = itemDetail;
25            this.imgUrl = imgUrl;
26            this.price = price;
27        }
28
29    }
```

❶ 생성자에 @QueryProjection 어노테이션을 선언하여 Querydsl로 결과 조회 시 MainItemDto 객체로 바로 받아 오도록 활용하겠습니다.

@QueryProjection을 사용할 때 [maven compile]을 실행해 QDto 파일을 생성해야 합니다.

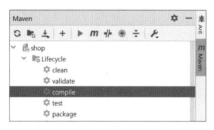

[그림 6-17] maven compile

[그림 6-18]과 같이 컴파일 결과 QMainItemDto가 생성된 것을 확인할 수 있습니다.

[그림 6-18] QMainItemDto 생성 확인

다음으로 [함께 해봐요 6-3]에서 진행했던 것과 똑같이 사용자 정의 인터페이스를 만들겠습니다.
ItemRepositoryCustom 클래스에 메인 페이지에 보여줄 상품 리스트를 가져오는 메소드를 생성합
니다.

```
                                        com.shop.repository.ItemRepositoryCustom.java
01  package com.shop.repository;
02
03  .....기존 임포트 생략.....
04
05  import com.shop.dto.MainItemDto;
06
07  public interface ItemRepositoryCustom {
08
09      .....코드 생략.....
10
11      Page<MainItemDto> getMainItemPage(ItemSearchDto itemSearchDto,
                                          Pageable pageable);
12
13  }
```

getMainItemPage() 메소드를 ItemRepositoryCustomImpl 클래스에 구현합니다.

```
                                        com.shop.repository.ItemRepositoryCustomImpl.java
01  package com.shop.repository;
02
03  .....기존 임포트 생략.....
04
05  import com.shop.dto.MainItemDto;
06  import com.shop.dto.QMainItemDto;
07  import com.shop.entity.QItemImg;
08
09  public class ItemRepositoryCustomImpl implements ItemRepositoryCustom{
10
11      .....코드 생략.....
12
13      private BooleanExpression itemNmLike(String searchQuery){        ─────────❶
```

```
14          return StringUtils.isEmpty(searchQuery) ?
   null : QItem.item.itemNm.like("%" + searchQuery + "%");
15      }
16
17      @Override
18      public Page<MainItemDto> getMainItemPage(ItemSearchDto itemSearchDto,
                                                Pageable pageable) {
19          QItem item = QItem.item;
20          QItemImg itemImg = QItemImg.itemImg;
21
22          QueryResults<MainItemDto> results =  queryFactory
23                  .select(
24                          new QMainItemDto(                                      ❷
25                          item.id,
26                          item.itemNm,
27                          item.itemDetail,
28                          itemImg.imgUrl,
29                          item.price)
30                      )
31                  .from(itemImg)
32                  .join(itemImg.item, item)                                      ❸
33                  .where(itemImg.repimgYn.eq("Y"))                               ❹
34                  .where(itemNmLike(itemSearchDto.getSearchQuery()))
35                  .orderBy(item.id.desc())
36                  .offset(pageable.getOffset())
37                  .limit(pageable.getPageSize())
38                  .fetchResults();
39
40          List<MainItemDto> content = results.getResults();
41          long total = results.getTotal();
42          return new PageImpl<>(content, pageable, total);
43      }
44 }
```

❶ 검색어가 null이 아니면 상품명에 해당 검색어가 포함되는 상품을 조회하는 조건을 반환합니다.

❷ QMainItemDto의 생성자에 반환할 값들을 넣어줍니다. @QueryProjection을 사용하면 DTO로 바로 조회가 가능합니다. 엔티티 조회 후 DTO로 변환하는 과정을 줄일 수 있습니다.

❸ itemImg와 item을 내부 조인합니다.

❹ 상품 이미지의 경우 대표 상품 이미지만 불러옵니다.

메인 페이지 보여줄 상품 데이터를 조회하는 메소드를 ItemService 클래스에 추가합니다.

```
01  package com.shop.service;
02
03  .....기존 임포트 생략.....
04
05  import com.shop.dto.MainItemDto;
06
07  @Service
08  @Transactional
09  @RequiredArgsConstructor
10  public class ItemService {
11
12      .....코드 생략.....
13
14      @Transactional(readOnly = true)
15      public Page<MainItemDto> getMainItemPage(ItemSearchDto itemSearchDto,
                                                  Pageable pageable){
16          return itemRepository.getMainItemPage(itemSearchDto, pageable);
17      }
18
19  }
```

메인 페이지에 상품 데이터를 보여주기 위해서 기존에 작성했던 MainController 클래스를 수정합니다.

```
01  package com.shop.controller;
02
03  import com.shop.dto.ItemSearchDto;
04  import com.shop.dto.MainItemDto;
05  import com.shop.service.ItemService;
06  import lombok.RequiredArgsConstructor;
07  import org.springframework.data.domain.Page;
08  import org.springframework.data.domain.PageRequest;
09  import org.springframework.data.domain.Pageable;
10  import org.springframework.stereotype.Controller;
11  import org.springframework.ui.Model;
12  import org.springframework.web.bind.annotation.GetMapping;
13
```

```
14  import java.util.Optional;
15
16  @Controller
17  @RequiredArgsConstructor
18  public class MainController {
19
20      private final ItemService itemService;
21
22      @GetMapping(value = "/")
23      public String main(ItemSearchDto itemSearchDto, Optional<Integer> page,
    Model model){
24          Pageable pageable = PageRequest.of(page.isPresent() ? page.get() : 0, 6);
25          Page<MainItemDto> items =
    itemService.getMainItemPage(itemSearchDto, pageable);
26          model.addAttribute("items", items);
27          model.addAttribute("itemSearchDto", itemSearchDto);
28          model.addAttribute("maxPage", 5);
29          return "main";
30      }
31
32  }
```

마지막으로 메인 페이지에 상품 데이터를 보여주도록 main.html 파일을 수정하겠습니다. [함께 해봐요 6-3]에서 작성했던 페이징 영역은 코드가 거의 비슷하므로 설명은 생략하겠습니다.

```
01  <!DOCTYPE html>
02  <html xmlns:th="http://www.thymeleaf.org"
03        xmlns:layout="http://www.ultraq.net.nz/thymeleaf/layout"
04        layout:decorate="~{layouts/layout1}">
05
06  <!-- 사용자 CSS 추가 -->
07  <th:block layout:fragment="css">
08      <style>
09          .carousel-inner > .item {
10              height: 350px;
11          }
12          .margin{
13              margin-bottom:30px;
14          }
```

```
15        .banner{
16            height: 300px;
17            position: absolute; top:0; left: 0;
18            width: 100%;
19            height: 100%;
20        }
21        .card-text{
22            text-overflow: ellipsis;
23            white-space: nowrap;
24            overflow: hidden;
25        }
26        a:hover{
27            text-decoration:none;
28        }
29        .center{
30            text-align:center;
31        }
32    </style>
33 </th:block>
34
35 <div layout:fragment="content">
36
37    <div id="carouselControls" class="carousel slide margin"
                data-ride="carousel">                                              ──①
38        <div class="carousel-inner">
39            <div class="carousel-item active item">
40                <img class="d-block w-100 banner"
   src=" https://user-images.githubusercontent.com/13268420
   /112147492-1ab76200-8c20-11eb-8649-3d2f282c3c02.png" alt="First slide">  ──②
41            </div>
42        </div>
43    </div>
44
45    <input type="hidden" name="searchQuery"
            th:value="${itemSearchDto.searchQuery}">                            ──③
46    <div th:if="${not #strings.isEmpty(itemSearchDto.searchQuery)}"
         class="center">
47        <p class="h3 font-weight-bold"
   th:text="${itemSearchDto.searchQuery} + '검색 결과'"></p>                        ──④
48    </div>
49
50    <div class="row">
```

```html
    <th:block th:each="item, status: ${items.getContent()}">    ----------------- ❺
        <div class="col-md-4 margin">
            <div class="card">
                <a th:href="'/item/' +${item.id}" class="text-dark">
                    <img th:src="${item.imgUrl}" class="card-img-top"
                         th:alt="${item.itemNm}" height="400">
                    <div class="card-body">
                        <h4 class="card-title">[[${item.itemNm}]]</h4>
                        <p class="card-text">[[${item.itemDetail}]]</p>
                        <h3 class="card-title text-danger">
                            [[${item.price}]]원</h3>
                    </div>
                </a>
            </div>
        </div>
    </th:block>
</div>

<div th:with="start=${(items.number/maxPage)*maxPage + 1},
end=(${(items.totalPages == 0) ? 1 : (start + (maxPage - 1)
< items.totalPages ? start + (maxPage - 1) : items.totalPages)})" >
    <ul class="pagination justify-content-center">

        <li class="page-item"
            th:classappend="${items.number eq 0}?'disabled':''">
            <a th:href="@{'/' + '?searchQuery=' +
${itemSearchDto.searchQuery} + '&page=' + ${items.number-1}}"
aria-label='Previous' class="page-link">
                <span aria-hidden='true'>Previous</span>
            </a>
        </li>

        <li class="page-item" th:each="page: ${#numbers.sequence(start, end)}"
th:classappend="${items.number eq page-1}?'active':''">
            <a th:href="@{'/' +'?searchQuery=' +
${itemSearchDto.searchQuery} + '&page=' + ${page-1}}" th:inline="text"
class="page-link">[[${page}]]</a>
        </li>

        <li class="page-item"
th:classappend="${items.number+1 ge items.totalPages}?'disabled':''">
```

```
81                        <a th:href="@{'/' +'?searchQuery=' +
   ${itemSearchDto.searchQuery} + '&page=' + ${items.number+1}}"
   saria-label='Next' class="page-link">
82                            <span aria-hidden='true'>Next</span>
83                        </a>
84                    </li>
85
86            </ul>
87        </div>
88
89  </div>
```

❶ 부트스트랩의 슬라이드를 보여주는 Carousel 컴포넌트를 이용하여 배너를 만들었습니다. 쇼핑몰의 경우 보통 현재 행사 중인 상품을 광고하는 데 사용합니다.

❷ 이미지 태그의 src 속성에는 웹상에 존재하는 이미지 경로를 넣어주면 해당 이미지를 보여줍니다.

❸ 쇼핑몰 오른쪽 상단의 Search 기능을 이용해서 상품을 검색할 때 페이징 처리 시 해당 검색어를 유지하기 위해서 hidden 값으로 검색어를 유지합니다.

❹ 상품을 검색했을 때 어떤 검색어로 조회된 결과인지를 보여줍니다.

❺ 조회한 메인 상품 데이터를 보여줍니다. 부트스트랩의 Card 컴포넌트를 이용했고, 사용자가 카드 형태로 상품의 이름, 내용, 가격을 볼 수 있습니다.

메인 페이지를 모두 구현했습니다. 메인 페이지로 이동해보면 여러분이 등록한 상품이 보이는 것을 확인할 수 있습니다.

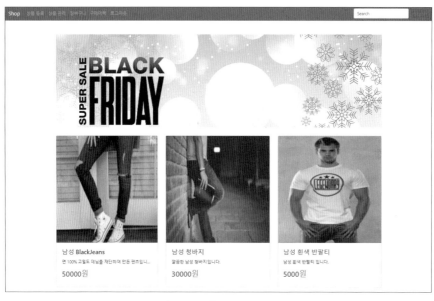

[그림 6-19] 메인 페이지

6.5 상품 상세 페이지

메인 페이지에서 상품 이미지나 상품 정보를 클릭 시 상품의 상세 정보를 보여주는 페이지를 구현해 보겠습니다. 상품 상세 페이지에서는 주문 및 장바구니 추가 기능을 제공하며 해당 내용은 7장에서 구현하겠습니다. 현재는 상품 데이터를 보여주는 기능만 구현하겠습니다.

먼저 상품 상세 페이지로 이동할 수 있도록 ItemController 클래스에 코드를 추가합니다. 기존에 상품 수정 페이지 구현에서 미리 만들어 둔 상품을 가지고 오는 로직을 똑같이 사용하겠습니다.

com.shop.controller.ItemController.java

```
01  package com.shop.controller;
02
03  .....기존 임포트 생략.....
04
05  @Controller
06  @RequiredArgsConstructor
07  public class ItemController {
08
09      .....코드 생략.....
10
11      @GetMapping(value = "/item/{itemId}")
12      public String itemDtl(Model model, @PathVariable("itemId") Long itemId){
13          ItemFormDto itemFormDto = itemService.getItemDtl(itemId);
14          model.addAttribute("item", itemFormDto);
15          return "item/itemDtl";
16      }
17
18
19  }
```

다음으로 상품 상세 페이지를 만들겠습니다. resources/templates/item 폴더 아래에 itemDtl.html 파일을 만듭니다. 상세 페이지에서는 기존에 다른 페이지에서 사용하던 문법과 별 다른 건 없으며, 상품 데이터를 출력해주고 있습니다. 장바구니와 주문하기 기능은 7장에서 구현하겠습니다.

```
resources/templates/item/itemDtl.html
01  <!DOCTYPE html>
02  <html xmlns:th="http://www.thymeleaf.org"
03      xmlns:layout="http://www.ultraq.net.nz/thymeleaf/layout"
04      layout:decorate="~{layouts/layout1}">
05
06  <head>
07      <meta name="_csrf" th:content="${_csrf.token}"/>
08      <meta name="_csrf_header" th:content="${_csrf.headerName}"/>
09  </head>
10
11  <!-- 사용자 스크립트 추가 -->
12  <th:block layout:fragment="script">
13      <script th:inline="javascript">
14          $(document).ready(function(){
15
16              calculateToalPrice();
17
18              $("#count").change( function(){
19                  calculateToalPrice();
20              });
21          });
22
23          function calculateToalPrice(){ ──────────────────────────────── ❶
24              var count = $("#count").val();
25              var price = $("#price").val();
26              var totalPrice = price*count;
27              $("#totalPrice").html(totalPrice + '원');
28          }
29
30      </script>
31  </th:block>
32
```

```
33  <!-- 사용자 CSS 추가 -->
34  <th:block layout:fragment="css">
35      <style>
36          .mgb-15{
37              margin-bottom:15px;
38          }
39          .mgt-30{
40              margin-top:30px;
41          }
42          .mgt-50{
43              margin-top:50px;
44          }
45          .repImgDiv{
46              margin-right:15px;
47              height:auto;
48              width:50%;
49          }
50          .repImg{
51              width:100%;
52              height:400px;
53          }
54          .wd50{
55              height:auto;
56              width:50%;
57          }
58      </style>
59  </th:block>
60
61  <div layout:fragment="content" style="margin-left:25%;margin-right:25%">
62
63  <input type="hidden" id="itemId" th:value="${item.id}">
64
65      <div class="d-flex">
66          <div class="repImgDiv">
67              <img th:src="${item.itemImgDtoList[0].imgUrl}"
    class = "rounded repImg" th:alt="${item.itemNm}">
68          </div>
69          <div class="wd50">
70              <span th:if="${item.itemSellStatus ==
    T(com.shop.constant.ItemSellStatus).SELL}" class="badge badge-primary mgb-15">
71                  판매중
72              </span>
```

```html
73          <span th:unless="${item.itemSellStatus ==
    T(com.shop.constant.ItemSellStatus).SELL}" class="badge btn-danger mgb-15" >
74              품절
75          </span>
76          <div class="h4" th:text="${item.itemNm}"></div>
77          <hr class="my-4">
78
79          <div class="text-right">
80              <div class="h4 text-danger text-left">
81                  <input type="hidden" th:value="${item.price}"
                            id="price" name="price">
82                  <span th:text="${item.price}"></span>원
83              </div>
84              <div class="input-group w-50">
85                  <div class="input-group-prepend">
86                      <span class="input-group-text">수량</span>
87                  </div>
88                  <input type="number" name="count" id="count"
                            class="form-control" value="1" min="1">
89              </div>
90          </div>
91          <hr class="my-4">
92
93          <div class="text-right mgt-50">
94              <h5>결제 금액</h5>
95              <h3 name="totalPrice" id="totalPrice"
                        class="font-weight-bold"></h3>
96          </div>
97          <div th:if="${item.itemSellStatus ==
    T(com.shop.constant.ItemSellStatus).SELL}" class="text-right">
98              <button type="button"
    class="btn btn-light border border-primary btn-lg">장바구니 담기</button>
99              <button type="button" class="btn btn-primary btn-lg">주문하기
                </button>
100         </div>
101         <div th:unless="${item.itemSellStatus ==
    T(com.shop.constant.ItemSellStatus).SELL}" class="text-right">
102             <button type="button" class="btn btn-danger btn-lg">품절
                </button>
103         </div>
104     </div>
105 </div>
```

```
106
107    <div class="jumbotron jumbotron-fluid mgt-30">
108        <div class="container">
109            <h4 class="display-5">상품 상세 설명</h4>
110            <hr class="my-4">
111            <p class="lead" th:text="${item.itemDetail}"></p>
112        </div>
113    </div>
114
115    <div th:each="itemImg : ${item.itemImgDtoList}" class="text-center">  ❷
116        <img th:if="${not #strings.isEmpty(itemImg.imgUrl)}"
117                th:src="${itemImg.imgUrl}" class="rounded mgb-15" width="800">
117    </div>
118
119 </div>
120
121 </html>
```

❶ 현재 주문할 수량과 상품 한 개당 가격을 곱해서 결제 금액을 구해주는 함수입니다.
❷ 등록된 상품 이미지를 반복 구문을 통해 보여주고 있습니다. 보통 실제 쇼핑몰에서는 상품에 대한 정보를 예쁘게 이미지로 만들어서 보여줍니다.

상품 상세 페이지 구현이 완료 되었으면 여러분이 등록한 상품을 클릭 후 상세 페이지로 들어가 보겠습니다. [그림 6-20]과 같이 화면이 나타나는 것을 볼 수 있습니다.

[그림 6-20] 상품 상세 페이지

드디어 기본적인 쇼핑몰의 모습이 나타나고 있습니다. 7장에서는 앞에서 배웠던 것들을 모두 이용해 상품 데이터 등록 및 조회, 기본적인 쇼핑몰 페이지까지 구현했습니다. 또한 복잡한 조회 조건일 경우 Querydsl을 이용하여 쿼리문을 작성하는 방법도 어느 정도 감을 잡았을 것이라고 생각합니다.

7장

주문

 학습목표

1. 주문, 주문이력 조회, 주문 취소 기능 구현을 통해서 주문 프로세스를 학습한다.

2. Spring Data JPA를 이용하여 주문 데이터 조회 시 조회를 최적화하는 방법을 학습
   한다.

7장에서는 등록한 상품을 주문하는 기능과 구매 이력을 조회하는 페이지를 만들어보겠
습니다. 또한 고객이 주문한 상품을 취소할 수 있으므로 구매 이력 페이지에서는 주문
취소 기능까지 구현하겠습니다.

7.1 주문 기능 구현하기

6장에서 상품을 등록하고 고객이 등록된 상품을 볼 수 있도록 구현을 완료하였습니다. 이번 절에서는 고객이 상품을 주문할 수 있도록 기능을 구현하겠습니다.

고객이 상품을 주문하면 현재 상품의 재고에서 주문 수량만큼 재고를 감소시켜야 합니다. 고객이 주문을 했는데 실제 재고가 없다면 배송을 하지 못하고 결품 처리가 되기 때문에 주문 수량만큼 상품의 재고를 감소시켜야 합니다. 또한 주문 수량이 현재 재고 수보다 클 경우 주문이 되지 않도록 구현하겠습니다.

상품의 주문 수량보다 재고의 수가 적을 때 발생시킬 exception을 정의하겠습니다. com.shop 패키지 아래에 exception 패키지를 생성한 후 RuntimeException을 상속받는 OutOfStockException 클래스를 생성합니다.

 [함께 해봐요 7-1] 주문 기능 구현하기

com.shop.exception.OutOfStockException.java

```
01  package com.shop.exception;
02
03  public class OutOfStockException extends RuntimeException{
04
05      public OutOfStockException(String message) {
06          super(message);
07      }
08
09  }
```

상품을 주문할 경우 상품의 재고를 감소시키는 로직을 작성하겠습니다. 엔티티 클래스 안에 비즈니스 로직을 메소드로 작성하면 코드의 재사용과 데이터의 변경 포인트를 한군데로 모을 수 있다는 장점이 있습니다.

```
01  package com.shop.entity;
02
03  .....기존 임포트 생략.....
04
05  import com.shop.exception.OutOfStockException;
06
07  @Entity
08  @Table(name="item")
09  @Getter @Setter
10  @ToString
11  public class Item extends BaseEntity{
12
13      .....코드 생략.....
14
15      public void removeStock(int stockNumber){
16          int restStock = this.stockNumber - stockNumber;                    ❶
17          if(restStock<0){
18              throw new OutOfStockException("상품의 재고가 부족 합니다.
    (현재 재고 수량: " + this.stockNumber + ")");                            ❷
19          }
20          this.stockNumber = restStock;                                      ❸
21      }
22
23  }
```

❶ 상품의 재고 수량에서 주문 후 남은 재고 수량을 구합니다.

❷ 상품의 재고가 주문 수량보다 작을 경우 재고 부족 예외를 발생시킵니다.

❸ 주문 후 남은 재고 수량을 상품의 현재 재고 값으로 할당합니다.

다음으로 주문할 상품과 주문 수량을 통해 OrderItem 객체를 만드는 메소드를 작성합니다.

```
01  package com.shop.entity;
02
03  .....기존 임포트 생략.....
04
05  @Entity
06  @Getter @Setter
07  public class OrderItem extends BaseEntity{
```

```
08
09        .....코드 생략.....
10
11    public static OrderItem createOrderItem(Item item, int count){
12        OrderItem orderItem = new OrderItem();
13        orderItem.setItem(item);                                    ❶
14        orderItem.setCount(count);                                  ❷
15    orderItem.setOrderPrice(item.getPrice());                       ❸
16
17        item.removeStock(count);                                    ❹
18        return orderItem;
19    }
20
21    public int getTotalPrice(){                                     ❺
22        return orderPrice*count;
23    }
24 }
```

❶, ❷ 주문할 상품과 주문 수량을 세팅합니다.

❸ 현재 시간 기준으로 상품 가격을 주문 가격으로 세팅합니다. 상품 가격은 시간에 따라서 달라질 수 있습니다. 또한 쿠폰이나 할인을 적용하는 케이스들도 있지만 여기서는 고려하지 않겠습니다.

❹ 주문 수량만큼 상품의 재고 수량을 감소시킵니다.

❺ 주문 가격과 주문 수량을 곱해서 해당 상품을 주문한 총 가격을 계산하는 메소드입니다.

생성한 주문 상품 객체를 이용하여 주문 객체를 만드는 메소드를 작성하겠습니다.

com.shop.entity.Order.java

```
01    package com.shop.entity;
02
03    .....기존 임포트 생략.....
04
05    @Entity
06    @Table(name = "orders")
07    @Getter @Setter
08    public class Order extends BaseEntity{
09
10        .....코드 생략.....
11
```

```
12      public void addOrderItem(OrderItem orderItem){                              ❶
13          orderItems.add(orderItem);
14          orderItem.setOrder(this);                                               ❷
15      }
16
17      public static Order createOrder(Member member, List<OrderItem> orderItemList){
18          Order order = new Order();
19          order.setMember(member);                                                ❸
20          for(OrderItem orderItem : orderItemList){                               ❹
21              order.addOrderItem(orderItem);
22          }
23          order.setOrderStatus(OrderStatus.ORDER);                                ❺
24          order.setOrderDate(LocalDateTime.now());                                ❻
25          return order;
26      }
27
28      public int getTotalPrice(){                                                 ❼
29          int totalPrice = 0;
30          for(OrderItem orderItem : orderItems){
31              totalPrice += orderItem.getTotalPrice();
32          }
33          return totalPrice;
34      }
35  }
```

❶ orderItems에는 주문 상품 정보들을 담아줍니다. orderItem 객체를 order 객체의 orderItems에 추가합니다.

❷ Order 엔티티와 OrderItem 엔티티가 양방향 참조 관계 이므로, orderItem 객체에도 order 객체를 세팅합니다.

❸ 상품을 주문한 회원의 정보를 세팅합니다.

❹ 상품 페이지에서는 1개의 상품을 주문하지만, 장바구니 페이지에서는 한 번에 여러 개의 상품을 주문할 수 있습니다. 따라서 여러 개의 주문 상품을 담을 수 있도록 리스트형태로 파라미터 값을 받으며 주문 객체에 orderItem 객체를 추가합니다.

❺ 주문 상태를 "ORDER"로 세팅합니다.

❻ 현재 시간을 주문 시간으로 세팅합니다.

❼ 총 주문 금액을 구하는 메소드 입니다.

상품과 주문, 주문 상품 엔티티에 주문과 관련된 비즈니스 로직들을 추가했습니다. 다음으로 상품 상세 페이지에서 주문할 상품의 아이디와 주문 수량을 전달받을 OrderDto 클래스를 만들겠습니다. 주문 최소 수량은 1개, 주문 최대 수량은 999개로 제한하겠습니다.

```
01   package com.shop.dto;
02
03   import lombok.Getter;
04   import lombok.Setter;
05
06   import javax.validation.constraints.Max;
07   import javax.validation.constraints.Min;
08   import javax.validation.constraints.NotNull;
09
10   @Getter @Setter
11   public class OrderDto {
12
13       @NotNull(message = "상품 아이디는 필수 입력 값입니다.")
14       private Long itemId;
15
16       @Min(value = 1, message = "최소 주문 수량은 1개 입니다.")
17       @Max(value = 999, message = "최대 주문 수량은 999개 입니다.")
18       private int count;
19
20   }
```

다음으로 주문 로직을 작성하기 위해 com.shop.service 패키지 아래에 OrderService 클래스를 만들 겠습니다.

```
01   package com.shop.service;
02
03   import com.shop.dto.OrderDto;
04   import com.shop.entity.*;
05   import com.shop.repository.ItemRepository;
06   import com.shop.repository.MemberRepository;
07   import com.shop.repository.OrderRepository;
08   import lombok.RequiredArgsConstructor;
09   import org.springframework.stereotype.Service;
10   import org.springframework.transaction.annotation.Transactional;
```

```
11
12  import javax.persistence.EntityNotFoundException;
13  import java.util.ArrayList;
14  import java.util.List;
15
16  @Service
17  @Transactional
18  @RequiredArgsConstructor
19  public class OrderService {
20
21      private final ItemRepository itemRepository;
22      private final MemberRepository memberRepository;
23      private final OrderRepository orderRepository;
24
25      public Long order(OrderDto orderDto, String email){
26          Item item = itemRepository.findById(orderDto.getItemId())      ❶
27                  .orElseThrow(EntityNotFoundException::new);
28          Member member = memberRepository.findByEmail(email);           ❷
29
30          List<OrderItem> orderItemList = new ArrayList<>();
31          OrderItem orderItem =
      OrderItem.createOrderItem(item, orderDto.getCount());               ❸
32          orderItemList.add(orderItem);
33
34          Order order = Order.createOrder(member, orderItemList);        ❹
35          orderRepository.save(order);                                   ❺
36
37          return order.getId();
38      }
39
40  }
```

❶ 주문할 상품을 조회합니다.

❷ 현재 로그인한 회원의 이메일 정보를 이용해서 회원 정보를 조회합니다.

❸ 주문할 상품 엔티티와 주문 수량을 이용하여 주문 상품 엔티티를 생성합니다.

❹ 회원 정보와 주문할 상품 리스트 정보를 이용하여 주문 엔티티를 생성합니다.

❺ 생성한 주문 엔티티를 저장합니다.

주문 관련 요청들을 처리하기 위해서 com.shop.controller 패키지 아래에 OrderController 클래스를 만들겠습니다. 상품 주문에서 웹 페이지의 새로 고침 없이 서버에 주문을 요청하기 위해서 비동기 방식을 사용하겠습니다.

```
01    package com.shop.controller;
02
03    import com.shop.dto.OrderDto;
04    import com.shop.service.OrderService;
05    import lombok.RequiredArgsConstructor;
06    import org.springframework.http.HttpStatus;
07    import org.springframework.http.ResponseEntity;
08    import org.springframework.stereotype.Controller;
09    import org.springframework.validation.BindingResult;
10    import org.springframework.validation.FieldError;
11    import org.springframework.web.bind.annotation.PostMapping;
12    import org.springframework.web.bind.annotation.RequestBody;
13    import org.springframework.web.bind.annotation.ResponseBody;
14
15    import javax.validation.Valid;
16    import java.security.Principal;
17    import java.util.List;
18
19    @Controller
20    @RequiredArgsConstructor
21    public class OrderController {
22
23        private final OrderService orderService;
24
25        @PostMapping(value = "/order")
26        public @ResponseBody ResponseEntity order (@RequestBody @Valid OrderDto orderDto,
                  BindingResult bindingResult, Principal principal){ ───────────────── ❶
27
28            if(bindingResult.hasErrors()){ ─────────────────────────────────────── ❷
29                StringBuilder sb = new StringBuilder();
30                List<FieldError> fieldErrors = bindingResult.getFieldErrors();
31                for (FieldError fieldError : fieldErrors) {
32                    sb.append(fieldError.getDefaultMessage());
33                }
34                return new ResponseEntity<String>(sb.toString(),
                      HttpStatus.BAD_REQUEST); ─────────────────────────────────── ❸
35            }
36
37            String email = principal.getName(); ───────────────────────────────── ❹
38            Long orderId;
39
```

```
40          try {
41              orderId = orderService.order(orderDto, email);  ──────────────⑤
42          } catch(Exception e){
43              return new ResponseEntity<String>(e.getMessage(),
                        HttpStatus.BAD_REQUEST);
44          }
45
46          return new ResponseEntity<Long>(orderId, HttpStatus.OK);  ──────────⑥
47      }
48
49  }
```

❶ 스프링에서 비동기 처리를 할 때 @RequestBody와 @ReponseBody 어노테이션을 사용합니다.
  - @RequestBody: HTTP 요청의 본문 body에 담긴 내용을 자바 객체로 전달
  - @ResponseBody: 자바 객체를 HTTP 요청의 body로 전달
❷ 주문 정보를 받는 orderDto 객체에 데이터 바인딩 시 에러가 있는지 검사합니다.
❸ 에러 정보를 ResponseEntity 객체에 담아서 반환합니다.
❹ 현재 로그인 유저의 정보를 얻기 위해서 @Controller 어노테이션이 선언된 클래스에서 메소드 인자로 principal 객체를 넘겨 줄 경우 해당 객체에 직접 접근할 수 있습니다. principal 객체에서 현재 로그인한 회원의 이메일 정보를 조회 합니다.
❺ 화면으로부터 넘어오는 주문 정보와 회원의 이메일 정보를 이용하여 주문 로직을 호출합니다.
❻ 결과값으로 생성된 주문 번호와 요청이 성공했다는 HTTP 응답 상태 코드를 반환합니다.

주문 기능 구현이 완료됐습니다. 정상적으로 동작하는지 테스트 코드를 작성하겠습니다.

[함께 해봐요 7-2] 주문 기능 테스트하기

com.shop.service.OrderServiceTest.java

```
01  package com.shop.service;
02
03  import com.shop.constant.ItemSellStatus;
04  import com.shop.dto.OrderDto;
05  import com.shop.entity.Item;
06  import com.shop.entity.Member;
07  import com.shop.entity.Order;
08  import com.shop.entity.OrderItem;
09  import com.shop.repository.ItemRepository;
10  import com.shop.repository.MemberRepository;
11  import com.shop.repository.OrderRepository;
12  import org.junit.jupiter.api.DisplayName;
13  import org.junit.jupiter.api.Test;
14  import org.springframework.beans.factory.annotation.Autowired;
```

```java
15  import org.springframework.boot.test.context.SpringBootTest;
16  import org.springframework.test.context.TestPropertySource;
17  import org.springframework.transaction.annotation.Transactional;
18
19  import javax.persistence.EntityNotFoundException;
20
21  import java.util.List;
22
23  import static org.junit.jupiter.api.Assertions.assertEquals;
24
25  @SpringBootTest
26  @Transactional
27  @TestPropertySource(locations="classpath:application-test.properties")
28  class OrderServiceTest {
29
30      @Autowired
31      private OrderService orderService;
32
33      @Autowired
34      private OrderRepository orderRepository;
35
36      @Autowired
37      ItemRepository itemRepository;
38
39      @Autowired
40      MemberRepository memberRepository;
41
42      public Item saveItem(){                                              ❶
43          Item item = new Item();
44          item.setItemNm("테스트 상품");
45          item.setPrice(10000);
46          item.setItemDetail("테스트 상품 상세 설명");
47          item.setItemSellStatus(ItemSellStatus.SELL);
48          item.setStockNumber(100);
49          return itemRepository.save(item);
50      }
51
52      public Member saveMember(){                                          ❷
53          Member member = new Member();
54          member.setEmail("test@test.com");
55          return memberRepository.save(member);
56      }
```

```
57
58      @Test
59      @DisplayName("주문 테스트")
60      public void order(){
61          Item item = saveItem();
62          Member member = saveMember();
63
64          OrderDto orderDto = new OrderDto();
65          orderDto.setCount(10);                                          ❸
66          orderDto.setItemId(item.getId());                               ❹
67
68          Long orderId = orderService.order(orderDto, member.getEmail()); ❺
69
70          Order order = orderRepository.findById(orderId)                 ❻
71                  .orElseThrow(EntityNotFoundException::new);
72
73          List<OrderItem> orderItems = order.getOrderItems();
74
75          int totalPrice = orderDto.getCount()*item.getPrice();           ❼
76
77          assertEquals(totalPrice, order.getTotalPrice());                ❽
78      }
79
80  }
```

❶, ❷ 테스트를 위해서 주문할 상품과 회원 정보를 저장하는 메소드를 생성합니다.

❸, ❹ 주문할 상품과 상품 수량을 orderDto 객체에 세팅합니다.

❺ 주문 로직 호출 결과 생성된 주문 번호를 orderId 변수에 저장합니다.

❻ 주문 번호를 이용하여 저장된 주문 정보를 조회합니다.

❼ 주문한 상품의 총 가격을 구합니다.

❽ 주문한 상품의 총 가격과 데이터베이스에 저장된 상품의 가격을 비교하여 같으면 테스트가 성공적으로 종료됩니다.

테스트 실행 결과 주문 로직이 정상적으로 동작하는 것을 확인할 수 있습니다.

[그림 7-1] 주문 테스트 코드 실행 결과

상품 상세 페이지에서 구현한 주문 로직을 호출하는 코드를 작성하겠습니다. form 태그를 사용하여 submit 방식으로 서버에 요청하게 되면 페이지가 새로 고침이 된다는 단점이 있습니다. Ajax Asynchronous Javascript And Xml를 이용하여 주문 로직을 비동기 방식으로 호출하겠습니다. 비동기 방식을 사용하면 웹 페이지의 새로 고침 없이 필요한 부분만 불러와 사용할 수 있다는 장점이 있습니다.

기존에 작성했던 itemDtl.html 파일을 수정하겠습니다. "<script th:inline="javascript"> </script>" 자바스크립트 영역에 order() 함수를 추가합니다.

[함께 해봐요 7-3] 주문 호출 구현하기

resources/templates/item/itemDtl.html

```
01  <script th:inline="javascript">
02
03      .....코드 생략.....
04
05      function order(){
06          var token = $("meta[name='_csrf']").attr("content");          ❶
07          var header = $("meta[name='_csrf_header']").attr("content");   ❷
08
09          var url = "/order";
10          var paramData = {                                             ❸
11              itemId : $("#itemId").val(),
12              count : $("#count").val()
13          };
14
15          var param = JSON.stringify(paramData);                       ❹
16
17          $.ajax({
18              url      : url,
19              type     : "POST",
20              contentType : "application/json",                        ❺
21              data     : param,
22              beforeSend : function(xhr){
```

```
23                    /* 데이터를 전송하기 전에 헤더에 csrf 값을 설정 */
24                    xhr.setRequestHeader(header, token);
25              },
26              dataType : "json",                                              ❻
27              cache    : false,
28              success  : function(result, status){                            ❼
29                  alert("주문이 완료 되었습니다.");
30                  location.href='/';
31              },
32              error : function(jqXHR, status, error){
33
34                  if(jqXHR.status == '401'){                                  ❽
35                      alert('로그인 후 이용해주세요');
36                      location.href='/members/login';
37                  } else{
38                      alert(jqXHR.responseText);                              ❾
39                  }
40
41          }
42      });
43    }
44 </script>
```

❶, ❷ 스프링 시큐리티를 사용할 경우 기본적으로 POST 방식의 데이터 전송에는 CSRF 토큰 값이 필요하므로 해당 값들을 조회합니다.

❸ 주문할 상품의 아이디와 주문 수량 데이터를 전달할 객체를 생성합니다.

❹ 서버에 보낼 주문 데이터를 json으로 변경합니다.

❺ 서버에 데이터를 보낼 형식을 json으로 지정합니다.

❻ 서버에서 결과값으로 받을 데이터의 타입을 json으로 설정하겠습니다.

❼ 주문 로직 호출이 성공하면 "주문이 완료되었습니다."라는 메시지를 보여주고 메인 페이지로 이동합니다.

❽ 현재 로그인 상태가 아니라면 "로그인 후 이용해주세요"라는 메시지를 보여주고 로그인 페이지로 이동합니다.

❾ 주문 시 에러가 발생하면 해당 메시지를 보여줍니다.

주문하기 버튼을 클릭 시 order() 함수를 호출하도록 onclick 속성을 추가합니다.

resources/templates/item/itemDtl.html

```
01 <button type="button" class="btn btn-primary btn-lg" onclick="order()">주문하기
   </button>
```

[그림 7-2]와 같이 주문하기 버튼을 클릭하면 주문이 완료됐다는 메시지가 나타나고 확인을 클릭하면 메인 페이지로 이동합니다.

[그림 7-2] 상품 주문 성공

7.2 주문 이력 조회하기

주문을 했으니, 주문 내역을 조회할 수 있는 화면을 만들겠습니다. 보통 주문 이력을 조회하는 페이지에서는 주문부터 현재 상품의 배송 상태까지 보여줍니다. 상품이 출발했는지, 도착하였는지 등을 보여줍니다. 또한 반품, 교환, 주문 취소 등의 기능들이 같이 있습니다. 예제에서는 주문을 취소하는 기능만 구현하겠습니다.

먼저 조회한 주문 데이터를 화면에 보낼 때 사용할 DTO 클래스를 만들겠습니다. 주문 상품 정보를 담을 OrderItemDto 클래스를 생성합니다.

 [함께 해봐요 7-4] 구매 이력

com.shop.dto.OrderItemDto.java

```
01  package com.shop.dto;
02
03  import com.shop.entity.OrderItem;
04  import lombok.Getter;
05  import lombok.Setter;
06
07  @Getter @Setter
08  public class OrderItemDto {
09
10      public OrderItemDto(OrderItem orderItem, String imgUrl){    ————————❶
11          this.itemNm = orderItem.getItem().getItemNm();
12          this.count = orderItem.getCount();
13          this.orderPrice = orderItem.getOrderPrice();
14          this.imgUrl = imgUrl;
15      }
16
17      private String itemNm; //상품명
18
19      private int count; //주문 수량
20
```

```
21        private int orderPrice; //주문 금액
22
23        private String imgUrl;   //상품 이미지 경로
24
25  }
```

❶ OrderItemDto 클래스의 생성자로 orderItem 객체와 이미지 경로를 파라미터로 받아서 멤버 변수 값을 세팅합니다.

다음으로 주문 정보를 담을 OrderHistDto 클래스를 생성합니다.

com.shop.dto.OrderHistDto.java

```
01  package com.shop.dto;
02
03  import com.shop.constant.OrderStatus;
04  import com.shop.entity.Order;
05  import lombok.Getter;
06  import lombok.Setter;
07
08  import java.time.format.DateTimeFormatter;
09  import java.util.ArrayList;
10  import java.util.List;
11
12  @Getter @Setter
13  public class OrderHistDto {
14
15      public OrderHistDto(Order order){ ─────────────────────── ❶
16          this.orderId = order.getId();
17          this.orderDate =
    order.getOrderDate().format(DateTimeFormatter.ofPattern("yyyy-MM-dd HH:mm"));
18          this.orderStatus = order.getOrderStatus();
19      }
20
21      private Long orderId; //주문아이디
22
23      private String orderDate; //주문날짜
24
25      private OrderStatus orderStatus; //주문 상태
26
```

```
27      //주문 상품 리스트
28      private List<OrderItemDto> orderItemDtoList = new ArrayList<>();
29
30      public void addOrderItemDto(OrderItemDto orderItemDto){ ──────────── ❷
31          orderItemDtoList.add(orderItemDto);
32      }
33
34  }
```

❶ OrderHistDto 클래스의 생성자로 order 객체를 파라미터로 받아서 멤버 변수 값을 세팅합니다. 주문 날짜의 경우 화면에 "yyyy-MM-dd HH:mm" 형태로 전달하기 위해서 포맷을 수정합니다.

❷ orderItemDto 객체를 주문 상품 리스트에 추가하는 메소드입니다.

다음으로 OrderRepository 인터페이스에 @Query어노테이션을 이용하여 주문 이력을 조회하는 쿼리를 작성하겠습니다. @Query 안에 들어가는 문법은 JPQL이고 해당 내용이 기억이 잘 안 나실 경우 2장 내용을 함께 참고하시면 됩니다. 조회 조건이 복잡하지 않으면 QueryDsl을 사용하지 않고 @Query 어노테이션을 이용해서 구현하는 것도 괜찮다고 생각합니다.

다음 예제에서 @Query 어노테이션에 작성한 쿼리 String을 한 줄로 입력할 수도 있지만 가독성을 고려하여 여러 줄로 작성했습니다. 이때 마지막 칸에 띄어쓰기를 하였는데 공백을 넣지 않으면 에러가 나기 때문에 유의해주세요.

```
                                    com.shop.repository.OrderRepository.java

01  package com.shop.repository;
02
03  .....기존 임포트 생략.....
04
05  import org.springframework.data.domain.Pageable;
06  import org.springframework.data.jpa.repository.Query;
07  import org.springframework.data.repository.query.Param;
08
09  import java.util.List;
10
11  public interface OrderRepository extends JpaRepository<Order, Long> {
12
13      @Query("select o from Order o " +
14              "where o.member.email = :email " +
15              "order by o.orderDate desc"
16      )
```

```
17        List<Order> findOrders(@Param("email") String email, Pageable pageable);  ❶
18
19        @Query("select count(o) from Order o " +
20               "where o.member.email = :email"
21        )
22        Long countOrder(@Param("email") String email); ─────────────── ❷
23
24    }
```

❶ 현재 로그인한 사용자의 주문 데이터를 페이징 조건에 맞춰서 조회합니다.
❷ 현재 로그인한 회원의 주문 개수가 몇 개인지 조회합니다.

ItemImgRepository 인터페이스에는 상품의 대표 이미지를 찾는 쿼리 메소드를 추가합니다. 구매 이력 페이지에서 주문 상품의 대표 이미지를 보여주기 위해서 추가합니다.

com.shop.repository.ItemImgRepository.java

```
01   package com.shop.repository;
02
03   .....기존 임포트 생략.....
04
05   public interface ItemImgRepository extends JpaRepository<ItemImg, Long> {
06
07       List<ItemImg> findByItemIdOrderByIdAsc(Long itemId);
08
09       ItemImg findByItemIdAndRepimgYn(Long itemId, String repimgYn);
10   }
```

OrderService 클래스에 주문 목록을 조회하는 로직을 구현하겠습니다.

com.shop.service.OrderService.java

```
01   package com.shop.service;
02
03   .....기존 임포트 생략.....
04
05   import com.shop.dto.OrderHistDto;
06   import com.shop.dto.OrderItemDto;
07   import com.shop.repository.ItemImgRepository;
08   import org.springframework.data.domain.Page;
```

```
09  import org.springframework.data.domain.PageImpl;
10  import org.springframework.data.domain.Pageable;
11
12  @Service
13  @Transactional
14  @RequiredArgsConstructor
15  public class OrderService {
16
17      private final ItemRepository itemRepository;
18      private final MemberRepository memberRepository;
19      private final OrderRepository orderRepository;
20      private final ItemImgRepository itemImgRepository;
21
22      .....코드 생략.....
23
24      @Transactional(readOnly = true)
25      public Page<OrderHistDto> getOrderList(String email, Pageable pageable) {
26
27          List<Order> orders  = orderRepository.findOrders(email, pageable);  ❶
28          Long totalCount = orderRepository.countOrder(email);                ❷
29
30          List<OrderHistDto> orderHistDtos = new ArrayList<>();
31
32          for (Order order : orders) {                                        ❸
33              OrderHistDto orderHistDto = new OrderHistDto(order);
34              List<OrderItem> orderItems = order.getOrderItems();
35              for (OrderItem orderItem : orderItems) {
36                  ItemImg itemImg = itemImgRepository.findByItemIdAndRepimgYn
  (orderItem.getItem().getId(), "Y");                                         ❹
37                  OrderItemDto orderItemDto =
  new OrderItemDto(orderItem, itemImg.getImgUrl());
38                  orderHistDto.addOrderItemDto(orderItemDto);
39              }
40
41              orderHistDtos.add(orderHistDto);
42          }
43
44          return new PageImpl<OrderHistDto>(orderHistDtos, pageable, totalCount);  ❺
45      }
46
47  }
```

❶ 유저의 아이디와 페이징 조건을 이용하여 주문 목록을 조회합니다.

❷ 유저의 주문 총 개수를 구합니다.

❸ 주문 리스트를 순회하면서 구매 이력 페이지에 전달할 DTO를 생성합니다.

❹ 주문한 상품의 대표 이미지를 조회합니다.

❺ 페이지 구현 객체를 생성하여 반환합니다.

이제 구매이력을 조회할 수 있도록 OrderController 클래스에 지금까지 구현한 로직을 호출하는 메소드를 만들겠습니다.

---

com.shop.controller.OrderController.java

```
01  package com.shop.controller;
02
03  .....기존 임포트 생략.....
04
05  import org.springframework.web.bind.annotation.GetMapping;
06  import org.springframework.web.bind.annotation.PathVariable;
07  import com.shop.dto.OrderHistDto;
08  import org.springframework.data.domain.Page;
09  import org.springframework.data.domain.PageRequest;
10  import org.springframework.data.domain.Pageable;
11  import org.springframework.ui.Model;
12  import java.util.Optional;
13
14  @Controller
15  @RequiredArgsConstructor
16  public class OrderController {
17
18      .....코드 생략.....
19
20      @GetMapping(value = {"/orders", "/orders/{page}"})
21      public String orderHist(@PathVariable("page") Optional<Integer> page,
    Principal principal, Model model){
22          Pageable pageable = PageRequest.of(page.isPresent() ? page.get() : 0, 4);  ❶
23
24          Page<OrderHistDto> ordersHistDtoList =
25  orderService.getOrderList(principal.getName(), pageable); ─────────────────  ❷
25
26          model.addAttribute("orders", ordersHistDtoList);
27          model.addAttribute("page", pageable.getPageNumber());
28          model.addAttribute("maxPage", 5);
```

```
29          return "order/orderHist";
30      }
31
32  }
```

❶ 한 번에 가지고 올 주문의 개수는 4개로 설정하겠습니다.

❷ 현재 로그인한 회원은 이메일과 페이징 객체를 파라미터로 전달하여 화면에 전달한 주문 목록 데이터를 리턴 값으로 받습니다.

이제 구매 이력을 조회하는 로직 구현이 완료됐습니다. 다음으로 구매 이력 페이지를 만들겠습니다. 구매 이력 페이지는 지금까지 만들었던 다른 페이지와 비슷하고 주문 목록 데이터를 보여주는 역할만 하므로 따로 설명은 하지 않겠습니다. resources/templates 폴더 아래에 order 폴더를 생성 후 orderHist.html 파일을 만들겠습니다.

resources/templates/order/orderHist.html

```html
01  <!DOCTYPE html>
02  <html xmlns:th="http://www.thymeleaf.org"
03        xmlns:layout="http://www.ultraq.net.nz/thymeleaf/layout"
04        layout:decorate="~{layouts/layout1}">
05
06  <head>
07      <meta name="_csrf" th:content="${_csrf.token}"/>
08      <meta name="_csrf_header" th:content="${_csrf.headerName}"/>
09  </head>
10
11  <!-- 사용자 CSS 추가 -->
12  <th:block layout:fragment="css">
13      <style>
14          .content-mg{
15              margin-left:30%;
16              margin-right:30%;
17              margin-top:2%;
18              margin-bottom:100px;
19          }
20          .repImgDiv{
21              margin-right:15px;
22              margin-left:15px;
23              height:auto;
24          }
```

```
25          .repImg{
26              height:100px;
27              width:100px;
28          }
29          .card{
30              width:750px;
31              height:100%;
32              padding:30px;
33              margin-bottom:20px;
34          }
35          .fs18{
36              font-size:18px
37          }
38          .fs24{
39              font-size:24px
40          }
41      </style>
42  </th:block>
43
44  <div layout:fragment="content" class="content-mg">
45
46      <h2 class="mb-4">
47          구매 이력
48      </h2>
49
50      <div th:each="order : ${orders.getContent()}">
51
52          <div class="d-flex mb-3 align-self-center">
53              <h4 th:text="${order.orderDate} + ' 주문'"></h4>
54              <div class="ml-3">
55                  <th:block th:if="${order.orderStatus ==
    T(com.shop.constant.OrderStatus).ORDER}">
56                      <button type="button" class="btn btn-outline-secondary"
    th:value="${order.orderId}">주문취소</button>
57                  </th:block>
58                  <th:block th:unless="${order.orderStatus ==
    T(com.shop.constant.OrderStatus).ORDER}">
59                      <h4>(취소 완료)</h4>
60                  </th:block>
61              </div>
62          </div>
63          <div class="card d-flex">
```

```
64          <div th:each="orderItem : ${order.orderItemDtoList}"
    class="d-flex mb-3">
65              <div class="repImgDiv">
66                  <img th:src="${orderItem.imgUrl}"
    class = "rounded repImg" th:alt="${orderItem.itemNm}">
67              </div>
68              <div class="align-self-center w-75">
69                  <span th:text="${orderItem.itemNm}"
    class="fs24 font-weight-bold"></span>
70                  <div class="fs18 font-weight-light">
71                      <span th:text="${orderItem.orderPrice} +'원'">
                        </span>
72                      <span th:text="${orderItem.count} +'개'"></span>
73                  </div>
74              </div>
75          </div>
76      </div>
77
78  </div>
79
80  <div th:with="start=${(orders.number/maxPage)*maxPage + 1},
    end=(${(orders.totalPages == 0) ? 1 : (start + (maxPage - 1)
    < orders.totalPages ? start + (maxPage - 1) : orders.totalPages)})" >
81      <ul class="pagination justify-content-center">
82
83          <li class="page-item"
    th:classappend="${orders.number eq 0}?'disabled':''">
84              <a th:href="@{'/orders/' + ${orders.number-1}}"
    aria-label='Previous' class="page-link">
85                  <span aria-hidden='true'>Previous</span>
86              </a>
87          </li>
88
89          <li class="page-item"
    th:each="page: ${#numbers.sequence(start, end)}"
    th:classappend="${orders.number eq page-1}?'active':''">
90              <a th:href="@{'/orders/' + ${page-1}}" th:inline="text"
    class="page-link">[[${page}]]</a>
91          </li>
92
93          <li class="page-item"
    th:classappend="${orders.number+1 ge orders.totalPages}?'disabled':''">
```

```
94                    <a th:href="@{'/orders/' + ${orders.number+1}}"
   aria-label='Next' class="page-link">
95                        <span aria-hidden='true'>Next</span>
96                    </a>
97                </li>
98
99            </ul>
100        </div>
101
102 </div>
103
104 </html>
```

이제 네비게이션 바에 있는 구매 이력 메뉴를 클릭하여 해당 페이지로 이동해 보겠습니다. [그림 7-3]과 같이 지금까지 주문했던 상품들의 목록이 화면에 보입니다. 만약 주문을 하나만 했다면 아래 예제 진행을 위해서 2개 이상 주문 후 진행하시면 됩니다.

[그림 7-3] 주문 이력 페이지

구현은 완료했지만 성능적으로 향상시킬 수 있는 부분이 있습니다. OrderService 클래스에 구현한 getOrderList() 메소드에서 for문을 순회하면서 order.getOrderItems()를 호출할 때마다 조회 쿼리문이 추가로 실행되는 것을 볼 수 있습니다.

```
@Transactional(readOnly = true)
public Page<OrderHistDto> getOrderList(String email, Pageable pageable) {

    List<Order> orders  = orderRepository.findOrders(email, pageable);
    Long totalCount = orderRepository.countOrder(email);

    List<OrderHistDto> orderHistDtos = new ArrayList<>();

    for (Order order : orders) {
        OrderHistDto orderHistDto = new OrderHistDto(order);
        List<OrderItem> orderItems = order.getOrderItems();
        for (OrderItem orderItem : orderItems) {
            ItemImg itemImg = itemImgRepository.findByItemIdAndRepimgYn(orderItem.getItem().getId(),  repimgYn: "Y");
            OrderItemDto orderItemDto = new OrderItemDto(orderItem, itemImg.getImgUrl());
            orderHistDto.addOrderItemDto(orderItemDto);
        }

        orderHistDtos.add(orderHistDto);
    }

    return new PageImpl<OrderHistDto>(orderHistDtos, pageable, totalCount);
}
```

[그림 7-4] 주문 리스트 조회 로직

orders 리스트의 사이즈 만큼 쿼리문이 실행됩니다. 만약 orders의 사이즈가 100이었다면 100번의 쿼리문이 더 실행되는 것입니다. 현재는 order_id에 하나의 주문 번호가 조건으로 설정되는 것을 볼 수 있습니다.

```
Hibernate:
    select
        orderitems0_.order_id as order_id9_5_0_,
        orderitems0_.order_item_id as order_it1_5_0_,
        orderitems0_.order_item_id as order_it1_5_1_,
        orderitems0_.reg_time as reg_time2_5_1_,
        orderitems0_.update_time as update_t3_5_1_,
        orderitems0_.created_by as created_4_5_1_,
        orderitems0_.modified_by as modified5_5_1_,
        orderitems0_.count as count6_5_1_,
        orderitems0_.item_id as item_id8_5_1_,
        orderitems0_.order_id as order_id9_5_1_,
        orderitems0_.order_price as order_pr7_5_1_
    from
        order_item orderitems0_
    where
        orderitems0_.order_id=?
2021-03-05 15:13:03.197 TRACE 19028 --- [p-nio-80-exec-1] o.h.type.descriptor.sql.BasicBinder     : binding parameter [1] as [BIGINT] - [209]
```

[그림 7-5] 주문 상품 리스트 조회 쿼리

만약 orders의 주문 아이디를 "where order_id in (209, 210, 211, 212)" 이런 식으로 in 쿼리로 한 번에 조회할 수 있다면 100개가 실행될 쿼리를 하나의 쿼리로 조회할 수 있습니다. 이때 성능 향상을 위해서 "default_batch_fetch_size"라는 옵션을 사용할 수 있습니다. 조회 쿼리 한 번으로 지정한 사이즈 만큼 한 번에 조회할 수 있습니다.

application.properties 설정 추가하기

```
#기본 batch size 설정
spring.jpa.properties.hibernate.default_batch_fetch_size=1000
```

해당 옵션을 추가한 후 다시 구매 이력을 조회할 때, 반복문에서 order.getOrderItems() 처음 실행할 때 [그림 7-6]과 같이 조건절에 in 쿼리문이 실행되는 것을 볼 수 있습니다. JPA를 사용하다 보면 N+1 문제를 많이 만나게 되는데 성능상 이슈가 생길 수 있기 때문에 조심해서 사용해야 합니다.

```
Hibernate:
    select
        orderitems0_.order_id as order_id9_5_1_,
        orderitems0_.order_item_id as order_it1_5_1_,
        orderitems0_.order_item_id as order_it1_5_0_,
        orderitems0_.reg_time as reg_time2_5_0_,
        orderitems0_.update_time as update_t3_5_0_,
        orderitems0_.created_by as created_4_5_0_,
        orderitems0_.modified_by as modified5_5_0_,
        orderitems0_.count as count6_5_0_,
        orderitems0_.item_id as item_id8_5_0_,
        orderitems0_.order_id as order_id9_5_0_,
        orderitems0_.order_price as order_pr7_5_0_
    from
        order_item orderitems0_
    where
        orderitems0_.order_id in (
            ?, ?
        )
2021-03-05 15:07:41.662 TRACE 15600 --- [-nio-80-exec-10] o.h.type.descriptor.sql.BasicBinder  : binding parameter [1] as [BIGINT] - [209]
2021-03-05 15:07:41.663 TRACE 15600 --- [-nio-80-exec-10] o.h.type.descriptor.sql.BasicBinder  : binding parameter [2] as [BIGINT] - [210]
```

[그림 7-6] default_batch_fetch_size 적용 후 주문 상품 리스트 조회 쿼리

7.3 주문 취소하기

7장의 마지막 기능으로 고객이 주문했던 상품을 취소할 수 있도록 구현하겠습니다. 주문을 취소할 경우 해당 주문의 상태를 취소 상태로 만들어주고, 주문할 때 상품의 재고를 감소시켰던 만큼 다시 더해주면 됩니다.

상품의 재고를 더해주기 위해서 Item 클래스에 addStock 메소드를 생성합니다.

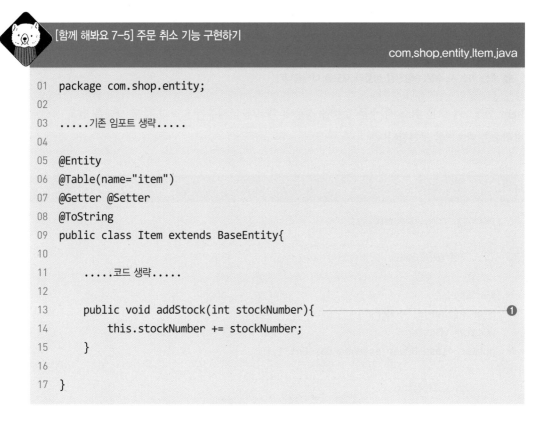

[함께 해봐요 7-5] 주문 취소 기능 구현하기

com.shop.entity.Item.java

```java
01  package com.shop.entity;
02
03  .....기존 임포트 생략.....
04
05  @Entity
06  @Table(name="item")
07  @Getter @Setter
08  @ToString
09  public class Item extends BaseEntity{
10
11      .....코드 생략.....
12
13      public void addStock(int stockNumber){           ①
14          this.stockNumber += stockNumber;
15      }
16
17  }
```

❶ 상품의 재고를 증가시키는 메소드입니다.

주문을 취소할 경우 주문 수량만큼 상품의 재고를 증가시키는 메소드를 구현합니다.

```
01  package com.shop.entity;
02
03  .....기존 임포트 생략.....
04
05  @Entity
06  @Getter @Setter
07  public class OrderItem extends BaseEntity{
08
09      .....코드 생략.....
10
11      public void cancel() {                                              ❶
12          this.getItem().addStock(count);
13      }
14
15  }
```

❶ 주문 취소 시 주문 수량만큼 상품의 재고를 더해줍니다.

Item 클래스에 주문 취소 시 주문 수량을 상품의 재고에 더해주는 로직과 주문 상태를 취소 상태로
바꿔주는 메소드를 구현합니다.

```
01  package com.shop.entity;
02
03  .....기존 임포트 생략.....
04
05  @Entity
06  @Table(name = "orders")
07  @Getter @Setter
08  public class Order extends BaseEntity{
09
10      .....코드 생략.....
11
12      public void cancelOrder(){
13          this.orderStatus = OrderStatus.CANCEL;
14
15          for(OrderItem orderItem : orderItems){
16              orderItem.cancel();
17          }
```

```
18        }
19
20    }
```

다음으로 OrderService 클래스에 주문을 취소하는 로직을 구현합니다.

```
01    package com.shop.service;
02
03    .....기존 임포트 생략.....
04
05    import org.thymeleaf.util.StringUtils;
06
07    @Service
08    @Transactional
09    @RequiredArgsConstructor
10    public class OrderService {
11
12        .....코드 생략.....
13
14        @Transactional(readOnly = true)
15        public boolean validateOrder(Long orderId, String email){          ❶
16            Member curMember = memberRepository.findByEmail(email);
17            Order order = orderRepository.findById(orderId)
18                    .orElseThrow(EntityNotFoundException::new);
19            Member savedMember = order.getMember();
20
21            if(!StringUtils.equals(curMember.getEmail(), savedMember.getEmail())){
22                return false;
23            }
24
25            return true;
26        }
27
28        public void cancelOrder(Long orderId){
29            Order order = orderRepository.findById(orderId)
30                    .orElseThrow(EntityNotFoundException::new);
31            order.cancelOrder();                                            ❷
32        }
33    }
```

❶ 현재 로그인한 사용자와 주문 데이터를 생성한 사용자가 같은지 검사를 합니다. 같을 때는 true를 반환하고 같지 않을 경우는 false를 반환합니다.

❷ 주문 취소 상태로 변경하면 변경 감지 기능에 의해서 트랜잭션이 끝날 때 update 쿼리가 실행됩니다.

OrderController 클래스에 주문번호(orderId)를 받아서 주문 취소 로직을 호출하는 메소드를 만들겠습니다. 상품을 장바구니에 담았을 때처럼 비동기 요청을 받아서 처리하겠습니다.

```java
                                          com.shop.controller.OrderController.java
01  package com.shop.controller;
02
03  .....기존 임포트 생략.....
04
05  @Controller
06  @RequiredArgsConstructor
07  public class OrderController {
08
09      .....코드 생략.....
10
11      @PostMapping("/order/{orderId}/cancel")
12      public @ResponseBody ResponseEntity cancelOrder
    (@PathVariable("orderId") Long orderId , Principal principal){
13
14          if(!orderService.validateOrder(orderId, principal.getName())){    ──❶
15              return new ResponseEntity<String>("주문 취소 권한이 없습니다.",
            HttpStatus.FORBIDDEN);
16          }
17
18          orderService.cancelOrder(orderId);                               ──❷
19          return new ResponseEntity<Long>(orderId, HttpStatus.OK);
20      }
21
22  }
```

❶ 자바스크립트에서 취소할 주문 번호는 조작이 가능하므로 다른 사람의 주문을 취소하지 못하도록 주문 취소 권한 검사를 합니다.

❷ 주문 취소 로직을 호출합니다.

주문을 취소하는 로직 구현이 완료됐습니다. 주문 취소 로직이 제대로 동작하는지 테스트 코드를 작성하겠습니다.

```
01  package com.shop.service;
02
03  .....기존 임포트 생략.....
04
05  import com.shop.constant.OrderStatus;
06
07  @SpringBootTest
08  @Transactional
09  @TestPropertySource(locations="classpath:application-test.properties")
10  class OrderServiceTest {
11
12      .....코드 생략.....
13
14      @Test
15      @DisplayName("주문 취소 테스트")
16      public void cancelOrder(){
17          Item item = saveItem();                                        ❶
18          Member member = saveMember();                                  ❷
19
20          OrderDto orderDto = new OrderDto();
21          orderDto.setCount(10);
22          orderDto.setItemId(item.getId());
23          Long orderId = orderService.order(orderDto, member.getEmail()); ❸
24
25          Order order = orderRepository.findById(orderId)
26                  .orElseThrow(EntityNotFoundException::new);            ❹
27          orderService.cancelOrder(orderId);                             ❺
28
29          assertEquals(OrderStatus.CANCEL, order.getOrderStatus());      ❻
30          assertEquals(100, item.getStockNumber());                      ❼
31      }
32
33  }
```

①, **②** 테스트를 위해서 상품과 회원 데이터를 생성합니다. 생성한 상품의 재고는 100개입니다.

❸ 테스트를 위해서 주문 데이터를 생성합니다. 주문 개수는 총 10개입니다.

❹ 생성한 주문 엔티티를 조회합니다.

❺ 해당 주문을 취소합니다.

❻ 주문의 상태가 취소 상태라면 테스트가 통과합니다.

❼ 취소 후 상품의 재고가 처음 재고 개수인 100개와 동일하다면 테스트가 통과합니다.

테스트 실행 결과 구현한 기능이 정상적으로 동작하는 것을 볼 수 있습니다.

[그림 7-7] 주문 취소 테스트 실행 결과

이제 구현한 주문 취소 기능을 호출하는 자바스크립트 함수를 만들겠습니다. `</head>` 태그 아래에 `cancelOrder()` 함수를 가지고 있는 사용자 스크립트 영역을 추가합니다.

[함께 해봐요 7-7] 주문 취소 호출 구현하기

resources/templates/order/orderHist.html

```
01  <!-- 사용자 스크립트 추가 -->
02  <th:block layout:fragment="script">
03
04      <script th:inline="javascript">
05          function cancelOrder(orderId) {
06              var token = $("meta[name='_csrf']").attr("content");
07              var header = $("meta[name='_csrf_header']").attr("content");
08
09              var url = "/order/" + orderId + "/cancel";
10              var paramData = {                                          ❶
11                  orderId : orderId,
12              };
13
14              var param = JSON.stringify(paramData);
15
```

```
16            $.ajax({
17                url       : url,
18                type      : "POST",
19                contentType : "application/json",
20                data      : param,
21                beforeSend : function(xhr){
22                    /* 데이터를 전송하기 전에 헤더에 csrf 값을 설정 */
23                    xhr.setRequestHeader(header, token);
24                },
25                dataType : "json",
26                cache    : false,
27                success  : function(result, status){ ─────────────────── ❷
28                    alert("주문이 취소 되었습니다.");
29                    location.href='/orders/' + [[${page}]];
30                },
31                error : function(jqXHR, status, error){
32                    if(jqXHR.status == '401'){
33                        alert('로그인 후 이용해주세요');
34                        location.href='/members/login';
35                    } else{
36                        alert(jqXHR.responseText);
37                    }
38                }
39            });
40        }
41    </script>
42
43  </th:block>
```

❶ 취소할 주문 번호를 파라미터로 넘겨줍니다.

❷ 주문이 정상적으로 취소됐으면 현재 페이지로 다시 redirect 합니다.

〈주문 취소〉 버튼을 클릭했을 때 cancelOrder() 함수를 호출하도록 onclick 속성을 추가합니다.

resources/templates/order/orderHist.html

```
01  <button type="button" class="btn btn-outline-secondary"
      th:value="${order.orderId}" onclick="cancelOrder(this.value)">주문취소</button>
```

이제 주문 취소 기능 구현이 완료됐습니다. 〈주문 취소〉 버튼을 클릭하면 "취소 완료"라는 텍스트 메시지가 보입니다.

[그림 7-8] 주문 취소 완료

7장에서는 기본적인 주문 로직을 구현했습니다. 예제를 진행하면서 쇼핑몰 도메인을 어느 정도 이해하셨을 것입니다.

8장

장바구니

 학습목표

1. 장바구니 기능으로 상품을 장바구니에 담거나 주문, 삭제하는 프로세스를 학습한다.

드디어 마지막 장입니다. 상품 상세 페이지에서 고객이 관심이 있거나 나중에 주문할 상품을 장바구니에 담아 놓는 기능을 구현하겠습니다. 또한 장바구니에 담은 상품을 조회하는 페이지를 만들어서 장바구니에 담은 상품을 삭제하거나 여러 개의 상품을 한 번에 주문하는 기능까지 구현해봅니다. 8장까지 잘 따라오셨다면 앞으로 작은 서비스를 만드는 것에 자신감이 생겼을 것입니다.

상품 상세 페이지에서 장바구니에 담을 수량을 선택하고 장바구니 담기 버튼을 클릭할 때 상품이 장바구니에 담기는 기능을 먼저 구현하겠습니다.

먼저 상품 상세 페이지에서 장바구니에 담을 상품의 아이디와 수량을 전달 받을 CartItemDto 클래스를 생성하겠습니다. 장바구니에 담을 상품의 최소 수량은 1개 이상으로 제한합니다.

[함께 해봐요 8-1] 장바구니 담기 구현하기

com.shop.dto.CartItemDto.java

```java
01  package com.shop.dto;
02
03  import lombok.Getter;
04  import lombok.Setter;
05
06  import javax.validation.constraints.Min;
07  import javax.validation.constraints.NotNull;
08
09  @Getter @Setter
10  public class CartItemDto {
11
12      @NotNull(message = "상품 아이디는 필수 입력 값 입니다.")
13      private Long itemId;
14
15      @Min(value = 1, message = "최소 1개 이상 담아주세요")
16      private int count;
17
18  }
```

회원 한 명당 1개의 장바구니를 갖으므로 처음 장바구니에 상품을 담을 때는 해당 회원의 장바구니를 생성해줘야 합니다. Cart 클래스에 회원 엔티티를 파라미터로 받아서 장바구니 엔티티를 생성하는 로직을 추가합니다.

```
01  package com.shop.entity;
02
03  .....기존 임포트 생략.....
04
05  @Entity
06  @Table(name = "cart")
07  @Getter @Setter
08  @ToString
09  public class Cart extends BaseEntity{
10
11      .....코드 생략.....
12
13      public static Cart createCart(Member member){
14          Cart cart = new Cart();
15          cart.setMember(member);
16          return cart;
17      }
18
19  }
```

장바구니에 담을 상품 엔티티를 생성하는 메소드와 장바구니에 담을 수량을 증가시켜 주는 메소드를
CartItem 클래스에 추가합니다.

```
01  package com.shop.entity;
02
03  .....기존 임포트 생략.....
04
05  @Entity
06  @Getter @Setter
07  @Table(name="cart_item")
08  public class CartItem extends BaseEntity{
09
10      .....코드 생략.....
11
12      public static CartItem createCartItem(Cart cart, Item item, int count){
13          CartItem cartItem = new CartItem();
14          cartItem.setCart(cart);
15          cartItem.setItem(item);
```

```
16        cartItem.setCount(count);
17        return cartItem;
18    }
19
20    public void addCount(int count){ ─────────────────────────────────── ❶
21        this.count += count;
22    }
23 }
```

❶ 장바구니에 기존에 담겨 있는 상품인데, 해당 상품을 추가로 장바구니에 담을 때 기존 수량에 현재 담을 수량을 더
해줄 때 사용할 메소드입니다.

다음으로 현재 로그인한 회원의 Cart 엔티티를 찾기 위해서 CartRepository에 쿼리 메소드를 추가합
니다.

com.shop.repository.CartRepository.java

```
01 package com.shop.repository;
02
03 import com.shop.entity.Cart;
04 import org.springframework.data.jpa.repository.JpaRepository;
05
06 public interface CartRepository extends JpaRepository<Cart, Long> {
07
08    Cart findByMemberId(Long memberId);
09
10 }
```

장바구니에 들어갈 상품을 저장하거나 조회하기 위해서 com.shop.repository 패키지 아래에
CartItemRepository 인터페이스를 생성합니다.

com.shop.repository.CartItemRepository.java

```
01 package com.shop.repository;
02
03 import com.shop.entity.CartItem;
04 import org.springframework.data.jpa.repository.JpaRepository;
05
06 public interface CartItemRepository extends JpaRepository<CartItem, Long> {
07
```

```
08        CartItem findByCartIdAndItemId(Long cartId, Long itemId);  ················①
09
10  }
```

❶ 카트 아이디와 상품 아이디를 이용해서 상품이 장바구니에 들어있는지 조회합니다.

다음으로 장바구니에 상품을 담는 로직을 작성하기 위해서 com.shop.service 패키지 아래에
CartService 클래스를 생성합니다.

com.shop.service.CartService.java

```
01  package com.shop.service;
02
03  import com.shop.dto.CartItemDto;
04  import com.shop.entity.Cart;
05  import com.shop.entity.CartItem;
06  import com.shop.entity.Item;
07  import com.shop.entity.Member;
08  import com.shop.repository.CartItemRepository;
09  import com.shop.repository.CartRepository;
10  import com.shop.repository.ItemRepository;
11  import com.shop.repository.MemberRepository;
12  import lombok.RequiredArgsConstructor;
13  import org.springframework.stereotype.Service;
14  import org.springframework.transaction.annotation.Transactional;
15
16  import javax.persistence.EntityNotFoundException;
17
18  @Service
19  @RequiredArgsConstructor
20  @Transactional
21  public class CartService {
22
23      private final ItemRepository itemRepository;
24      private final MemberRepository memberRepository;
25      private final CartRepository cartRepository;
26      private final CartItemRepository cartItemRepository;
27
28      public Long addCart(CartItemDto cartItemDto, String email){
29
```

```
30          Item item = itemRepository.findById(cartItemDto.getItemId())      ❶
31                  .orElseThrow(EntityNotFoundException::new);
32          Member member = memberRepository.findByEmail(email);              ❷
33
34          Cart cart = cartRepository.findByMemberId(member.getId());        ❸
35          if(cart == null){                                                 ❹
36              cart = Cart.createCart(member);
37              cartRepository.save(cart);
38          }
39
40          CartItem savedCartItem =
            cartItemRepository.findByCartIdAndItemId(cart.getId(), item.getId());  ❺
41
42          if(savedCartItem != null){
43              savedCartItem.addCount(cartItemDto.getCount());               ❻
44              return savedCartItem.getId();
45          } else {
46              CartItem cartItem =
        CartItem.createCartItem(cart, item, cartItemDto.getCount());          ❼
47              cartItemRepository.save(cartItem);                            ❽
48              return cartItem.getId();
49          }
50
51      }
52
53  }
```

❶ 장바구니에 담을 상품 엔티티를 조회합니다.
❷ 현재 로그인한 회원 엔티티를 조회합니다.
❸ 현재 로그인한 회원의 장바구니 엔티티를 조회합니다.
❹ 상품을 처음으로 장바구니에 담을 경우 해당 회원의 장바구니 엔티티를 생성합니다.
❺ 현재 상품이 장바구니에 이미 들어가 있는지 조회합니다.
❻ 장바구니에 이미 있던 상품일 경우 기존 수량에 현재 장바구니에 담을 수량 만큼을 더해줍니다.
❼ 장바구니 엔티티, 상품 엔티티, 장바구니에 담을 수량을 이용하여 CartItem 엔티티를 생성합니다.
❽ 장바구니에 들어갈 상품을 저장합니다.

장바구니와 관련된 요청들을 처리하기 위해서 com.shop.controller 패키지 아래에 CartController 클래스를 생성합니다.

```java
01  package com.shop.controller;
02
03  import com.shop.dto.CartItemDto;
04  import com.shop.service.CartService;
05  import lombok.RequiredArgsConstructor;
06  import org.springframework.http.HttpStatus;
07  import org.springframework.http.ResponseEntity;
08  import org.springframework.stereotype.Controller;
09  import org.springframework.validation.BindingResult;
10  import org.springframework.validation.FieldError;
11  import org.springframework.web.bind.annotation.PostMapping;
12  import org.springframework.web.bind.annotation.RequestBody;
13  import org.springframework.web.bind.annotation.ResponseBody;
14
15  import javax.validation.Valid;
16  import java.security.Principal;
17  import java.util.List;
18
19  @Controller
20  @RequiredArgsConstructor
21  public class CartController {
22
23      private final CartService cartService;
24
25      @PostMapping(value = "/cart")
26      public @ResponseBody
27      ResponseEntity order(@RequestBody @Valid CartItemDto cartItemDto,
    BindingResult bindingResult, Principal principal){
28
29          if(bindingResult.hasErrors()){ ─────────────────────────────── ❶
30              StringBuilder sb = new StringBuilder();
31              List<FieldError> fieldErrors = bindingResult.getFieldErrors();
32              for (FieldError fieldError : fieldErrors) {
33                  sb.append(fieldError.getDefaultMessage());
34              }
35              return new ResponseEntity<String>
    (sb.toString(), HttpStatus.BAD_REQUEST);
36          }
37
```

```
38              String email = principal.getName();                    ❷
39              Long cartItemId;
40
41              try {
42                  cartItemId = cartService.addCart(cartItemDto, email);    ❸
43              } catch(Exception e){
44                  return new ResponseEntity<String>(e.getMessage(),
   HttpStatus.BAD_REQUEST);
45              }
46
47              return new ResponseEntity<Long>(cartItemId, HttpStatus.OK);    ❹
48          }
49
50      }
```

❶ 장바구니에 담을 상품 정보를 받는 cartItemDto 객체에 데이터 바인딩 시 에러가 있는지 검사합니다.

❷ 현재 로그인한 회원의 이메일 정보를 변수에 저장합니다.

❸ 화면으로부터 넘어온 장바구니에 담을 상품 정보와 현재 로그인한 회원의 이메일 정보를 이용하여 장바구니에 상품을 담는 로직을 호출합니다.

❹ 결과값으로 생성된 장바구니 상품 아이디와 요청이 성공하였다는 HTTP 응답 상태 코드를 반환합니다.

상품을 장바구니에 담는 로직 구현이 끝났습니다. 해당 로직을 테스트하는 코드를 작성하겠습니다.

[함께 해봐요 8-2] 장바구니 담기 테스트하기

com.shop.service.CartServiceTest.java

```
01  package com.shop.service;
02
03  import com.shop.constant.ItemSellStatus;
04  import com.shop.dto.CartItemDto;
05  import com.shop.entity.CartItem;
06  import com.shop.entity.Item;
07  import com.shop.entity.Member;
08  import com.shop.repository.CartItemRepository;
09  import com.shop.repository.ItemRepository;
10  import com.shop.repository.MemberRepository;
11  import org.junit.jupiter.api.DisplayName;
12  import org.junit.jupiter.api.Test;
13  import org.springframework.beans.factory.annotation.Autowired;
14  import org.springframework.boot.test.context.SpringBootTest;
15  import org.springframework.test.context.TestPropertySource;
16  import org.springframework.transaction.annotation.Transactional;
```

```
17
18  import javax.persistence.EntityNotFoundException;
19
20  import static org.junit.jupiter.api.Assertions.assertEquals;
21
22  @SpringBootTest
23  @Transactional
24  @TestPropertySource(locations="classpath:application-test.properties")
25  class CartServiceTest {
26
27      @Autowired
28      ItemRepository itemRepository;
29
30      @Autowired
31      MemberRepository memberRepository;
32
33      @Autowired
34      CartService cartService;
35
36      @Autowired
37      CartItemRepository cartItemRepository;
38
39      public Item saveItem(){                                             ❶
40          Item item = new Item();
41          item.setItemNm("테스트 상품");
42          item.setPrice(10000);
43          item.setItemDetail("테스트 상품 상세 설명");
44          item.setItemSellStatus(ItemSellStatus.SELL);
45          item.setStockNumber(100);
46          return itemRepository.save(item);
47      }
48
49      public Member saveMember(){                                         ❷
50          Member member = new Member();
51          member.setEmail("test@test.com");
52          return memberRepository.save(member);
53      }
54
55      @Test
56      @DisplayName("장바구니 담기 테스트")
57      public void addCart(){
58          Item item = saveItem();
```

```
59          Member member = saveMember();
60
61          CartItemDto cartItemDto = new CartItemDto();
62          cartItemDto.setCount(5);                                        ❸
63          cartItemDto.setItemId(item.getId());                            ❹
64
65          Long cartItemId = cartService.addCart(cartItemDto, member.getEmail());  ❺
66
67          CartItem cartItem = cartItemRepository.findById(cartItemId)     ❻
68                  .orElseThrow(EntityNotFoundException::new);
69
70          assertEquals(item.getId(), cartItem.getItem().getId());         ❼
71          assertEquals(cartItemDto.getCount(), cartItem.getCount());      ❽
72      }
73
74  }
```

❶, ❷ 테스트를 위해서 장바구니에 담을 상품과 회원 정보를 저장하는 메소드를 생성합니다.

❸, ❹ 장바구니에 담을 상품과 수량을 cartItemDto 객체에 세팅합니다.

❺ 상품을 장바구니에 담는 로직 호출 결과 생성된 장바구니 상품 아이디를 cartItemId 변수에 저장합니다.

❻ 장바구니 상품 아이디를 이용하여 생성된 장바구니 상품 정보를 조회합니다.

❼ 상품 아이디와 장바구니에 저장된 상품 아이디가 같다면 테스트가 통과합니다.

❽ 장바구니에 담았던 수량과 실제로 장바구니에 저장된 수량이 같다면 테스트가 통과합니다.

테스트 실행 결과 장바구니에 상품을 담는 로직이 정상적으로 동작하는 것을 확인할 수 있습니다.

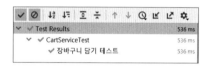

[그림 8-1] 장바구니 담기 테스트 코드 실행 결과

상품 상세 페이지에서 구현한 장바구니 담기 로직을 호출하는 코드를 스크립트 영역에 추가하겠습니다. 기존에 작성했던 자바스크립트 order() 함수와 거의 비슷하므로 복사하여 붙여 넣으신 다음에 다른 부분만 수정하시면 됩니다.

```
01  <script th:inline="javascript">
02
03      .....코드 생략.....
04
05      function addCart(){
06          var token = $("meta[name='_csrf']").attr("content");
07          var header = $("meta[name='_csrf_header']").attr("content");
08
09          var url = "/cart";
10          var paramData = {
11              itemId : $("#itemId").val(),
12              count : $("#count").val()
13          };
14
15          var param = JSON.stringify(paramData);
16
17          $.ajax({
18              url     : url,
19              type    : "POST",
20              contentType : "application/json",
21              data    : param,
22              beforeSend : function(xhr){
23                  /* 데이터를 전송하기 전에 헤더에 csrf 값을 설정 */
24                  xhr.setRequestHeader(header, token);
25              },
26              dataType : "json",
27              cache    : false,
28              success  : function(result, status){
29                  alert("상품을 장바구니에 담았습니다.");
30                  location.href='/';
31              },
32              error : function(jqXHR, status, error){
33
34                  if(jqXHR.status == '401'){
35                      alert('로그인 후 이용해주세요');
36                      location.href='/members/login';
37                  } else{
38                      alert(jqXHR.responseText);
39                  }
40
```

```
41              }
42          });
43      }
44
45  </script>
```

〈장바구니 담기〉 버튼을 클릭할 때 addCart() 함수를 호출하도록 onclick 속성을 추가합니다.

```
01  <button type="button" class="btn btn-light border border-primary btn-lg"
        onclick="addCart()">장바구니 담기</button>
```

〈장바구니 담기〉 버튼을 클릭하면 상품을 장바구니에 담았다는 메시지가 나타나고 〈확인〉을 누르면
메인 페이지로 이동합니다.

[그림 8-2] 상품 장바구니 담기 성공

8.2 장바구니 조회하기

장바구니에 들어있는 상품들을 조회하는 기능을 구현해봅니다.

먼저 장바구니 조회 페이지에 전달할 DTO 클래스를 생성하겠습니다. 이번 예제에서는 JPQL로 쿼리 작성 시 생성자를 이용해서 DTO로 바로 반환하는 방법을 함께 살펴보겠습니다.

[함께 해봐요 8-4] 장바구니 조회하기

com.shop.dto.CartDetailDto.java

```java
01  package com.shop.dto;
02
03  import lombok.Getter;
04  import lombok.Setter;
05
06  @Getter @Setter
07  public class CartDetailDto {
08
09      private Long cartItemId; //장바구니 상품 아이디
10
11      private String itemNm; //상품명
12
13      private int price;   //상품 금액
14
15      private int count; //수량
16
17      private String imgUrl;   //상품 이미지 경로
18
19      public CartDetailDto(Long cartItemId, String itemNm, int price,
                             int count, String imgUrl){        ────────────❶
20          this.cartItemId = cartItemId;
21          this.itemNm = itemNm;
22          this.price = price;
```

```
23          this.count = count;
24          this.imgUrl = imgUrl;
25     }
26
27 }
```

| **❶** 장바구니 페이지에 전달할 데이터를 생성자의 파라미터로 만들어줍니다.

장바구니 페이지에 전달할 CartDetailDto 리스트를 쿼리 하나로 조회하는 JPQL문을 작성합니다. 연관 관계 매핑을 지연 로딩으로 설정할 경우 엔티티에 매핑된 다른 엔티티를 조회할 때 추가적으로 쿼리문이 실행됩니다. 따라서 성능 최적화가 필요할 경우 아래 코드와 같이 DTO의 생성자를 이용하여 반환 값으로 DTO 객체를 생성할 수 있습니다.

com.shop.repository.CartItemRepository.java

```
01 package com.shop.repository;
02
03 .....기존 임포트 생략.....
04
05 import com.shop.dto.CartDetailDto;
06 import org.springframework.data.jpa.repository.Query;
07 import java.util.List;
08
09 public interface CartItemRepository extends JpaRepository<CartItem, Long> {
10
11     .....코드 생략.....
12
13     @Query("select new com.shop.dto.CartDetailDto(ci.id, i.itemNm, i.price,
   ci.count, im.imgUrl) " +                                                    ❶
14          "from CartItem ci, ItemImg im " +
15          "join ci.item i " +
16          "where ci.cart.id = :cartId " +
17          "and im.item.id = ci.item.id " +                                    ❷
18          "and im.repimgYn = 'Y' " +                                          ❸
19          "order by ci.regTime desc"
20     )
21     List<CartDetailDto> findCartDetailDtoList(Long cartId);
22
23 }
```

❶ CartDetailDto의 생성자를 이용하여 DTO를 반환할 때는 "new com.shop.dto.CartDetailDto(ci.id, i.itemNm, i.price, ci.count, im.imgUrl)" 처럼 new 키워드와 해당 DTO의 패키지, 클래스명을 적어줍니다. 또한 생성자의 파라미터 순서는 DTO 클래스에 명시한 순으로 넣어주어야 합니다.

❷, ❸ 장바구니에 담겨있는 상품의 대표 이미지만 가지고 오도록 조건문을 작성합니다.

다음으로 현재 로그인한 회원의 정보를 이용하여 장바구니에 들어있는 상품을 조회하는 로직을 작성하겠습니다.

```
                                                          com.shop.service.CartService.java
01  package com.shop.service;
02
03  .....기존 임포트 생략.....
04
05  import com.shop.dto.CartDetailDto;
06  import java.util.ArrayList;
07  import java.util.List;
08
09  @Service
10  @RequiredArgsConstructor
11  @Transactional
12  public class CartService {
13
14      .....코드 생략.....
15
16      @Transactional(readOnly = true)
17      public List<CartDetailDto> getCartList(String email){
18
19          List<CartDetailDto> cartDetailDtoList = new ArrayList<>();
20
21          Member member = memberRepository.findByEmail(email);
22          Cart cart = cartRepository.findByMemberId(member.getId());      ❶
23          if(cart == null){                                              ❷
24              return cartDetailDtoList;
25          }
26
27          cartDetailDtoList =
    cartItemRepository.findCartDetailDtoList(cart.getId());                ❸
28
29          return cartDetailDtoList;
30      }
31
32  }
```

❶ 현재 로그인한 회원의 장바구니 엔티티를 조회합니다.

❷ 장바구니에 상품을 한 번도 안 담았을 경우 장바구니 엔티티가 없으므로 빈 리스트를 반환합니다.

❸ 장바구니에 담겨있는 상품 정보를 조회합니다.

장바구니 페이지로 이동할 수 있도록 CartController 클래스에 메소드를 추가하겠습니다.

com.shop.controller.CartController.java

```
01  package com.shop.controller;
02
03  .....기존 임포트 생략.....
04
05  import com.shop.dto.CartDetailDto;
06  import org.springframework.ui.Model;
07  import org.springframework.web.bind.annotation.GetMapping;
08
09  @Controller
10  @RequiredArgsConstructor
11  public class CartController {
12
13      .....코드 생략.....
14
15      @GetMapping(value = "/cart")
16      public String orderHist(Principal principal, Model model){
17          List<CartDetailDto> cartDetailList =
    cartService.getCartList(principal.getName());          ─── ❶
18          model.addAttribute("cartItems", cartDetailList);  ─── ❷
19          return "cart/cartList";
20      }
21
22  }
```

❶ 현재 로그인한 사용자의 이메일 정보를 이용하여 장바구니에 담겨있는 상품 정보를 조회합니다.

❷ 조회한 장바구니 상품 정보를 뷰로 전달합니다.

조회한 장바구니 상품 정보를 이용하여 장바구니 목록을 보여주는 페이지를 구현하겠습니다. 장바구니 페이지를 구현하면 아래와 같은 화면을 볼 수 있습니다. 화면에서 구현해야 하는 이벤트가 많아서 자바스크립트 함수가 많습니다. [그림 8-3]과 같은 기능을 구현할 것입니다.

- 장바구니 상품 선택 시 총 주문 금액 계산
- ⊠ 버튼 클릭 시 장바구니에 담긴 상품 삭제
- 장바구니 상품 수량 변경 시 상품 금액 계산
- 장바구니 상품 수량 변경 시 장바구니에 담긴 상품 수량 업데이트
- 장바구니 상품 주문하기
- 장바구니 상품 전체 선택

[그림 8-3] 장바구니 목록

resources/templates 폴더 아래에 cart 폴더를 생성한 후 cartList.html 파일을 만들겠습니다. html 코드의 경우 지금까지 만들었던 페이지와 비슷하고 데이터를 보여주는 역할만 하기 때문에 전체 소스코드를 먼저 보여드리고 자바스크립트 쪽 코드만 함께 살펴보겠습니다.

소스코드의 양이 많고 지면상 줄 바꿈 문제로 가독성이 떨어지는 한계가 있어, 책을 펼쳐 두고 깃허브에 제공된 소스코드를 복사해서 인텔리제이에서 확인해보는 것을 권합니다.

resources/templates/cart/cartList.html

```
01  <!DOCTYPE html>
02  <html xmlns:th="http://www.thymeleaf.org"
03       xmlns:layout="http://www.ultraq.net.nz/thymeleaf/layout"
04       layout:decorate="~{layouts/layout1}">
05
06  <head>
07      <meta name="_csrf" th:content="${_csrf.token}"/>
08      <meta name="_csrf_header" th:content="${_csrf.headerName}"/>
```

```
09    </head>
10
11    <!-- 사용자 스크립트 추가 -->
12    <th:block layout:fragment="script">
13
14        <script th:inline="javascript">
15
16            $(document).ready(function(){
17                $("input[name=cartChkBox]").change( function(){
18                    getOrderTotalPrice();
19                });
20            });
21
22            function getOrderTotalPrice(){
23                var orderTotalPrice = 0;
24                $("input[name=cartChkBox]:checked").each(function() {
25                    var cartItemId = $(this).val();
26                    var price = $("#price_" + cartItemId).attr("data-price");
27                    var count = $("#count_" + cartItemId).val();
28                    orderTotalPrice += price*count;
29                });
30
31                $("#orderTotalPrice").html(orderTotalPrice+'원');
32            }
33
34            function changeCount(obj){
35                var count = obj.value;
36                var cartItemId = obj.id.split('_')[1];
37                var price = $("#price_" + cartItemId).data("price");
38                var totalPrice = count*price;
39                $("#totalPrice_" + cartItemId).html(totalPrice+"원");
40                getOrderTotalPrice();
41            }
42
43            function checkAll(){
44                if($("#checkall").prop("checked")){
45                    $("input[name=cartChkBox]").prop("checked",true);
46                }else{
47                    $("input[name=cartChkBox]").prop("checked",false);
48                }
49                getOrderTotalPrice();
50            }
51
```

```
52        </script>
53
54    </th:block>
55
56    <!-- 사용자 CSS 추가 -->
57    <th:block layout:fragment="css">
58        <style>
59            .content-mg{
60                margin-left:25%;
61                margin-right:25%;
62                margin-top:2%;
63                margin-bottom:100px;
64            }
65            .repImgDiv{
66                margin-right:15px;
67                margin-left:15px;
68                height:auto;
69            }
70            .repImg{
71                height:100px;
72                width:100px;
73            }
74            .fs18{
75                font-size:18px
76            }
77            .fs24{
78                font-size:24px
79            }
80        </style>
81    </th:block>
82
83    <div layout:fragment="content" class="content-mg">
84
85        <h2 class="mb-4">
86            장바구니 목록
87        </h2>
88
89        <div>
90
91            <table class="table">
92                <colgroup>
93                    <col width="15%"/>
94                    <col width="70%"/>
```

```html
95                        <col width="15%"/>
96                  </colgroup>
97                  <thead>
98                  <tr class="text-center">
99                      <td>
100                         <input type="checkbox" id="checkall"
                                onclick="checkAll()"> 전체선택
101                     </td>
102                     <td>상품정보</td>
103                     <td>상품금액</td>
104                 </tr>
105                 </thead>
106                 <tbody>
107                 <tr th:each="cartItem : ${cartItems}">
108                     <td class="text-center align-middle">
109                         <input type="checkbox" name="cartChkBox"
                                th:value="${cartItem.cartItemId}">
110                     </td>
111                     <td class="d-flex">
112                         <div class="repImgDiv align-self-center">
113                             <img th:src="${cartItem.imgUrl}"
      class = "rounded repImg" th:alt="${cartItem.itemNm}">
114                         </div>
115                         <div class="align-self-center">
116                             <span th:text="${cartItem.itemNm}"
      class="fs24 font-weight-bold"></span>
117                             <div class="fs18 font-weight-light">
118                                 <span class="input-group mt-2">
119                                     <span th:id="'price_' + ${cartItem.cartItemId}"
120                                           th:data-price="${cartItem.price}"
121                                           th:text="${cartItem.price} + '원'"
      class="align-self-center mr-2">
122                                     </span>
123                                     <input type="number" name="count"
      th:id="'count_' + ${cartItem.cartItemId}"
124                                           th:value="${cartItem.count}" min="1"
125                                           onchange="changeCount(this)"
      class="form-control mr-2" >
126                                     <button type="button" class="close"
      aria-label="Close">
127                                         <span aria-hidden="true"
      th:data-id="${cartItem.cartItemId}">&times;</span>
128                                     </button>
```

```
129                        </span>
130                     </div>
131                  </div>
132               </td>
133               <td class="text-center align-middle">
134                  <span th:id="'totalPrice_' + ${cartItem.cartItemId}"
135                        name="totalPrice"
      th:text="${cartItem.price * cartItem.count} + '원'">
136                  </span>
137               </td>
138            </tr>
139            </tbody>
140         </table>
141
142         <h2 class="text-center">
143            총 주문 금액 : <span id="orderTotalPrice" class="text-danger">0원
      </span>
144         </h2>
145
146         <div class="text-center mt-3">
147            <button type="button" class="btn btn-primary btn-lg">주문하기
      </button>
148         </div>
149
150      </div>
151
152  </div>
153
154  </html>
```

자바스크립트 쪽 코드를 살펴보겠습니다.

resources/templates/cart/cartList.html

```
01  <script th:inline="javascript">
02
03      $(document).ready(function(){
04         $("input[name=cartChkBox]").change( function(){ ········································ ❶
05            getOrderTotalPrice();
06         });
07      });
```

```
08
09    function getOrderTotalPrice(){ ─────────────────────────────────── ❷
10        var orderTotalPrice = 0;
11        $("input[name=cartChkBox]:checked").each(function() { ─────── ❸
12            var cartItemId = $(this).val();
13            var price = $("#price_" + cartItemId).attr("data-price");
14            var count = $("#count_" + cartItemId).val();
15            orderTotalPrice += price*count;
16        });
17
18        $("#orderTotalPrice").html(orderTotalPrice+'원');
19    }
20
21    function changeCount(obj){ ──────────────────────────────────────── ❹
22        var count = obj.value;
23        var cartItemId = obj.id.split('_')[1];
24        var price = $("#price_" + cartItemId).data("price");
25        var totalPrice = count*price;
26        $("#totalPrice_" + cartItemId).html(totalPrice+"원");
27        getOrderTotalPrice();
28    }
29
30    function checkAll(){ ────────────────────────────────────────────── ❺
31        if($("#checkall").prop("checked")){
32            $("input[name=cartChkBox]").prop("checked",true);
33        }else{
34            $("input[name=cartChkBox]").prop("checked",false);
35        }
36        getOrderTotalPrice();
37    }
38
39  </script>
```

❶ 주문할 상품을 체크하거나 해제할 경우 총 주문 금액을 구하는 함수를 호출합니다.

❷ 총 주문 금액을 구하는 함수입니다.

❸ 현재 체크된 장바구니 상품들의 가격과 수량을 곱해서 총 주문 금액을 계산합니다.

❹ 장바구니에 들어있는 상품의 수량을 변경 시 상품의 가격과 상품의 수량을 곱해서 상품 금액을 변경해줍니다. 변경된 총 주문 금액을 계산하기 위해서 마지막에 getOrderTotalPrice() 함수를 호출합니다.

❺ 장바구니에 들어있는 전체 상품을 체크하거나 체크 해제하는 함수입니다. 변경된 총 주문 금액을 계산하기 위해서 마지막에 getOrderTotalPrice() 함수를 호출합니다.

장바구니에서 상품의 수량을 변경할 경우 실시간으로 해당 회원의 장바구니 상품의 수량도 변경하도록 로직을 추가하겠습니다.

CartItem 클래스에 현재 장바구니에 담겨있는 수량을 변경하는 메소드를 추가합니다.

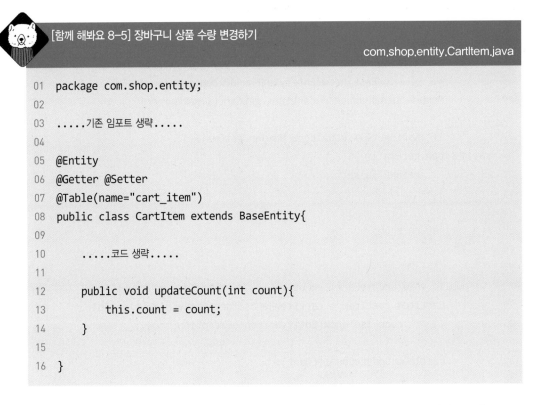

[함께 해봐요 8-5] 장바구니 상품 수량 변경하기

com.shop.entity.CartItem.java

```java
01  package com.shop.entity;
02
03  .....기존 임포트 생략.....
04
05  @Entity
06  @Getter @Setter
07  @Table(name="cart_item")
08  public class CartItem extends BaseEntity{
09
10      .....코드 생략.....
11
12      public void updateCount(int count){
13          this.count = count;
14      }
15
16  }
```

CartService 클래스에 장바구니 상품의 수량을 업데이트하는 로직을 추가합니다. 자바스크립트 코드에서 업데이트할 장바구니 상품 번호는 조작이 가능하므로 현재 로그인한 회원과 해당 장바구니 상품을 저장한 회원이 같은지 검사하는 로직도 작성합니다.

com.shop.service.CartService.java

```java
01  package com.shop.service;
02
03  .....기존 임포트 생략.....
04
05  import org.thymeleaf.util.StringUtils;
06
07  @Service
08  @RequiredArgsConstructor
09  @Transactional
```

```
10  public class CartService {
11
12      .....코드 생략.....
13
14      @Transactional(readOnly = true)
15      public boolean validateCartItem(Long cartItemId, String email){
16          Member curMember = memberRepository.findByEmail(email);        ①
17          CartItem cartItem = cartItemRepository.findById(cartItemId)
18                  .orElseThrow(EntityNotFoundException::new);
19          Member savedMember = cartItem.getCart().getMember();           ②
20
21          if(!StringUtils.equals(curMember.getEmail(),
    savedMember.getEmail())){                                            ③
22              return false;
23          }
24
25          return true;                                                   ④
26      }
27
28      public void updateCartItemCount(Long cartItemId, int count){       ⑤
29          CartItem cartItem = cartItemRepository.findById(cartItemId)
30                  .orElseThrow(EntityNotFoundException::new);
31
32          cartItem.updateCount(count);
33      }
34
35  }
```

❶ 현재 로그인한 회원을 조회합니다.
❷ 장바구니 상품을 저장한 회원을 조회합니다.
❸, ❹ 현재 로그인한 회원과 장바구니 상품을 저장한 회원이 다를 경우 false를, 같으면 true를 반환합니다.
❺ 장바구니 상품의 수량을 업데이트하는 메소드입니다.

CartController 클래스에 장바구니 상품의 수량을 업데이트하는 요청을 처리할 수 있도록 로직을 추가합니다.

```java
01  package com.shop.controller;
02
03  .....기존 임포트 생략.....
04
05  import org.springframework.web.bind.annotation.PatchMapping;
06  import org.springframework.web.bind.annotation.PathVariable;
07
08  @Controller
09  @RequiredArgsConstructor
10  public class CartController {
11
12      .....코드 생략.....
13
14      @PatchMapping(value = "/cartItem/{cartItemId}")                    ❶
15      public @ResponseBody ResponseEntity updateCartItem
    (@PathVariable("cartItemId") Long cartItemId, int count, Principal principal){
16
17          if(count <= 0){                                                ❷
18              return new ResponseEntity<String>
                        ("최소 1개 이상 담아주세요", HttpStatus.BAD_REQUEST);
19          } else if(!cartService.validateCartItem
                    (cartItemId, principal.getName())){                    ❸
20              return new ResponseEntity<String>
                        ("수정 권한이 없습니다.", HttpStatus.FORBIDDEN);
21          }
22
23          cartService.updateCartItemCount(cartItemId, count);            ❹
24          return new ResponseEntity<Long>(cartItemId, HttpStatus.OK);
25      }
26
27  }
```

❶ HTTP 메소드에서 PATCH는 요청된 자원의 일부를 업데이트할 때 PATCH를 사용합니다. 장바구니 상품의 수량만 업데이트하기 때문에 @PatchMapping을 사용하겠습니다.

❷ 장바구니에 담겨있는 상품의 개수를 0개 이하로 업데이트 요청을 할 때 에러 메시지를 담아서 반환합니다.

❸ 수정 권한을 체크합니다.

❹ 장바구니 상품의 개수를 업데이트합니다.

cartList.html 파일에서 장바구니 상품의 수량을 수정할 경우 업데이트 요청을 하도록 자바스크립트 함수를 추가하겠습니다.

```html
01  <script th:inline="javascript">
02
03      .....코드 생략.....
04
05      function updateCartItemCount(cartItemId, count){
06          var token = $("meta[name='_csrf']").attr("content");
07          var header = $("meta[name='_csrf_header']").attr("content");
08
09          var url = "/cartItem/" + cartItemId+"?count=" + count;
10
11          $.ajax({
12              url      : url,
13              type     : "PATCH",                                              ❶
14              beforeSend : function(xhr){
15                  /* 데이터를 전송하기 전에 헤더에 csrf 값을 설정 */
16                  xhr.setRequestHeader(header, token);
17              },
18              dataType : "json",
19              cache    : false,
20              success  : function(result, status){
21                  console.log("cartItem count update success");
22              },
23              error : function(jqXHR, status, error){
24
25                  if(jqXHR.status == '401'){
26                      alert('로그인 후 이용해주세요');
27                      location.href='/members/login';
28                  } else{
29                      alert(jqXHR.responseText);
30                  }
31
32              }
33          });
34      }
35
36  </script>
```

┃ ❶ 부분 업데이트이므로 PATCH TYPE으로 설정합니다.

작성한 updateCartItemCount() 함수를 기존에 작성한 changeCount() 함수 마지막에 추가합니다.

```
                                    resources/templates/cart/cartList.html
01  <script th:inline="javascript">
02
03      .....코드 생략.....
04
05      function changeCount(obj){
06          var count = obj.value;
07          var cartItemId = obj.id.split('_')[1];
08          var price = $("#price_" + cartItemId).attr("data-price");
09          var totalPrice = count*price;
10          $("#totalPrice_" + cartItemId).html(totalPrice+"원");
11          getOrderTotalPrice();
12          updateCartItemCount(cartItemId, count);
13      }
14
15  </script>
```

장바구니 상품의 수량을 변경 후 페이지를 새로고침하면 변경된 수량이 유지되는 것을 볼 수 있습니다.

[그림 8-4] 장바구니 목록

다음 예제는 상품정보에 있는 ☒ 버튼을 클릭할 때 장바구니에 넣어 놓은 상품을 삭제하는 예제입니다.

CartService에 장바구니 상품 번호를 파라미터로 받아서 삭제하는 로직을 추가합니다.

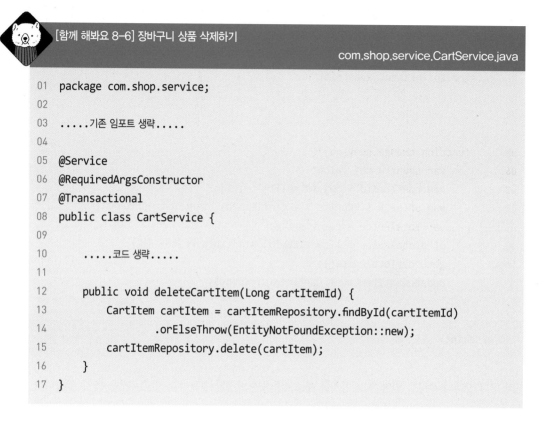

```
01  package com.shop.service;
02
03  .....기존 임포트 생략.....
04
05  @Service
06  @RequiredArgsConstructor
07  @Transactional
08  public class CartService {
09
10      .....코드 생략.....
11
12      public void deleteCartItem(Long cartItemId) {
13          CartItem cartItem = cartItemRepository.findById(cartItemId)
14                  .orElseThrow(EntityNotFoundException::new);
15          cartItemRepository.delete(cartItem);
16      }
17  }
```

CartController 클래스에 장바구니 상품을 삭제하는 요청을 처리할 수 있도록 로직을 추가합니다.

com.shop.controller.CartController.java

```
01  package com.shop.controller;
02
03  .....기존 임포트 생략.....
04
05  import org.springframework.web.bind.annotation.DeleteMapping;
06
07  @Controller
08  @RequiredArgsConstructor
09  public class CartController {
10
```

```
11        .....코드 생략.....
12
13        @DeleteMapping(value = "/cartItem/{cartItemId}") ──────────── ❶
14        public @ResponseBody ResponseEntity deleteCartItem
   (@PathVariable("cartItemId") Long cartItemId, Principal principal){
15
16            if(!cartService.validateCartItem(cartItemId, principal.getName())){  ❷
17                return new ResponseEntity<String>("수정 권한이 없습니다.",
   HttpStatus.FORBIDDEN);
18            }
19
20            cartService.deleteCartItem(cartItemId); ──────────────── ❸
21            return new ResponseEntity<Long>(cartItemId, HttpStatus.OK);
22        }
23
24  }
```

❶ HTTP 메소드에서 DELETE의 경우 요청된 자원을 삭제할 때 사용합니다. 장바구니 상품을 삭제하기 때문에 @DeleteMapping을 사용하겠습니다.

❷ 수정 권한을 체크합니다.

❸ 해당 장바구니 상품을 삭제합니다.

cartList.html 파일에서 ⊠ 버튼을 클릭하면 해당 상품을 삭제하는 로직을 작성하겠습니다.

(resources/templates/cart/cartList.html)

```
01  <script th:inline="javascript">
02
03      .....코드 생략.....
04
05      function deleteCartItem(obj){
06          var cartItemId = obj.dataset.id;
07          var token = $("meta[name='_csrf']").attr("content");
08          var header = $("meta[name='_csrf_header']").attr("content");
09
10          var url = "/cartItem/" + cartItemId;
11
12          $.ajax({
13              url     : url,
14              type    : "DELETE", ──────────────────────────────── ❶
15              beforeSend : function(xhr){
```

```
16              /* 데이터를 전송하기 전에 헤더에 csrf 값을 설정 */
17              xhr.setRequestHeader(header, token);
18          },
19          dataType : "json",
20          cache    : false,
21          success  : function(result, status){
22              location.href='/cart';                                    ❷
23          },
24          error : function(jqXHR, status, error){
25
26              if(jqXHR.status == '401'){
27                  alert('로그인 후 이용해주세요');
28                  location.href='/members/login';
29              } else{
30                  alert(jqXHR.responseJSON.message);
31              }
32
33          }
34      });
35  }
36 </script>
```

❶ 장바구니 상품을 삭제하는 경우이므로 DELETE TYPE을 사용합니다.
❷ 삭제 요청이 정상적으로 처리되면 장바구니 페이지를 새로고침합니다.

〈삭제〉 버튼을 누르면 deleteCartItem() 함수가 호출되도록 onclick 속성을 추가합니다.

resources/templates/cart/cartList.html

```
01 <button type="button" class="close" aria-label="Close">
02     <span aria-hidden="true" th:data-id="${cartItem.cartItemId}"
   onclick="deleteCartItem(this)">&times;</span>
03 </button>
```

〈삭제〉 버튼을 클릭하면 해당 상품이 삭제되는 것을 확인할 수 있습니다.

[그림 8-5] 장바구니 상품 삭제 후 목록 확인

8.3 장바구니 상품 주문하기

장바구니 목록 중 체크박스가 선택된 상품을 주문하는 로직을 작성하겠습니다. 장바구니에서 주문을 하면 기존 주문 로직과의 차이점은 여러 개의 상품을 하나의 주문에 담을 수 있다는 점과 주문한 상품은 장바구니에서 삭제해야 한다는 점입니다.

먼저 장바구니 페이지에서 주문할 상품 데이터를 전달할 DTO를 생성하겠습니다.

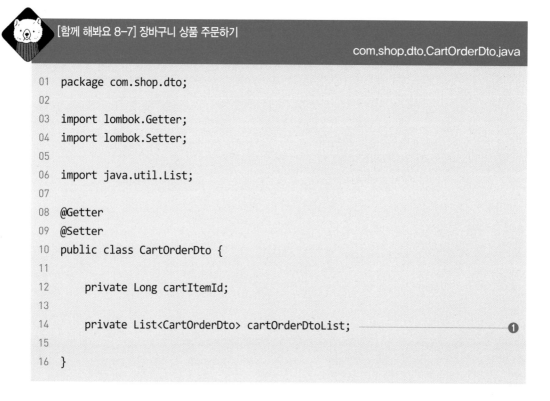

```
[함께 해봐요 8-7] 장바구니 상품 주문하기
                                          com.shop.dto.CartOrderDto.java
01  package com.shop.dto;
02
03  import lombok.Getter;
04  import lombok.Setter;
05
06  import java.util.List;
07
08  @Getter
09  @Setter
10  public class CartOrderDto {
11
12      private Long cartItemId;
13
14      private List<CartOrderDto> cartOrderDtoList;    ──────────────────❶
15
16  }
```

❶ 장바구니에서 여러 개의 상품을 주문하므로 CartOrderDto 클래스가 자기 자신을 List로 가지고 있도록 만들겠습니다.

OrderService 클래스에 장바구니에서 주문할 상품 데이터를 전달받아서 주문을 생성하는 로직을 만들겠습니다.

```
01  package com.shop.service;
02
03  .....기존 임포트 생략.....
04
05  @Service
06  @Transactional
07  @RequiredArgsConstructor
08  public class OrderService {
09
10      .....코드 생략.....
11
12      public Long orders(List<OrderDto> orderDtoList, String email){
13
14          Member member = memberRepository.findByEmail(email);
15          List<OrderItem> orderItemList = new ArrayList<>();
16
17          for (OrderDto orderDto : orderDtoList) {                              ❶
18              Item item = itemRepository.findById(orderDto.getItemId())
19                      .orElseThrow(EntityNotFoundException::new);
20
21              OrderItem orderItem =
    OrderItem.createOrderItem(item, orderDto.getCount());
22              orderItemList.add(orderItem);
23          }
24
25          Order order = Order.createOrder(member, orderItemList);              ❷
26          orderRepository.save(order);                                         ❸
27
28          return order.getId();
29      }
30
31  }
```

❶ 주문할 상품 리스트를 만들어 줍니다.
❷ 현재 로그인한 회원과 주문 상품 목록을 이용하여 주문 엔티티를 만듭니다.
❸ 주문 데이터를 저장합니다.

CartService 클래스에서는 주문 로직으로 전달할 orderDto 리스트 생성 및 주문 로직 호출, 주문한 상품은 장바구니에서 제거하는 로직을 구현합니다.

```
01  package com.shop.service;
02
03  .....기존 임포트 생략.....
04
05  import com.shop.dto.CartOrderDto;
06  import com.shop.dto.OrderDto;
07
08  @Service
09  @RequiredArgsConstructor
10  @Transactional
11  public class CartService {
12
13      private final ItemRepository itemRepository;
14      private final MemberRepository memberRepository;
15      private final CartRepository cartRepository;
16      private final CartItemRepository cartItemRepository;
17      private final OrderService orderService;
18
19      .....코드 생략.....
20
21      public Long orderCartItem(List<CartOrderDto> cartOrderDtoList, String email){
22          List<OrderDto> orderDtoList = new ArrayList<>();
23          for (CartOrderDto cartOrderDto : cartOrderDtoList) { ─────────────────❶
24              CartItem cartItem = cartItemRepository
                        .findById(cartOrderDto.getCartItemId())
25                      .orElseThrow(EntityNotFoundException::new);
26
27              OrderDto orderDto = new OrderDto();
28              orderDto.setItemId(cartItem.getItem().getId());
29              orderDto.setCount(cartItem.getCount());
30              orderDtoList.add(orderDto);
31          }
32
33          Long orderId = orderService.orders(orderDtoList, email); ──────────❷
34
35          for (CartOrderDto cartOrderDto : cartOrderDtoList) { ─────────────────❸
36              CartItem cartItem = cartItemRepository
                        .findById(cartOrderDto.getCartItemId())
37                      .orElseThrow(EntityNotFoundException::new);
38              cartItemRepository.delete(cartItem);
39          }
```

```
40
41          return orderId;
42      }
43 }
```

❶ 장바구니 페이지에서 전달받은 주문 상품 번호를 이용하여 주문 로직으로 전달할 orderDto 객체를 만듭니다.
❷ 장바구니에 담은 상품을 주문하도록 주문 로직을 호출합니다.
❸ 주문한 상품들을 장바구니에서 제거합니다.

CartController 클래스에 장바구니 상품의 수량을 업데이트하는 요청을 처리할 수 있도록 로직을 추가합니다.

```
01 package com.shop.controller;
02
03 .....기존 임포트 생략.....
04
05 import com.shop.dto.CartOrderDto;
06
07 @Controller
08 @RequiredArgsConstructor
09 public class CartController {
10
11     .....코드 생략.....
12
13     @PostMapping(value = "/cart/orders")
14     public @ResponseBody ResponseEntity orderCartItem
   (@RequestBody CartOrderDto cartOrderDto, Principal principal){
15
16         List<CartOrderDto> cartOrderDtoList =
   cartOrderDto.getCartOrderDtoList();
17
18         if(cartOrderDtoList == null || cartOrderDtoList.size() == 0){     ❶
19             return new ResponseEntity<String>("주문할 상품을 선택해주세요",
   HttpStatus.FORBIDDEN);
20         }
21
22         for (CartOrderDto cartOrder : cartOrderDtoList) {     ❷
23             if(!cartService.validateCartItem(cartOrder.getCartItemId(),
   principal.getName())){
```

```
24              return new ResponseEntity<String>("주문 권한이 없습니다.",
   HttpStatus.FORBIDDEN);
25          }
26      }
27
28      Long orderId = cartService.orderCartItem(cartOrderDtoList,
   principal.getName());                                                    ❸
29      return new ResponseEntity<Long>(orderId, HttpStatus.OK);             ❹
30  }
31
32 }
```

❶ 주문할 상품을 선택하지 않았는지 체크합니다.

❷ 주문 권한을 체크합니다.

❸ 주문 로직 호출 결과 생성된 주문 번호를 반환 받습니다.

❹ 생성된 주문 번호와 요청이 성공했다는 HTTP 응답 상태 코드를 반환합니다.

cartList.html 파일에 장바구니에서 선택한 상품 주문을 요청하도록 자바스크립트 함수를 추가하겠습니다.

resources/templates/cart/cartList.html

```html
01 <script th:inline="javascript">
02
03   function orders(){
04       var token = $("meta[name='_csrf']").attr("content");
05       var header = $("meta[name='_csrf_header']").attr("content");
06
07       var url = "/cart/orders";
08
09       var dataList = new Array();
10       var paramData = new Object();
11
12       $("input[name=cartChkBox]:checked").each(function() {          ❶
13           var cartItemId = $(this).val();
14           var data = new Object();
15           data["cartItemId"] = cartItemId;
16           dataList.push(data);
17       });
18
```

```javascript
19          paramData['cartOrderDtoList'] = dataList;                                    ❷
20
21          var param = JSON.stringify(paramData);
22
23        $.ajax({
24            url        : url,
25            type       : "POST",
26            contentType : "application/json",
27            data       : param,
28            beforeSend : function(xhr){
29                /* 데이터를 전송하기 전에 헤더에 csrf 값 설정 */
30                xhr.setRequestHeader(header, token);
31            },
32            dataType : "json",
33            cache    : false,
34            success  : function(result, status){
35                alert("주문이 완료 되었습니다.");
36                location.href='/orders';                                              ❸
37            },
38            error : function(jqXHR, status, error){
39
40                if(jqXHR.status == '401'){
41                    alert('로그인 후 이용해주세요');
42                    location.href='/members/login';
43                } else{
44                    alert(jqXHR.responseJSON.message);
45                }
46
47            }
48        });
49    }
50
51 </script>
```

❶ 체크된 장바구니 상품 아이디를 전달하기 위해서 dataList 배열에 장바구니 상품 아이디를 객체로 만들어서 저장합니다.

❷ 장바구니 상품 아이디를 저장하고 있는 dataList 배열을 paramData 객체에 추가합니다.

❸ 주문 요청 결과 성공하였다면 구매이력 페이지로 이동합니다.

〈주문하기〉 버튼을 클릭하면 구현한 orders() 함수가 실행될 수 있도록 주문하기 버튼의 onclick 속성에 추가해줍니다.

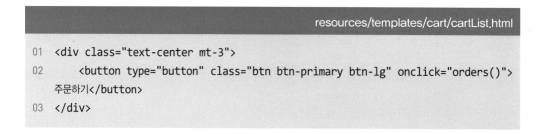

```
                                                    resources/templates/cart/cartList.html
01  <div class="text-center mt-3">
02      <button type="button" class="btn btn-primary btn-lg" onclick="orders()">
    주문하기</button>
03  </div>
```

[그림 8-6]과 같이 주문할 상품을 선택 후 〈주문하기〉 버튼을 클릭하겠습니다.

[그림 8-6] 장바구니 상품 선택

요청이 성공하면 주문이 완료되었다는 메시지가 나타나고 〈확인〉 버튼을 클릭합니다.

[그림 8-7] 장바구니 상품 주문 성공

구매 이력 페이지로 이동하며 장바구니에 담았던 상품들이 정상적으로 주문이 됐다는 것을 확인할 수 있습니다.

[그림 8-8] 구매 이력 확인

드디어 스프링 부트와 JPA를 이용하여 쇼핑몰을 구현을 완료했습니다. 쇼핑몰 도메인은 방대하기 때문에 일부분만을 가지고 와서 서비스를 구현했습니다. 전체 영역을 다루지는 못했지만 하나의 작은 서비스를 만들어봤기 때문에 다른 서비스를 만들 때에도 큰 도움이 될 것입니다.

찾아보기

百見不如一打
백견불여일타

스프링 부트
쇼핑몰 프로젝트
with JPA